国家社科基金重点项目“任继愈哲学文献整理与研究”成果

任继愈哲学研究丛书

任继愈《老子》四译合刊研究

周 赟 著

RENJIYU ZHEXUE YANJIU CONGSHU
REN JIYU 《LAOZI》 SI YI HEKAN YANJIU

GUANGXI NORMAL UNIVERSITY PRESS
广西师范大学出版社
·桂林·

图书在版编目（CIP）数据

任继愈《老子》四译合刊研究 / 周赟著. --桂林 ：
广西师范大学出版社，2021.11
（任继愈哲学研究丛书）
ISBN 978-7-5598-4071-4

Ⅰ. ①任… Ⅱ. ①周… Ⅲ. ①道家②《道德经》—
译文 Ⅳ. ①B223.14

中国版本图书馆 CIP 数据核字（2021）第 148369 号

广西师范大学出版社发行
（广西桂林市五里店路 9 号　邮政编码：541004
网址：http://www.bbtpress.com）
出版人：黄轩庄
全国新华书店经销
三河市三佳印刷装订有限公司印刷
（河北省三河市杨庄镇杨庄村　邮政编码：065200）
开本：880 mm ×1 240 mm　1/32
印张：14.5　　　字数：247 千
2021 年 11 月第 1 版　　　2021 年 11 月第 1 次印刷
定价：78.00 元

绪　论：论任继愈先生四译《老子》及其老学思想

一、任继愈《老子》四译概况

任继愈先生一生对《老子》进行过四次现代汉语的翻译，分别是《老子今译》（以下简称《今译》）、《老子新译》（以下简称《新译》）、《老子全译》（以下简称《全译》）以及《老子绎读》（以下简称《绎读》）四个版本。出版时间从 1956 年到 2006 年，跨度达半个世纪之久。每一次翻译，对前一次都有所修订，或是在用词准确性方面，或是在理解的变化方面，或是在语言的简洁性方面，先生总是力求完善。其中，《老子绎读》的修改幅度尤大，不但语言更为精简、用词更为准确，而且注入了不少新的理解，这一版不仅可以看作是任继愈先生对《老子》哲学深入思考的结果，更可以看作是先生对社会、历史、人生真切感悟的结晶。因此，今天我们对先生四译《老子》的回顾，也是对先生的《老子》哲学研究之贡献的肯定。

任继愈先生四译《老子》的基本情况大致如下：

1956 年 8 月，任继愈先生为了给保加利亚来华留学生讲授《老子》，他便专门今译了《老子》，这就是四译《老子》的第一个版本的缘起，《老子今译》由北京的文学古籍出版社出版。该版的原文和译文都用的是繁体字。书后有附录，专门介绍了老子其人其书及其思想。

关于老子哲学，先生在两个方面曾进行过反复考量，这就是老子的阶级性，以及其哲学属于唯物还是唯心的问题。在《今译》的附录中，先生认为，老子具有反压迫、反剥削、爱自由的进步性，能反映当时小自耕农的愿望，以及广大农民的一般要求。然而，由于时代的局限性，在社会观与历史观上，老子又不免有倒退、反动的东西。在哲学上，先生认为，老子的“道”是最根本的物质存在，因为其中“有物”“有精”，所以“道”不是精神性的理，而是物质的存在①。该版认为，老子的朴素唯物论及其自发的辩证法是中国乃至于全世界人民的宝贵遗产。

1978 年 3 月，由于马王堆帛书本《老子》的出现，结合了新的理解，先生觉得《老子今译》有修订的必要，于是由上海古籍出版社出版了《老子新译》。该版的原文和译文都使用了简体字。该本除了在绪论中对老子思想做了重新阐述外，还附录了“重要名词索引”与“内容分类索引”。可索引的重要名词有四十七个，不仅包括了“道”“德”“无为”“无名”这些哲学名词，还包括了如“国”“民”“圣人”等非哲学的词。先生认为，这些非哲学的词对于理解《老子》哲学思想的作用较大，因此也精挑了出来。在“内容分类索引”中，先生按照当时对《老子》思想的重新理解，将《老子》全书大体划

① 任继愈：《老子今译》，文学古籍出版社，1956年，第75页。

分为九个方面，即“关于‘道’”“关于德”“唯心论的先验论”“宣扬蒙昧主义”“关于辩证法思想”“复古倒退的政治观点”“反对进取的自私、保守思想”“反对一切战争”“宣扬柔弱，以退为进”，不按照章节顺序，重新进行归类，便于查考。最后，还附录了马王堆汉墓帛书《老子》的释文。

《新译》的出版距离“文化大革命”结束不远，因此不免带有较重的“文化大革命”时代的语言与思维痕迹。该版在对老子哲学的理解上，与《今译》有重大不同，一方面肯定老子具有丰富的辩证法思想，另一方面，对老子的其他大部分思想都持否定态度。在阶级性上，该版认为，老子属于没落阶级，既反对新兴封建地主阶级的变革，也反对农民大众的反抗，美化古代氏族公社制度，因此是倒退反动的。在哲学上，该版认为，老子的“道”的哲学是一套客观唯心主义体系，作为世界总根源的“道”不是物质实体，而是绝对精神之类的东西，是更为精致的“上帝”创世说。在认识论上，该版认为，老子否认感官经验与理性思维，主张神秘主义的直观方法，是蒙昧主义的宣传。在辩证法上，该版认为，虽然老子有丰富的辩证法思想，但由于受到没落阶级的局限以及对其进行唯心主义的歪曲，因而注重柔弱，反对进取，脱离条件讲变化，因此导向了形而上学。

随着国内政治形势的变化，以及先生对老子思想的深入反思，他认为有必要为《老子新译》进行修订。1985 年 5 月，上海古籍出版社再次出版了《老子新译》的修订版（以下简称“修订版”）。该版与 1978 年版《新译》的根本不同，在于对老子思想的重新定位。其他部分，如重要名词索引与内容分类索引，以及附录的马王堆汉墓帛书《老子》释文都未做变动。在现代文翻译上，也未做太多改动。该版中，原文与译文都使用繁体字。

相比 1978 年版，修订版彻底更换了绪论部分，取而代之的是曾发表在《光明日报》（1959 年 5 月 24 日）上的《老子的研究》，再版时对该文的结论做了重大改动。同时，该版每一章前的题记基本删除了“文化大革命”时的语言表述，尽量平实而客观。该版认为，老子虽然是没落阶级，在社会历史观上有保守的地方，但基本是站在农民的立场上说话，反对剥削，朴素善良，其思想不是没落的，他的小国寡民理想与《礼运》中“大同”思想一样都是值得肯定的。在哲学上，该版认为，既不能把老子的“道”归为唯心主义式的“绝对精神”，也不能看作唯物主义式的“物质一般”，突破了两军对阵的思维模式。先生认为，我们不能现代化地、绝对化地研究古人，老子的“道”究竟是精神的还是物质的，老子自己也并不清楚，因此其哲学本身就包含了唯物与唯心两种趋向，只看到一个趋向而否认另一个趋向，都是不符合老子哲学本来面貌的[①]，我们研究古人，务必要避免一刀切的思维方式。

1992 年，因巴蜀书社邀请任继愈先生主编《中国古代哲学名著全译丛书》，于是他又第三次今译了《老子》，名为《老子全译》。该版译文在前，使用简体字，原文在后，使用繁体字。书后也附录了“重要名词索引”与“内容分类索引”以及马王堆帛书《老子》释文。“重要名词索引”比前一版略有改动，而“内容分类索引”与《新译》本一样，未做变动。

① 任继愈：《老子新译》（修订版），上海古籍出版社，1985年，第45页。

先生在《全译》的序言中，几乎避开了对“阶级性”与唯物唯心问题的讨论。他只是在总结老子的辩证法思想时讲道：“辩证法，不能摆脱哲学家阶级属性的制约。老子不代表先进的、有发展前途的阶级，它体现了中国古代个体经济小生产者的世界观，所以老子的辩证法表现为保守、知足、维持现状、安于现状、号召不争。”①关于老子的“道”，该版继承了《新译》（修订版）的思想，肯定老子的“道”取代了“上帝”，然而是精神的还是物质的，老子并没有讲清楚。正因为他没有讲清楚，所以我们不能代替古人讲他们不知道的东西，不能替古人发挥，而应该实事求是地对他们的思想进行评述。可见，自《全译》开始，先生通过经年累月的深思熟虑，开始确立全新的话语体系。

2006年，随着湖北荆门楚简的出土，先生决定再次翻译《老子》，因为这次加入了更多的新看法与新认识，于是命名为《老子绎读》。绎，指抽丝。绎读，就是理清头绪，抽丝剥茧地深入阅读。因此，该版把先生多年来的人生体悟都融了进去，所以《老子绎读》成为学术界深化《老子》哲学研究的重要资料。该版的原文使用繁体字，译文使用简体字。该版也设置了“重要名词索引”与“内容分类索引”，但是“内容分类索引”被做了重大修改。同样也是九个部分，即“关于‘道’”“关于德”“认识论”“保持朴素”“关于辩证法思想”“政治观点”“自保、谦退”“反对战争”“贵柔，以退为进”，各章节不按顺序进行相应的归类。不难看出，《绎读》去除了那个时代的烙印，尽可能地回归到对老子哲

① 任继愈：《老子全译》，巴蜀书社，1992年，第17页。

学客观的研究态度上。此外，较之《全译》，《绎读》本又在附录里增加了楚简本《老子》原文，并收录了《老学源流》《我对〈老子〉认识的转变》《寿命最短的黄老学派，效应长久的黄老思想》三篇文章。[①]从整体来讲，《绎读》是研究任继愈先生关于《老子》哲学思想的重要文本。

在《绎读》中，先生完全不再使用阶级斗争与两军对阵的话语系统，而且，在批判地研究老子哲学的过程中，更多地肯定老子哲学在中国哲学史上的贡献及积极作用。比如对于老子的天道观，先生进一步强调了《新译》（修订版）时的观点，认为虽然老子是把“道”提到最高范畴的第一人，但老子并没有讲清它是唯物还是唯心的，后人替老子讲得再清楚，也不能认为是老子的思想。在“无”的问题上，先生认为，老子的贵无绝不是消极避世，不是怀疑论，而是肯定生活，有益无害。在老子哲学的立场上，先生再次强调了“反映农民呼声最早、最系统的是《老子》”[②]，强化了老子的农民立场。《绎读》出版时，任继愈先生已年届九十，他对老子的理解已臻成熟。因此，此时他对老子思想的褒贬是倾注了一生心血的重要总结。

关于四译《老子》的译例，四版以及修订版大体是一致的。第一，对于《老子》书中的哲学专有名词，如“道”“德”“圣人”“无为”“士”等保持原词不译，因为《老子》文本中已有解释。第二，《老子》文本往往简略，又因为诗歌形式的特点，常常省略不少联系词、

① 任继愈：《老子绎读》，北京图书馆出版社，2006年，第14页。

② 任继愈：《关于中文古籍的保存保护》，《任继愈讲演集——中华五千年的历史经验》，人民日报出版社，2010年，第200页。

代名词，甚至主语，先生在有必要处加上了“【 】”以补足，如“【人们】爱虚荣以至于惊恐”（十三章）。第三，在文义不够完整的地方，若需要添加说明文字才能讲通顺时，也用“【 】”以补充，如“【那就是】：外表单纯、内心朴素”（十九章）。第四，有些地方在翻译时需要添加注解，就用“( )”补充之，如“经常从无形象处认识‘道’（无名）的微妙”（一章）。

在现代汉语翻译的底本选择上，四译《老子》选用的都是王弼本。之所以帛书本与楚简本都已经出现的情况下，先生仍以王弼本为底本，乃是出于务实的考虑，帛书本与楚简本并未在后世社会发挥过影响，而广泛流行并影响深远的主要是王弼本。但帛书本与楚简本的出现，对于还原老子思想有着重要的价值，所以《绎读》书后，先生将两者作为附录一并出版。虽然，底本选用王弼本，但先生也绝不拘泥于王弼本，如果王弼本错了，他还是坚持改正的。比如“俨兮，其若客”（第十五章）一句，意思是，要像做客一样严肃恭敬。王弼本“客”字作“容”字，那么原文就出现问题无法翻译了。然而这个改动也不是随意的，而是根据了马王堆甲、乙本与河上公本改的。又如“道大，天大，地大，人亦大”（第二十五章）一句中，“人”字王弼本作“王”字。然而按照王弼本注解的意思，以及下文“人法地”的表述，似乎“王”字当是“人”字之误，故先生据此改作“人”。总的来说，与对老子思想的反复考量一样，对翻译底本的选择与使用上，先生也是经过深思熟虑，反复斟酌的。

二、任继愈《老子》四译合刊研究的意义

（一）认识文献整理的创新

《老子》四译合刊研究是对任继愈先生关于《老子》哲学文献进行的一次整理工作。然而，对于文献整理工作，我们实在只是先生的后辈。众所周知，任继愈先生在文化领域最为卓著的贡献就是古代文献整理。作为国家图书馆馆长的他先后参与主编了《中华大藏经（汉文部分）》《中华大典》《国家图书馆藏敦煌遗书》《中国古代科学技术典籍通汇》《道藏提要》《中国古代哲学名著全译丛书》等诸多大型出版物，前后规模达十多亿字。并且他坚持绝不做挂名主编，几乎每一套丛书他都会用他仅存的0.1的视力一字一句地审阅。可以说，要不是对古籍整理工作充满真挚情感，是绝难做到这样的。当然，这也与他的文化使命感密不可分，他说五千年中华文明的第一次高潮是汉朝，开通了丝绸之路；第二次高潮是唐朝，开辟了海上丝绸之路。21世纪必将迎来第三次文化高潮，今天积累资料，就是为第三次文化高潮做准备。[①]他把文化复兴的伟大目标看作是自己的分内事，坚持文化上的“守土有责”，实在是非心怀天下者不能做到。所以，对于古籍整理工作，我们要学的东西实在还有很多。

---

① 黄松：《重温任继愈先生教诲》，转引自《任继愈传》，河南人民出版社，2016年，第283页。

在古籍整理工作中，今译是最为特别的。先生认为，“古籍整理最难的是今译。注释、校勘不明白的可以跳过去，今译是跳不过去的”。[1]翻译《老子》，就是先生所挑的硬骨头，并且他还今译了四次。《老子》的文字本来就佶屈聱牙，要把它用现代文表达出来已然很难，但先生还坚持认为，今译应该还要把古风韵味反映出来，这就把今译的要求提高了好几个台阶。李申教授说，他曾试着在先生的文字之外换一种译法，意思虽大体不差，但结果发现，总不如先生的译文那般朴实与贴切，准确而流畅，这在四译《老子》的比较中就能体会到。所以我们必须认识到，四译《老子》是任继愈先生整个文献整理工作的一小部分，却是其文献整理工作的缩影，因此四译《老子》合刊研究就是我们对先生文献整理工作的具体研究。

首先，四译《老子》研究既是对任继愈先生《老子》哲学文献的整理，也是对先生《老子》思想的深入研究。先生对于《老子》思想特别有心得体会，他认为，“中华文化没有孔子，不成其为中华文化；同样，没有老子，也不成其为中华文化。对儒道两家本身及流派研究得愈透彻，对中国认识得也就愈全面”。[2]职是之故，将先生的四译《老子》集结整理，有助于我们对先生《老子》思想做整体上的把握。其次，通过四译《老子》的比较研究，有助于我们对先生《老子》的思想数次转变有不断深入的理解。比如“知其白，守其黑”（第二十八章）一句，《全译》作“安于暗昧的地位”，《绎

① 任继愈：《老学源流》，任继愈著《皓首学术随笔·任继愈卷》，中华书局，2006年，第192页。

② 李申：《任继愈传》，河北人民出版社，2016年，第273页。

读》作“安于沉默的地位”。据李申教授回忆，先生当时是这样告诫刚入学的研究生的，“如果处于不能讲话的地位，可以不讲，但不能乱讲”。[①] 这就是“沉默”。通过数次《老子》翻译的变化可知，先生的译作是融入了他深刻的人生体验的，不是向壁虚造的。因此说，四译《老子》合刊，既是对先生《老子》哲学研究文献的整理，也是对先生思想的研究。

（二）学习古文今译的范本

古文今译是文献整理工作的重要方法，先生四次今译《老子》，正是理论联系实际的典范。四次今译《老子》，因为时间跨度之大，时代变迁之巨，先生对人生的感悟也发生了重大的变化，这都反映到他对《老子》哲学的理解上。因此四次今译，从遣词造句到各章评论，先生都有所修正。尤其是《老子绎读》，是先生九十岁高龄时出版的作品，可以说凝聚了先生一辈子的人生感悟。后人读《老子绎读》，不仅是学习《老子》的思想，更需体悟先生的人生哲学。

之所以称《老子》四译是古文今译的范本，可从四个方面论证。

其一，越来越注意简洁，翻译时尽量剔除赘语。如相比前三译，《绎读》的翻译更注意细节，首先是语言上注重简洁，如“视之不足见，听之不足闻，用之不足既”（第三十五章），在《今译》《新译》《全译》中，皆译为“看它，又看不见，听它，又听不到，用它，又用不完”。《绎读》把“又”去掉，译作“看它，看不见，听它，听不到，用它，用不完”。虽然只是去掉一个副

① 李申：《任继愈传》，河北人民出版社，2016年，第273页。

词，但是由于言简意赅，读起来朗朗上口。

又比如“上德无为而无以为。下德为之而有以为”（三十八章），前三版译为“‘上德’无所表现，并不故意表现它的‘德’。‘下德’有所表现，并故意表现它的‘德’”。《绎读》译作“‘上德’无为，而无所表现。‘下德’有为，而故意表现”。又如“大丈夫处其厚，不居其薄，处其实，不居其华”一句，前三版译为“大丈夫立身淳厚而不居于浇薄，存心朴实而不居于虚华”。而《绎读》译作“大丈夫立足于淳厚，远离虚假”。其实，这几句的原意并不复杂，通过前后对比可知，简洁的翻译更能让人感到《老子》本意的深刻性与洞察力。

为了贯彻言简意赅的原则，甚至有些句子可以直接保留。比如“柔弱胜刚强”（第三十六章），在前三版中皆译作“【也就是】柔弱必定战胜刚强【的道理】”，而《绎读》则不再翻译，直接作“柔弱胜刚强”。原文中的“柔弱胜刚强”，已然是白话了，意思很明白，如若再进行翻译，反而觉得冗余。本着言简意赅的原则，《绎读》直接把原文作为翻译，这是再恰当不过的了。

其次，越来越注意避免过度翻译，注重对原文内涵的呈现。在古代文献中，有许多专有名词很难找到对应的现代汉语，此时如果勉强的话，就容易使原文的意蕴变淡。如“执大象”（第三十五章）一句，前三版皆译为“谁要掌握了‘道’”，而《绎读》译为“谁要掌握了大象（“道”）”。“大象”一词被保留在翻译中，只是用括号补充形式把“道”指示出来。“大象”即“道”，这是没错的，但区别是，前者是形象的描述，而后者是抽象的概念。

《老子》不言“道”而言“大象”，是故意要呈现“道”的巨大规模。《绎读》在重译此句时，把“大象”作为专有名词对待，特别对“大象”做了保留，这是保证了原文的内涵呈现。同时通过括号补充了“道”，这么做又达到了翻译所需要的明确性，可谓一举两得。

与“大象”作为“道”的隐喻一样，第三十九章出现了七处“一”，如“天得一以清，地得一以宁”等等，“一”也就是“道”或“原则”。前三版皆把“一”译作“原则”，而《绎读》则保留“一”在翻译中。之所以在翻译中保留“一”的原文更好，这就需要考察该章的上下文。因为该章认为，“一”是所有数字的基数，是最为普通的数字，然而所有的东西又都要从一开始，它又是那么不可或缺。所以，《老子》认为，“道”就是那样极其重要而又极为普通的存在。因此，单纯地把“一”还原为“道”，便无法在翻译中贴近原意。

再次，越来越注意翻译语言的精确性，尽量揭示原文的精髓。比如“夫唯兵者不祥之器”（三十一章），前三版译作“兵器啊，这不吉利的东西”，而《绎读》作“战争啊，不祥的东西”。把“兵”意译为“战争”，这是很有必要的。兵器是否吉祥，这是相对的，恶人用兵器作恶，好人用兵器行善，所以兵器本身无所谓是否吉利。而战争，则永远是不祥的，不论是侵略还是反侵略，双方都是受害者，更何况争夺利益的战争，更是充满了罪恶。其次，下文说“吉事尚左，凶事尚右。偏将军居左，上将军居右，言以丧礼处之。杀人之众，以哀悲泣之。战胜，以丧礼处之”。“偏将军”“上将军”都说明和战争有关，居左、居右、丧礼也都和战争的礼有关，而“战胜以丧礼处之”更说明最不祥的乃是战争。因此，把《老子》此处“兵者不祥之器”，翻译为战争是不祥的东西，是很准确的。

又如“鱼不可脱于渊”（三十六章），前三版译作“【正如】鱼不能离开深渊”，而《绎读》没有照字面直译，而是意译为“【正如】鱼隐藏在深渊之中”。“鱼不可脱于渊”一句本是为下文“国之利器不可以示人”所做的比喻。意思是，国家的有效的武器要深藏起来，就好像鱼躲藏在深渊中不让人发现一样。如果按照之前的直译，虽然意思没错，但贯通之感有所欠缺。因此，意译有时更能准确地传递文义。

复次，适应现代汉语习惯，适当补充必要成分。任继愈先生在翻译时会对原文进行一定的补充，使翻译语言在现代汉语语境下获得一定的完整性。如《绎读》在第三十九章的翻译中插入了“离开了‘一’”一句。该句的上文是天地万物得到“一”而各自成就自身，下文是失去了“一”而导致毁灭的结果。前后相反的两个部分，在原文里是完全连在一起的，也就是说，原文前后两部分并没有有效的连接，意思贯通不够。《绎读》在翻译至两部分之间时，有意补充了“离开了‘一’”一句，起到承上启下的效果，使得翻译上更加顺畅，对原文的理解也能更加清晰。

质言之，文献整理不是单纯的文献集结，而应该是集结加诠释的模式。如任继愈先生所言，只有通过今译的方法才能一字不差地把文献整理好。所以，《老子》四译是一个典型的文献整理的过程，从翻译的语言到理解的变化，都体现了文献整理工作者应有的精益求精的治学态度。

三、任继愈先生的老学思想

（一）《老子》哲学的性质

《老子》哲学思想属于唯物主义还是唯心主义，是任继愈先生《老子》哲学研究的一个重点。对这个问题反复深入思考，既体现了先生对《老子》哲学的重视，也反映了先生在哲学研究上的独立人格。

1959年10月14日凌晨两点半，任继愈先生被毛泽东主席所派的专车接到了中南海，当时具体交流的内容主要是中国哲学与宗教的问题。[①]其中，谈到《老子》哲学是唯物还是唯心的判断时，毛泽东主席认为《老子》是唯心主义哲学。然而，1963年，先生主编的《中国哲学史》教材出版，书中却坚持《老子》是唯物主义哲学，并没有盲从毛泽东主席的观点。该书后又印刷五次，但先生却一直坚持《老子》的唯物主义属性。直到1979年，先生才改变看法，觉得《老子》哲学也有可能是唯心主义的，但也觉得不妥当。1985年修订版《老子新译》中，先生再次修正了对《老子》哲学的看法，认为用唯物主义或唯心主义的分界来评判《老子》是不对的。任继愈先生曾写道："1963年出版的《中国哲学史》教科书认为老子是中国第一个唯物主义者；1973年出版的《中国哲学史简编》（四卷

① 关于这次接见的主要情况，可参见任远、任重：《一份谈话记录和半个世纪的演绎》，《科学与无神论》，2016年第4期；李申：《毛泽东接见任继愈的前前后后》，《南方周末》，2016年10月13日，第29版。

本缩写本），则认为老子属于唯心主义。主张前说时，没有充分的证据把主张老子属于唯心主义者的观点驳倒；主张后说时，也没有充分证据把主张老子属于唯物主义者的观点驳倒。好像攻一个坚城，从正面攻，背面攻，都没有攻下来。这就迫使我停下来考虑这个方法对不对。正面和背面两方面都试过，都没有做出令人信服的结论来，如果说方法不对，问题出在哪里？我重新检查了关于老子辩论的文章，实际上是检查自己，如果双方的论点都错了，首先是我自己的方法错了。"[①]他最终认为，这种非此即彼的思维方式是不对的，"老子哲学究竟是唯物主义的，还是唯心主义的？按照这种打破砂锅问到底的方式去追问，是不会有真正的结果的"。[②]

为什么会有前后几次的反复，这是因为研究方法出了问题，也就是忘了对《老子》时代背景的还原。其实，要研究《老子》，以及任何一个哲学家、哲学流派，都应该将其放入具体的历史环境中考察。老子所处的时代是春秋末期，政治上，周天子失势、诸侯僭越；经济上，不贵而富的新兴阶级出现；社会上，礼崩乐坏的局面形成；天道观上，怨天恨天的思想活跃起来。老子发现，原有的哲学思想已经无法合理地解释这些现象了，所以必有一个难以被感知的超越一切的主宰者存在。于是，他找到了象帝之先而清静无为的"道"。

任继愈先生把老子的"道"归纳为五个特质：其一，道是混沌

① 任继愈：《老子研究的方法问题》，《任继愈自选集》，北京师范学院出版社，1991年，第447页。

② 任继愈：《老子的哲学思想》，任继愈主编：《中国哲学发展史》（先秦卷），人民出版社，1983年，第260页。

朴素的；其二，道是永恒的；其三，道是构成万物的质料；其四，道是超越感官的；其五，道是事物发展的规律。“道”可以描述为“无名”“朴”“无状之状”“无物之象”。从这五个基本特质来看，我们根本无法简单地将“道”纳入唯物主义或唯心主义的范畴里去。所以，给老子贴上唯物还是唯心的标签的做法，是简单粗暴的。他说：“关于‘道’是精神性还是物质性的，20世纪50年代开始有长期的争论，现在回头看这些争论是多余的，因为人类那时还没有唯物、唯心……我们理解老子，理解古时候，可以做出我们的解释，但是倒退回去说老子在2500年前已经说了‘道’是物质的或是精神的，这是替老子做结论，不科学，是不对的。”[①]

其实，关于《老子》哲学究竟是唯物主义还是唯心主义的分界问题的思考，还涉及任继愈先生对哲学史研究方法论问题的思考，那就是先生对当时统治中国哲学界的日丹诺夫定义的怀疑。针对日丹诺夫的对子论，他曾在1957年1月的中国哲学史座谈会上提出过明确的批评。他认为日丹诺夫定义是不全面的，不仅因为对子论忽视了社会历史观的研究，而且日丹诺夫的定义没有给唯心主义应有的地位。他曾自我批评说，他在过去的哲学史工作中总是片面地强调唯物主义与唯心主义的斗争，而忽略了它们中间的相互渗透与相互影响，他认为“从不知道有宗教，到产生宗教，这应当看作人类的一大进步。……与宗教相伴而生的唯心主义也标志着人类的进

① 任继愈：《关于〈道德经〉》，《任继愈讲演集——中华五千年的历史经验》，人民日报出版社，2010年，第324页。

步”。[1]因此说，唯物还是唯心的非此即彼的方法论其实是形而上学的。

任继愈先生对《老子》哲学究竟是唯物还是唯心的反复思考，正是对日丹诺夫定义的质疑在《老子》哲学分界问题上的反映。之前对《老子》唯物还是唯心的分界，不但把《老子》简单化，甚至造成了严重的误读，导致这一问题的根本原因就是日丹诺夫错误定义产生的结果。所以说，从一开始对《老子》哲学唯物主义还是唯心主义的分界问题，最后认为，不能用唯物唯心的范畴来简单分界《老子》，其中就体现了先生对哲学史研究的方法论深入思考的过程。

再从另一角度讲，对学术理论进行反思应该是学者的分内事，本无须标榜，然而在 1957 年的时代背景下，学术是不自由的，质疑日丹诺夫的定义需要冒很大的风险。在 1979 年出版的《中国哲学史论》的“后记”中，任继愈先生说，他的学术质疑，在当时被认为是对斯大林的态度问题，甚至后来又有领导告诫他，只讲思想发展会背离马克思主义，走上修正主义道路，可见当时情况有多严重。然而，先生不为所惧，始终坚持自己的学术主张，最终突破哲学研究的僵化思维，对《老子》哲学思想做出了全新的独立判断。先生一贯坚持，“在认识史上有贡献，该肯定就大胆肯定，不必因为他有唯心主义的观点，就缩手缩脚。没有贡献，只是重复前人的结论，又不能推动认识论的前进，即使是唯物主义者，也不能在哲学史上把他摆

[1] 任继愈：《如何看待哲学史上的唯心主义》，中国社会科学院哲学研究所中国哲学史教研室主编：《中国哲学史方法论讨论集》，中国社会科学出版社，1980年，第216页。

在重要的地位”。[①] 今天我们反思任继愈先生的学术历程，不得不由衷地钦佩他在治学态度上不盲从权威、不畏惧批判的独立人格。

（二）对《老子》的褒扬与批判

任继愈先生有博览群书，汇通传统三教的学问，对《老子》哲学思想尤其青睐，这从他四译《老子》的过程中可以看到。然而，偏爱《老子》不仅仅是出于个人的学术兴趣，而且是出于对哲学史整体上的把握。

首先，哲学的本质是形而上学，而在《老子》之前的中国是不知道形而上学的，先生认为《老子》对“道”与“无”两个概念的提出，是发前人所未发，这对推动中国哲学史的发展具有决定性的意义。他说：“只有老子的《道德经》把‘道’作为最高范畴，集中阐发，提高到中国哲学史的重要地位，老子是第一人。”[②]

先生认为，《老子》能够在纷繁复杂的现象世界背后概括出“无”这个负概念，突出其价值，并且主张贵无不是消极避世，而是对生活的肯定，实在是“功不可没”[③]。《老子》的“无”并非“一无所有”，而是综合了可见的“有”，以及作为对象性的“有”所不具备的“实际存在”。也就是说，与“有”相对的“无”成为一种认识对象，所以其表现为“无状之状，无物之

---

① 任继愈：《老子研究的方法问题》，《任继愈自选集》，北京师范学院出版社，1991年，第451页。

② 任继愈：《老子绎读》，北京图书馆出版社，2006年，第2页。

③ 任继愈：《老子绎读》，北京图书馆出版社，2006年，第8页。

象”。先生认为，像《老子》那样能把不可见的“没有”提高到客观对象上来认识，是只有具备了先进文化的民族才能做到的。所以先生认为，“道”与“无”两个范畴，分别站在了形而上学与认识论的高度，体现了老子的原创精神，并且代表了中国古代抽象思维发展的一个高峰。

其次，对“道”与“无”的总结是《老子》对时代全局把握的体现，所以其理论整体上表现出一定的超前性。任继愈先生说：“哲学的全局观点是从老子开始的，后来不断发展丰富，才有今天的哲学。……老子的哲学，使人从宗教、神学中初步摆脱出来，在当时是了不起的贡献。”[①]《老子》的哲学思想突破了一定的思维窠臼，不仅思考他所处时代的现实状况，更关照到整个人类的社会历史的走向；不仅涉及了历史哲学、政治哲学，还涉及了更为一般性的形而上学问题。所以先生甚至认为，“老子哲学思想比孔子、孟子都丰富，对后来许多哲学流派影响也深远”。[②]

然而，《老子》作为一个历史性的文本，虽然有它积极的一面，也必然有它局限性的一面。本着实事求是的精神，先生对《老子》哲学思想局限性也进行了客观的批判。

其一，缺乏转化条件的辩证法易陷入简单的循环论。有无、刚柔、损益、智愚、生死等辩证范畴的提出是《老子》哲学的重要特征，《老子》清楚地认识到万物都以这种辩证的方式存在着，对辩证范

① 任继愈：《老子绎读》，北京图书馆出版社，2006年，第3页。

② 任继愈：《老子研究的方法问题》，《任继愈自选集》，北京师范学院出版社，1991年，第447页。

畴的把握是抓住了事物发展的一般规律。但是它忽略了一点，就是有无、刚柔等范畴两端之间的转化是需要条件的，生可以转化为死，而死是没有条件转化为生的。忽视了条件的转化，必然会陷入简单的循环论中。而且，按照这个逻辑，胜利必然要转化为失败，而不能进一步获得新的胜利，又容易把辩证法引向消极面。所以，任继愈先生批评道："老子提出事物的正面必然变到反面，但他看不到客观事物的多样性、复杂性以及运动变化的曲折性和螺旋式地发展，而把事物的转化看成机械重复的，也损害辩证法的全面性。"①

其二，反对经验知识易拖累社会进步。《老子》主张韬光养晦，又进一步主张人应该"闭其门，塞其兑"，更教导统治者要"非以明民，将以愚之"。也就是要人把自己封闭起来，轻视经验知识，这就有问题了。任继愈先生说"大智若愚，大巧若拙"本是《老子》思想的闪光点，"可惜老子思想的这一闪光点转瞬即逝，其主旋律却在教人避免接触新事物的诱惑，才能保持精神的纯洁：'不见可欲，使民心不乱'，'五色令人目盲，五音令人耳聋'，有了知识，就破坏了原始的淳朴，就把人引向邪路，这是错误的，今天看来是不对的"。②其实，之所以先生对《老子》反对经验知识感到不满，这与他的人生经历与深刻反思关系密切。他说："20世纪六七十年代，全世界科技飞速发展，我们却提倡不要知识，耽误

① 任继愈：《老子的哲学思想》，《中国哲学发展史》（先秦卷），人民出版社，1983年，第274页。

② 任继愈：《关于〈道德经〉》，《任继愈讲演集——中华五千年的历史经验》，人民日报出版社，2010年，第333页。

了现代化的步伐，与科技先进国家的距离拉大了。”[①]他经历的那个时代高喊着“知识越多越反动”的口号给国家带来了深重的灾难，所以他深刻认识到经验知识的重要性以及反对经验知识的危害性。

总的来说，任继愈先生对《老子》的哲学思想既有褒扬，又有批判，其中褒扬的成分又多于批判。然而，先生对《老子》哲学思想的研究又不仅仅停留在学术领域，而是将《老子》哲学作为一种思想武器，对现实社会发展状况进行衡量、反思，力求“执古之道以御今之有”，充分发挥传统哲学的内在价值，使之成为推动社会发展的文化力量。

① 任继愈：《关于〈道德经〉》，《任继愈讲演集——中华五千年的历史经验》，人民日报出版社，2010年，第333页。

目 录

绪　论：论任继愈先生四译《老子》及其老学思想 1

四译《老子》正文 1

附　录：四译《老子》中的绪论或附录 303

跋 435

四译《老子》正文[1]

第一章

原文	译文
《今译》： 道，可道，非常道； 名，可名，非常名； 无名，天地之始； 有名，万物之母。 故 常无，欲以观其妙， 常有，欲以观其徼。 此两者同出而异名。 同谓之玄， 玄之又玄，众妙之门	 “道”，说得出的，它就不是经常的“道”； 名，叫得出的，它就不是经常的名。 “无名”是天地的原始； “有名”是万物的根本。 所以 经常从无形象处认识“道”（无名）的微妙， 经常从有形象处来认识万物（有名）的终极。 这两者【有形和无形】是同一个来源而有不同的名称。 它们都可以说是深远的， 极远极深，它是一切变化的总门。
《新译》： 道，可道，非常道； 名，可名，非常名； 无名，天地之始； 有名，万物之母。	 “道”，说得出的，它就不是永恒的“道”； 名，叫得出的，它就不是永恒的名。 “无名”是天地的原始； “有名”是万物的根本。

① “四译《老子》正文”部分，均以作者原文为主，对于“象”“希”“做”“作”等字，未做修改。

续表

故 常无，欲以观其妙， 常有，欲以观其徼。 此两者同出而异名。 同谓之玄， 玄之又玄，众妙之门。	所以 经常从无形象处认识“道”（无名）的微妙， 经常从有形象处来认识万物（有名）的终极。 这两者【有形和无形】是同一个来源而有不同的名称。 它们都可以说是深远的， 极远极深，它是一切微妙的总门。
《全译》： 道，可道，非常道； 名，可名，非常名。 无名，天地之始； 有名，万物之母。 故 常无，欲以观其妙， 常有，欲以观其徼。 此两者同出而异名。 同谓之玄， 玄之又玄，众妙之门	 “道”，说得出的，就不是永恒的“道”； 名，叫得出的，它就不是永恒的名。 “无名”是天地的原始； “有名”是万物的根本。 所以 经常从无形象处认识“道”（无名）的微妙， 经常从有形象处来认识万物（有名）的终极。 这两者【有形和无形】，是同一个来源。只是名称不同。 都可以说是深远的， 极远极深，是一切微妙的总门。
《绎读》： 道，可道，非常道； 名，可名，非常名。 无名，天地之始； 有名，万物之母。 故， 常无，欲以观其妙， 常有，欲以观其徼。 此两者同出而异名。 同谓之玄， 玄之又玄，众妙之门。	 “道”，说得出的，它就不是永恒的“道”； 名，叫得出的，它就不是永恒的名。 “无名”是天地的原始； “有名”是万物的根本。 所以， 经常从无形象处认识“道”（无名）的微妙， 经常从有形象处来认识万物（有名）的终极。 这两者【有形和无形】讲的是一回事，而有不同的名称。 它们都可以说是深远的， 极远极深，它是一切微妙的总门。

本章重点在于提出了“道”这个范畴，其意义在于，突破了从具体事物上认识客观世界的局限性，《老子》希望人们能打破在认识上的有形与无形的界限，认识到还有那样一种深远的东西的存在。任继愈先生认为，《老子》“道”的提出表现了古人探求世界的开始，虽然还处在“起源论”的阶段，但比起“神造说”有质的飞越，比起五行说又有更高的抽象思维水平。

对老子“道”的认识，先生是进行长期思索的。《今译》本把老子之“道”定义为唯物主义的，认为老子之道是“物质性的最先存在的实体”，是“物质世界的始基”，是“最根本的物质存在”，是“极细微的物质性的存在” 。“道”还有另一方面，先生认为，它还是物质世界变化的规律。也就是说，老子的“道”既有物质实在的含义，又有作为规律的含义，这是“道”的含义不严格的地方。《新译》则把《老子》之“道”解释为，包含了精神实体与万物变化发展的规律两个含义，把《老子》哲学放到了唯心主义一边。

而从《新译》（修订版）开始，先生抛弃了对《老子》思想非此即彼的认识。在《绎读》里，先生客观地说：“‘道’是精神性的还是物质性的，老子本身没有深说。”也就是说，之前他对“道”所下的唯物或唯心的判断都是有问题的。这正如他在《我对〈老子〉认识的转变》一文中所说的，他在 1963 年出版的《中国哲学史》教科书里把老子定义为唯物主义者，而 1973 年出版的《中国哲学史简编》则又把老子定义为唯心主义者，他承认前后两次其实都没有充分的证据驳倒对立面，因此他不得不重新思考研究方法。唯心还是唯物，这是相当晚近才出现的哲学范畴，即使现代人也很难做到非此即彼的立场，更何况两千五百年前的人呢。因此，不独对老子哲学的研究，对古代哲学的研究都应该突破非此即彼的思维窠臼。

在原文断句上，自古争论最多的是“无名”与“有名”，“无欲”与“有欲”两句。“无名，天地之始；有名，万物之母”中，先生选择“无名”“有名”不要断开。他认为“无名”“有名”是《老子》的专有名词，如“道常无名”（三十二章）、“镇之以无名之朴”（三十七章）、“道隐无名”（四十一章）、“始制有名”（三十二章）。“无名”是不可称名者；“有名”是可称名者，“道”便是那个不可称名者，“无名”是对它的描述，对应“天地之始”；“有名”是具体的万物。因此“无名”“有名”是完整的词组，不断开为宜。主张把“无名”“有名”断开的主要有陈鼓应先生，他认为“无”“有”是独立的哲学概念，且老子也说“天下万物生于‘有’，‘有’生于‘无’”。（《老子注译及评介》一章）之所以这么断句，是与下文“无欲”“有欲”的断开相对应，这有他的道理。当然，也有学者认为，“有名”“无名”的断句无关宏旨，倒是下文“无欲”“有欲”的断句比较要紧。

“常无，欲以观其妙，常有，欲以观其徼”的断句，陈鼓应先生和任继愈先生是一致的，他们与王安石、苏辙、高亨、严凌峰等古今学者也是一致的。这么断句的好处是，能把“无”这个独立概念呈现出来。王安石、苏辙等都是从解释学意义上理解“无”“欲”的断开。如王安石说：“道之本出于无，故常无，所以自观其妙。”苏辙说：“圣人体道以为天下用，入于众有而‘常无’。”（《老子解》）王淮说：“常于‘无’处以关照道体之深微：微妙玄通，深不可测。”(《老子探义》)。严凌峰从语法角度讲，认为“常无，欲以观其妙”，就是“自‘常无中欲观其妙’”，即今天所谓的“从某种观点”或“从某种立场”出发(《老子章句新编》)。任继愈先生在以上诸学者的基础上，又从认识史的角度来思考“无”。认为这是老子特别对“无”的提炼，是把不可见者放到了认识对象的位置上，达到了认识论的一个高峰。把不可见者作为认识对象，于其中谈论精微，可谓是无穷无尽的。下文的“有”的断开，则是与“无”相呼应的。

当然，也有学者断为“常无欲，以观其妙；有欲，以观其徼”。王弼是最早把“无欲”“有欲”连读的，故后人多有效法。帛书《老子》出现后，有“恒有欲也以观其所噭”的表述，连读便有了文本依据。蒋锡昌则从伦理学的角度出发主张“无欲”“有欲”应该连读。他认为，老子“欲使人知无欲之妙道，而返于虚无也”(《老子校诂》)。不能说这么理解是错的，但至少也有可质疑处。即《老子》首章的宇宙论或本体论的哲学话语，是否还蕴含了伦理价值，这似乎是个值得探讨的问题。陈鼓应先生也说，仅下文“有欲”便不能连读，“有欲”如何能观照道体之边际。此处根本没有欲望与否的问题，故“无欲”“有欲”不能连读(《老子注译及评介》一章)。

在古文今译上，《今译》中，先生把“非常道”翻译为“不是经常的道”，这样的翻译虽然没有错，但似乎与现代汉语的习惯不符。因此在后三版的翻译中，先生都译作了“不是永恒的道”。古代汉语与现代汉语的语用习惯有所不同，一味追求原汁原味的直译，其实未必能很好地体现原文的韵味。先生在之后几版的翻译中都意识到了这个问题，修正了《今译》本中许多因直译而与现代汉语语用习惯相抵牾的问题。

当然，这只是一个方面，另一个方面是因为参考了帛书《老子》的原文，即“道，可道，非恒道也”。显然，“永恒的道”的翻译，既得原文的要义，又符合现代汉语习惯。在之后的翻译中，先生都是自觉注意结合几个版本的特点，做到准确而通俗。

关于“两者同出而异名”一句，在前三个版本中都翻译为“这两者【有形和无形】是同一个来源而有不同的名称”。首先，把“同出”译为“同一个来源”，看似准确，但其实“来源”是什么又变成了一个问题；其次，来源相同的东西，性质可能完全不同，对有无的理解造成歧义，即潜在地还把有形与无形区分为了两个东西，会有问题。所以，《绎读》直接把“同出而异名”译为“讲的是一回事”，既通俗，又较好地体现了有无问题对立统一的意思。

又“众妙之门”一句，《今译》译为“一切变化的总门”，而后三版译为“一切微妙的总门”。《老子》哲学强调变化，因为变化多端，所以“玄之又玄”，把“妙”翻译为“变化”其实没有错。但是，《老子》所谓的“妙”又不仅仅限于“变化”，“无名”是一种“妙”，后文的“恍兮惚兮”也是一种“妙”，“视之不见”“听之不闻”“搏之不得”也是一种“妙”，所以把“众妙之门”译为“一切微妙的总门”涵盖面更广，更为恰当。

第二章

原文	译文
《今译》：	
天下皆知美之为美，斯恶矣；	天下的人都知道怎样才算美，这就有了丑了；
皆知善之为善，斯不善矣。	都知道怎样才算善，这就有了恶了。
故	所以
有无相生，	有无由互相对立而生，
难易相成，	难易由互相对立而成，
长短相形，	长短由互相对立而体现，
高下相倾，	高下由互相对立而倾倚，
音声相和，	音声由互相对立而产生谐和，
前后相随。	前后由互相对立而产生顺序。
是以，圣人	因此，“圣人”
处无为之事，	用“无为”为居，
行不言之教，	用“不言”为教，
万物作焉而不为始，	【任凭】万物生长变化，而不替它开始，
生而不有，	生养了万物，而不据为己有，
为而不恃，	推动了万物，而不自以为尽了力，
功成而弗居。	功成而不居功。
夫唯弗居，是以不去。	正由于不居功，所以他的功绩不会失去。
《新译》：	
天下皆知美之为美，斯恶矣；	天下的人都知道怎样才算美，这就有了丑了；
皆知善之为善，斯不善矣。	都知道怎样才算善，这就有了恶了。
故	所以
有无相生，	有无由互相对立而产生，
难易相成，	难易由互相对立而形成，
长短相形，	长短由互相对立而体现，

续表

高下相倾， 音声相和， 前后相随。 是以，圣人 处无为之事， 行不言之教， 万物作焉而不为始， 生而不有， 为而不恃， 功成而弗居。 夫唯弗居，是以不去。	高下由互相对立而存在， 音声由互相对立而谐和， 前后由互相对立而出现。 因此，“圣人” 用“无为”去处事， 用“不言”去教导， 【任凭】万物生长变化，而不替它开始， 生养了万物，而不据为己有， 推动了万物，而不自以为尽了力， 功成而不自居。 正由于不居功，所以他的功绩不会失去。
《全译》： 天下皆知美之为美，斯恶矣； 皆知善之为善，斯不善矣。 故 有无相生， 难易相成， 长短相形， 高下相倾， 音声相和， 前后相随。 是以，圣人 处无为之事， 行不言之教， 万物作焉而不为始， 生而不有， 为而不恃， 功成而弗居。 夫唯弗居，是以不去。	 天下的人都知道怎样才算美，这就有了丑了； 都知道怎样才算善，这就有了恶了。 所以 有和无互相对立而产生， 难和易互相对立而形成， 长和短互相对立而体现， 高和下互相对立而存在， 音和声互相对立而谐和， 前和后互相对立而出现。 因此，“圣人” 用“无为”去处事， 用“不言”去教导， 【任凭】万物生长变化，而不替它开始， 生养了万物，而不据为己有， 推动了万物，而不自以为尽了力， 功成而不自居。 正由于不居功， 所以他的功绩不会失去。

续表

《绎读》：	
天下皆知美之为美，	天下的人都知道怎样才算美，
斯恶矣；	这就有了丑了；
皆知善之为善，	都知道怎样才算善，
斯不善矣。	这就有了恶了。
故	所以
有无相生，	有无互相对立而生，
难易相成，	难易互相对立而成，
长短相形，	长短互相对立而体现，
高下相倾，	高下互相对立而存在，
音声相和，	声音互相对立而谐和，
前后相随。	前后互相对立而出现。
是以，	因此，
圣人处无为之事，	“圣人”用“无为”去处事，
行不言之教，	用“不言”去教导，
万物作焉而不为始，	【任凭】万物生长变化，而不加干预，
生而不有，	生养了万物，而不据为己有，
为而不恃，	推动了万物，而不自以为尽了力，
功成而弗居。	功成而不居功。
夫唯弗居，	正由于不居功，
是以不去。	所以他的功绩永在。

本章集中提出了《老子》的辩证法思想，主张一切事物（“道”除外）都存在着对立面，进一步认为，对立范畴的互相支撑是事物得以存在的原因。他认为，事物天然处在对立范畴中，所以事物的存在是自在自为的，这就进一步引申出《老子》主张的“无为”原则，认为对自在自为者的干涉（有为）是不必要的。但是需要指出的是，“无为”不是“无所作为”，而是说所有人都应

该各行其是，不要去改变既有的行事规律。也就是说，《老子》反对革新，因为他认为既有的那一套是符合自然原则的，是完美的，革新会打破那种平衡性，反而产生不好的结果。《新译》《全译》《绎读》三个版本在本章的理解上是一致的。

在原文整理上，“难易相成”一句当中的“成”字，王弼本原作“较”，任继愈先生据马叙伦说及唐碑本改。

“万物作焉而不为始”中的“不为始”，王弼本作“不辞”，而王弼本十七章、三十七章注所引《老子》文句皆作“不为始”，故先生改。但其实“辞”在古代与“嗣”“始”都是相通的，也都有“管理”“干涉”的意思。“不辞”与“不为始”的意思一致，但为了使原文保持逻辑上的一致，先生遂对原文进行了改动。

在古文今译上，“万物作焉而不为始”，前三种翻译中，先生都译作“【任凭】万物生长变化，而不替它开始”。意思很明白，属于直译。但仔细体会，则似乎不妥。万物生长变化本是自然而然的，不可能由谁能替它开始，即使有为者亦只能有心而无力。所以译作“不替它开始”，似乎在逻辑上有不通处。

因此，《绎读》将该句翻译为“【任凭】万物生长变化，而不加干预”。“不加干预”是典型的“无为”。有为、无为都是指外力的干预与否，不可能从内部去替万物作为，因此，把“不为始”翻译为“不加干预”，虽为意译，但更符合一般逻辑。

关于“无为”的理解，先生前后是有变化的。在把老子看作是唯心主义者的时期，他认为“无为”是一种不思进取。但后来他放弃了这种看法，开始主张“不加干预”。其实“无为”至少有两方面意思，其一是“各行其是”“顺其自然”；其二是“与其走极端，不如不干”，如“揣而盈之，不如其已”（第九章），这两者应该是一体两面的。此外，我们还应考察老子的话是说给谁听的。其实老子的话是说给两类人听的：一类是压榨民脂民膏、发动战争的权贵们，一类是用正面价值游说统治者的学者们。前一类人给人民带来肉体上的痛苦，毋庸置疑；而老子认为，后一类人在无形中放大了恶的价值，让人心变坏了，也是糟糕的有为。所以，老子的“无为”，既针对政治上的不加干预，也针对思想上的不加干预，主张一切都应让它自然而然地持续下去。

陈鼓应先生释之为“不妄为”；福永光司解释说：“老子的无为，乃是不恣意行事，不孜孜营私，以舍弃一己的一切心思计虑，一依天地自然的理法而行的意思。”（《老子注译及评介》二章）他们的理解是对的，妄为与干预皆是出于私心。然而，这里也需要一辨，意即“妄为”多出于坏心，而那些倡导正面价值观的学者未必出于坏心，他们只是好心办了坏事，便不能斥之为“妄为”。《绎读》的“不加干预”恰好兼顾了这两类情况，即政治上的胡作非为与思想教育上的事与愿违，减少政治上的干预可以给老百姓减少物质负担，减少思想上的干预可以杜绝老百姓动坏脑筋的可能，同时还避免了可能会导致的对“无为”的消极“不作为”的理解。

第三章

原文	译文
《今译》： 不尚贤，使民不争； 不贵难得之货，使民不为盗； 不见可欲，使民心不乱。 是以圣人之治， 虚其心， 实其腹， 弱其志， 强其骨， 常使民无知无欲。 使夫智者不敢为也。 为无为，则无不治。	 不提倡聪敏才干，使人民不争夺； 不重视希有的货品，使人民不偷盗； 不使看见足以引起欲望的事物，使人民的心思不被扰乱。 因此，“圣人”的治理【天下】，要 简化人民的心思， 满足人民的肚子， 削弱人民的志气， 增强人民的筋骨， 经常使人民没有知识，没有欲望。 【这样】， 使自作聪明的人不敢妄作主张。 依照“无为”的原则办事，就没有不太平的。
《新译》： 不尚贤，使民不争； 不贵难得之货，使民不为盗； 不见可欲，使民心不乱。 是以圣人之治， 虚其心， 实其腹， 弱其志， 强其骨， 常使民无知无欲。 使夫智者不敢为也。 为无为，则无不治。	 不推重有才干的人，免得人民竞争； 不重视希[①]有的商品，使人民不偷盗； 不使看见足以引起欲望的事物，使人民的心思不被扰乱。 因此，“圣人”的治理【天下】，要 简化人民的头脑， 填饱人民的肚子， 削弱人民的志气， 强壮人民的筋骨， 永远使人民没有知识，没有欲望。 【这样】， 使自作聪明的人不敢妄作主张。 依照“无为”的原则办事，就没有不太平[②]的。 ①《新译》（修订版）：“希”作“稀”。 ②《新译》（修订版）：“太平”作“成功”。

续表

《全译》：	
不尚贤，使民不争；	不推重有才干的人，免得人民竞争；
不贵难得之货，使民不为盗；	不重视稀有的商品，使人民不偷盗；
不见可欲，使民心不乱。	不接触足以引起欲望的事物，使人民的心思不被扰乱。
是以圣人之治，	因此，“圣人”的治理【天下】，要
虚其心，	简化人民的头脑，
实其腹，	填饱人民的肚子，
弱其志，	削弱人民的志气，
强其骨，	强壮人民的筋骨，
常使民无知无欲。	永远使人民没有知识，没有欲望。
	【这样】，
使夫智者不敢为也。	使自作聪明的人不敢妄作主张。
为无为，则无不治。	依照“无为”的原则办事，就没有不太平的。
《绎读》：	
不尚贤，使民不争；	不推重有才干的人，免得百姓竞争；
不贵难得之货，	不重视稀有的物品，
使民不为盗；	使百姓不偷盗；
不见可欲，	不接触足以引起欲望的事物，
使民心不乱。	使百姓的心思不被扰乱。
是以圣人之治，	因此，“圣人”的治国原则，
虚其心，	（要）简化百姓的头脑，
实其腹，	填饱百姓的肚子，
弱其志，	削弱百姓的志气，
强其骨，	增强百姓的筋骨，
常使民无知无欲。	永远使百姓没有知识，没有欲望。
使夫智者不敢为也。	可使自作聪明的人不敢有所作为。
为无为，	依照“无为”的原则办事，
则无不治。	就没有不成功的。

本章提出了《老子》反对尚贤的思想，《老子》认为，社会之

所以不安定,是因为新奇事物的出现刺激了人的欲望,人心被搅乱,于是争夺、偷盗此起彼伏。《老子》看到了社会现状急需改造的紧迫性，但他却采用了消极的、倒退的方法来解决问题，也就是反对新事物，否定变革，认为这样可以有效地熄灭人欲。但历史总是朝前发展的，不以人的意志为转移，新事物、新变革的产生是无法阻挡的，所以《老子》的主张并不现实。就实质而言，反对尚贤、反对变革就是一种愚民思想，对统治者的管理是有利的。《新译》及修订版将《老子》这一思想的根源归咎于他没落阶级的属性。《全译》删去了这个说法，但肯定《老子》的这一思想具有愚民的性质。《绎读》则认为，这种消极防御思想，反映的是中国古代农业社会小生产者的心态，是社会大众心理的反映，他对于反对尚贤的主张抱同情的理解。但任继愈先生对这一主张是持否定态度的。他认为,这种主张毒害非常深,以至于在20世纪60年代,农村还被认为是改造思想、净化灵魂的最佳环境，所以《老子》的错误之处对今人的影响也相当深刻。

在古文今译上，《今译》《新译》《全译》中，任继愈先生把“民”都翻译为“人民”，但在《绎读》中，则把“人民”一词改为“百姓”，这是一个值得注意的地方。其实，现代语境下的“人民”一词具有政治性，其反义词是“敌人”。用“人民”来翻译“不尚贤，使民不争”“使民不为盗”等句中的“民”，在现代语境下显得非常拗口。显然，“人民”作为一个褒义词，是不可能出现恶性竞争的，也不可能成为盗贼，而“百姓”是中性词，是教化的对象，具有为善为恶的潜在可能性。因此用“人民”一词翻译

“民”字，难以表现《老子》一书本来的时代性，而用“百姓”一词则非常恰当。

这一章是否是《老子》的愚民思想，关键一句在“常使民无知无欲”。陈鼓应先生认为，“所谓‘无知’，并不是行愚民政策，乃是消解巧伪的心智。所谓‘无欲’，并不是要灭除自然的本能，而是消解贪欲的扩张”。（《老子注译及评介》三章）任继愈先生认为，这句话就是“使百姓没有知识，没有欲望”，是一种愚民思想。诚然，《老子》还是有“愚民”思想的，只是需要说明。首先，《老子》成书较早，全书难以做到保持一致，比如他对“上帝”鬼神进行哲学化的解释（如“象帝之先”），就是在开民智；其次，作为某种对统治者的告诫之书，也决定了他必然有站在统治者角度看问题的一面，老百姓“无知无欲”才能方便统治；第三，使民无知不是使人从聪明变为愚笨，而是让原来朴素的人不要再懂得更多的所谓善的价值观，以免自作聪明地放大了相反的恶的价值观。所以，这里的“无知”，不仅仅是“消解巧伪”，也要“消解仁义”。所以，先生翻译为“使百姓没有知识”，包含了巧伪与仁义两种价值观，是比较适宜的。

第四章

原文	译文
《今译》：	
道冲，而用之或不盈。	道不可见，而用它【道】用不完。
渊兮，似万物之宗。	是那样渊深啊，它好像万物的宗主。
	【它】
挫其锐，	不露锋芒，
解其纷，	超脱纠纷，
和其光，	涵蓄着光耀，
同其尘。	混同着垢尘。
湛兮，似或存。	是那样无形无象啊，它似亡而实存。
吾不知谁之子，	我不知道产生它的根源，
象帝之先。	【只知道它】出现在“上帝”之先。
《新译》：	
道冲，而用之或不盈。	道不可见，而用它【道】用不完。
渊兮，似万物之宗。	是那样渊深啊，它好像万物的宗主。
	【它】
挫其锐，	不露锋芒，
解其纷，	超脱纠纷，
和其光，	涵蓄着光耀，
同其尘。	混同着垢尘。
湛兮，似或存。	是那样无形无象啊，它似亡而实存。
吾不知谁之子，	我不知道它是从哪里产生的，
象帝之先。	【只知道它】出现在“上帝”之先。

续表

《全译》： 道冲，而用之或不盈。 渊兮，似万物之宗。 挫其锐， 解其纷， 和其光， 同其尘。 湛兮，似或存。 吾不知谁之子， 象帝之先。	 道不可见，而用它【道】用不完。 是那样渊深啊，它好像万物的宗主。 【它】 不露锋芒， 超脱纠纷， 涵蓄着光耀， 混同着垢尘。 是那样无形无象啊，似亡而实存。 我不知道它是从哪里产生的， 【只知道它】出现在“上帝”之先。
《绎读》： 道冲， 而用之或不盈。 渊兮， 似万物之宗。 挫其锐， 解其纷， 和其光， 同其尘。 湛兮， 似或存。 吾不知谁之子， 象帝之先。	 道不可见， 而用它用不完。 是那样深沉啊， 它好像万物的祖先。 【它】不露锋芒， 超脱纠纷， 含蓄着光耀， 混同着垢尘。 是那样无形无象啊， 它似亡而实存。 我不知道它来自何处， 【只知道它】出现在“上帝”之先。

本章是从另一个方面谈论“道”的无形无象与不可感触。它是所有具体万物的根本，甚至比创造了万物的“上帝”还要古老。所以《老子》的“道”具有绝对的超越性，当然，这里主要讲的是时间上的超越性。关于本章的理解，《新译》《全译》与《绎读》是一致的。

在古文今译上，本章中关于“吾不知谁之子”一句的翻译，先生有过几次变化。《今译》本中的翻译，似乎和原文有出入。原文的字面意思当是“我不知‘道’是谁之子”，所以应该意译为“不知‘道’是从哪里来的”或“来自何处”才是对的。

关于“万物之宗”的“宗”，先生先前翻译为“宗主”，陈鼓应先生亦然。而《绎读》改为“祖先”，这也是值得注意的地方。“宗主”有宗法性的意味，而无创生意味，但《老子》此章很明显是要说明万物是从“道”那里来的，所以“祖先”一词既简单又符合老子原意。

“道冲”一句，陈鼓应先生译作“‘道’体是虚空的”，而任继愈先生则相当直白，“道是看不见的”。“冲”有虚空的意思，是对“道”的描述。而这句“道冲”原是与下一句“用之或不盈”形成对比的，强调无形和有形的对立。若译作“‘道’体是虚空的”则侧重点放到了道的形式上，与下文对比的意思便突显不出了。另一方面，非要强调“看不见”，也是突出了与古希腊哲学家横向对比的结果，任继愈先生说：“（古希腊）‘无限’和空气在性质上是不同的，虽然都是看不见的，却都可以说是‘万物之母’或‘天地之始’。后来的原子论者，如德谟克利特，所讲的原子也是看不见摸不着的最原始的物质。”[①] 从直观上强调无形，既兼顾了“虚空”的含义，又突出了重点。

这一章中，先生还非常重视“吾不知谁之子，象帝之先”一

① 任继愈：《老子的研究》，《任继愈文集》（第2卷），国家图书馆出版社，2014年，第203页。

句。“帝”就是“上帝”，“象帝之先”意味着对至尊者进行了终结，那个终结者就是“道”，这是在宗教上的颠覆。在政治上，这句话也将垄断“上帝”祭祀权的最高统治的尊严颠覆了。所以先生说：“不论《诗经》《左传》《国语》，都还没有人敢否认它的存在，也没有人敢于贬低它的至高无上的地位，只是说几句抱怨话，埋怨‘上帝’不长眼，赏罚不公平而已。既然恨天、骂天，可是遇到有委屈还要向天倾诉衷肠，这算什么无神论、“灭神论”呢？老子的哲学，其光辉前无古人的地方恰恰在这里，他说天地不过是天空和大地；他说道是万物的祖宗，‘上帝’也不例外。不简单。”①

第五章

原文	译文
《今译》：	
天地不仁，以万物为刍狗；	天地是不“仁”的，听任万物自己生灭；
圣人不仁，以百姓为刍狗。	“圣人”是不“仁”的，听任百姓自己生灭。
天地之间，其犹橐籥乎？	天地之间不正像风箱一样吗？
虚而不屈，	愈空虚，愈不会穷竭，
动而愈出。	愈排除，它风量愈多。
多言数穷，	议论太多，注定行不通。
不如守中。	还不如保持适中。

① 任继愈：《论老子哲学的唯物主义本质》，《任继愈文集》（第2卷），国家图书馆出版社，2014年，第220页。

续表

《新译》： 天地不仁，以万物为刍狗； 圣人不仁，以百姓为刍狗。 天地之间，其犹橐籥乎？ 虚而不屈， 动而愈出。 多言数穷， 不如守中。	 天地是无所谓仁慈的，听任万物自己生灭； “圣人”是无所谓仁慈的，听任百姓自己生灭。 天地之间不正像风箱一样吗？ 虽空虚而不会穷竭， 愈排除，它风量愈多。 议论太多，注定行不通。 还不如保持适中。
《全译》： 天地不仁，以万物为刍狗； 圣人不仁，以百姓为刍狗。 天地之间，其犹橐籥乎？ 虚而不屈， 动而愈出。 多言数穷， 不如守中。	 天地无所谓仁慈，听任万物自生自灭； “圣人”无所谓仁慈，听任百姓自生自灭。 天地之间不正像风箱一样吗？ 虽空虚却不会穷竭， 愈排除，它产出愈多。 议论太多，注定行不通。 还不如保持适中。
《绎读》： 天地不仁， 以万物为刍狗； 圣人不仁， 以百姓为刍狗。 天地之间 其犹橐籥乎？ 虚而不屈， 动而愈出。 多言数穷， 不如守中。	 天地是无所谓仁慈的， 听任万物自生自灭； “圣人”是无所谓仁慈的， 听任百姓自生自灭。 天地之间 不正像风箱一样吗？ 空虚而不会穷竭， 愈挤压，风量愈多。 议论太多，注定行不通。 还不如保持适中。

本章从政治的角度描述了“无为”的品格，即不讲仁慈，不发

议论，听任事物自生自灭，反映了《老子》的处事态度，近乎冷眼旁观。这是从“道”的性质引申而来的，是一种非伦理的态度。因为，《老子》把人类社会看作和自然世界是一样的自在自为的，既然它们有自己的运动规则，那人为当然是多余的，而打破既定规则甚至是有害的。《新译》与《全译》认为，这是《老子》对新生事物冷眼旁观的消极抵抗。《绎读》则只说到这是一种冷眼旁观的态度。可能先生认为，“无为”虽然反对了革新，但也要辩证地来对待，所以并非完全是消极的。

在古文今译上，“天地不仁”，先生最早是直译为“天地是不‘仁’的”。事实上，对于天地而言，根本就没有仁与不仁的问题。《老子》主张的无为，就是一种冷眼静观的态度。所以，作为静观一切的天地，其实是“无所谓仁慈的”，它只是在那方照临，并不做任何干预，在价值上它是中立的。所以，《今译》对“天地不仁”一句的直译，其实并未达《老子》本意。而后三版，则弥补了原先的不足。

“动而愈出”，《今译》与《新译》翻译为“愈排除，风量愈多”，《全译》翻译为“愈排除，产量愈多”。《老子》时代作为风箱的“橐籥”，其实不是我们后世看到的推拉式的风箱，而是皮囊样式的通气装置。将“动”翻译为“排除”的话，或许并不是非常准确，而翻译为“挤压”则更为贴近事实。

“守中”一词，陈鼓应、许抗生先生都译作“保持虚静的状态”或“持守虚静”，蒋锡昌译作“守清净之道”，严凌峰说：“‘守中’即‘守虚’。”（《老子译注及评介》五章）这么翻译的好处是，一则“中”与“冲”是相通的；一则也能与前文风箱的中空保持一致。高亨先生译作“保持内心的谦虚（谦虚才能有功）”（《老子注译》五章）。比“虚静”等说法要明确。

任继愈先生解之为“适中”，强调的是“该怎样就怎样”的意思。前文说天地不仁与圣人不仁，都是指没有私心的旁观者心态，儒家所谓的“以直报怨”就是“该怎样就怎样”，后来韩非子援老子以建构其形而上学基础，也是出于“该怎样就怎样”的旁观者视角。意思就是，不要做过多的动作，顺其自然才是适当的。所以，此处对“守中”的翻译，是先生出于呼应“天地不仁”与“圣人不仁”的目的，有他自己的想法。

第六章

原文	译文
《今译》： 谷神不死，是谓玄牝。 玄牝之门，是谓天地根。 绵绵若存，用之不勤。	 空虚看不见的变化永不停止，这叫做“玄牝”。 “玄牝”之门，这叫做天地的根。 【它】绵绵不断，似乎永存，用之不尽。
《新译》： 谷神不死，是谓玄牝。 玄牝之门，是谓天地根。 绵绵若存， 用之不勤。	 “道”（谷神）是永恒存在的，这叫做“玄牝”。 “玄牝”之门，这叫做天地的根。 【它】绵绵不断*地存在着， 用之不尽。 *《新译》（修订版）：“绵绵不断”作“无形”。
《全译》： 谷神不死，是谓玄牝。 玄牝之门，是谓天地根。 绵绵若存， 用之不勤。	 “道”（谷神）永恒存在，叫做“玄牝”。 “玄牝”之门，这叫做天地的根。 【它】无形地存在着， 用之不尽。

续表

《绎读》： 谷神不死， 是谓玄牝。 玄牝之门， 是谓天地根。 绵绵若存， 用之不勤。	 “道”（谷神）永存， 叫做“玄牝”。 “玄牝”之门， 是天地之根。 无形而实存， 用之不尽。

“谷”是山谷，意为虚空，与有形有象的万物对应。不仅如此，《老子》认为“虚空之神”是万物产生的根源，因它超越一切，难以捉摸，所以又称作“玄牝”。这个总根源是永恒的，它与有限的万物相对应，所以谷神也就是“道”。《新译》《全译》《绎读》对本章的理解是一致的。

在古文今译上，“谷神”一词如何翻译是比较有讲究的，《今译》中，先生采用描述的方法，把“谷神”翻译为“空虚看不见的变化”。“谷神”也就是“道”，它的确表现为“视之不见”“听之不闻”“触之不得”，但直接用描述来取代一个对象性的存在，在翻译上似乎不妥。因此重译后，“谷神”一词就直接用“道（谷神）”来替换，保留了专有名词的原汁原味。和任继愈先生一样，陈鼓应先生也将“谷神”译作“虚空的变化”（《老子译注及评介》六章）；而高亨先生译作“道（宇宙本体）这个生养天地万物的神物”（《老子注译》六章），似乎要千方百计地把这个概念说清楚。其实，“道”是无法描述清楚的，也不可以描述清楚，愈要描述清楚，反而愈是在限制它，结果是离它越来越远。所以，不如直接以“道”释“谷神”最为准确明了。

“绵绵若存”一句，《今译》作“绵绵不断，似乎永存”，就直译而言，是正确的，但令人觉得意犹未尽。究竟“绵绵不断”是一种怎样的存在方式，直译的效果或许不好。在数次改进后，《绎读》翻译为“无形而实存”，言简意赅，又把“道”的特性讲得清清楚楚。陈鼓应先生译作“连绵不绝地永存着”（《老子译注及评介》六章），高亨先生译作“它渺渺茫茫，好像是存在的”（《老子注译》六章），他们也都把意思讲明白了，但若能言简意赅则更好。

第七章

原文	译文
《今译》：	
天长地久。	天长地久。
天地所以能长且久者，以其不自生，故能长生。	天地所以能长而且久，因为它的生存不为自己，所以能长生。
是以圣人后其身而身先，外其身而身存。	因此“圣人”把自己放在最后，自己反而占先，把自己置之度外，生命反得保全。
非以其无私邪？故能成其私。	不正是由于他不以自私为目的吗？反而符合了他自己的利益。
《新译》：	
天长地久。	天长地久。
天地所以能长且久者，以其不自生，故能长生。	天地所以能长而且久，因为它的生存不为自己，所以能长生。
是以圣人后其身而身先，外其身而身存。	因此“圣人”把自己放在最后，自己反而占先，把自己置之度外，生命反得保全。
非以其无私邪？	不正是由于他不自私吗？
故能成其私。	反而达到了他自私的目的。

续表

《全译》： 天长地久。 天地所以能长且久者，以其不自生，故能长生。 是以圣人后其身而身先，外其身而身存。 非以其无私邪？故能成其私。	 天长地久。 天地所以能长而且久，因为它的生存不为自己，所以能长生。 因此“圣人”把自己放在最后，反而占先，把自己置之度外，反得保全。 不正是由于他不自私吗？反而达到了他自私的目的。
《绎读》： 天长地久。 天地所以能长且久者， 以其不自生， 故能长生。 是以圣人后其身而身先， 外其身而身存。 非以其无私邪？ 故能成其私。	 天地长久。 天地所以能长而且久， 因为它的存在不为自己， 所以能长久存在。 因此“圣人”把自己位置放在最后，反而占先， 把自己的利益置之度外，自己反得保全。 不正是由于不考虑自己吗？ 反而成全了自己。

本章主要反映了《老子》以退为进的思想。《老子》希望人们效法天地那样，从不考虑自己，却能长久永恒地存在。认为人越少考虑自己，就越不会吃亏。《新译》则是站在批判的角度上理解本章，说“(老子)他表现为不为自己，从而为自己得到更多的好处，以‘无私’来达到自私的目的。后来如吃小亏占大便宜的思想，推根穷源，老子是祸首”。这个批判显然是由历史原因造成的，修订版则只说到“以‘无私’来达到自私的目的”。《全译》则比较简单地解释说：“他主张不为自己，从而为自己得到更多的好处。”也带有批判的意味，但总体上不那么激烈了。《绎读》则比较客观地解释，说：“社会生

活中，那种不为自己的人，自己到头来不会吃亏。”没有从“占小便宜”或“得到好处”的角度来说，改变了批判的立场，而是温和地，中立地来陈述《老子》的观点。

在古文今译上，《新译》与《全译》中，“故能成其私”被改动为“反而达到了他自私的目的”，这显然较《今译》本“反而符合了他自己的利益”更具贬义。这是因为，《新译》所处的时代，由于种种原因，老子被认为是没落阶级，其思想具有自私的特点。所以先生彼时认为，“吃小亏占大便宜的思想，推根穷源，老子是祸首”。[①]当然，那是具有历史局限性的说法。《老子》本来的基本主张就是“道法自然”，那是无私无欲的，因此“成其私”肯定不能是“实现自私的目的”这个意思。《绎读》中，先生理解此章为“社会生活中，那种不为自己的人，自己到头来也不会吃亏”。[②]避免自己吃亏，这是行动的客观效果，而达到自私自利，则是行动的主观意志，两种指向完全不同，显然《绎读》的理解更趋于弱势群体的立场。所以，《绎读》重新将该句翻译为“反而成全了自己”，这就比较符合《老子》哲学的总体语境了。

陈鼓应先生把“后其身而身先”译作“有道的人把自己放在后面，反而能赢得爱戴”（《老子译注及评介》七章），任继愈先生与高亨先生都译作“‘圣人’把自己位置放在最后，反而占先”。相比之下，把“身先”引申为“爱戴”略显牵强。当然，这里指的是统治者的“身先”，可以做出“爱戴”的引申，但翻译上却不甚流畅。

---

① 《老子新译》，上海古籍出版社，1978年，第34页。

② 《老子绎读》，北京图书馆出版社，2006年，第16页。

第八章

原文	译文
《今译》： 上善若水。 水善利万物而不争， 处众人之所恶， 故几于道。 居善地， 心善渊， 与善仁， 言善信， 正善治， 事善能， 动善时。 夫唯不争， 故无尤。	 最高的善像水那样。 水善于帮助万物而不与万物相争， 它停留在众人所不喜欢的地方， 所以最接近“道”。 【上善的人】 居住要像水那样择地， 存心要像水那样渊深， 交友要像水那样相亲， 言语要像水那样真诚， 为政要像水那样有条有理， 办事要像水那样无所不能， 行为要像水那样待机而动。 正因为他像水那样与物无争， 才不犯过失。
《新译》： 上善若水。 水善利万物而不争， 处众人之所恶， 故幾于道①。 居善地， 心善渊， 与善仁， 言善信， 正善治，	 最高的善象 * 水那样。 水善于帮助万物而不与万物相争， 它停留在众人所不喜欢的地方， 所以最接近“道”。 【上善的人】 居住要象水那样安于卑下， 存心要象水那样渊深， 交友要象水那样相亲， 言语要象水那样真诚， 为政要象水那样有条有理，

① “幾”字，在《新译》的原文中仍写作繁体字。

续表

事善能， 动善时。 夫唯不争， 故无尤。	办事要象水那样无所不能， 行为要象水那样待机而动。 正因为他象水那样与物无争， 才不犯过失。 《新译》（修订版）： * 本章“象”皆作“像”。
《全译》： 上善若水。 水善利万物而不争， 处众人之所恶， 故几于道。 居善地， 心善渊， 与善仁， 言善信， 正善治， 事善能， 动善时。 夫唯不争， 故无尤。	 最高的善像水那样。 水善于帮助万物而不与万物相争， 它停留在众人所不喜欢的地方， 所以最接近“道”。 【上善的人】 居住要【像水那样】安于卑下， 存心要【像水那样】深沉， 交友要【像水那样】相亲， 言语要【像水那样】真诚， 为政要【像水那样】有条有理， 办事要【像水那样】无所不能， 行为要【像水那样】待机而动。 正因为他【像水那样】与物无争， 才不犯过失。
《绎读》： 上善若水。 水善利万物而不争， 处众人之所恶， 故几于道。 居善地， 心善渊， 与善仁， 言善信，	 最高的善像水那样。 水善于帮助万物而不与争利， 它停留在众人所不喜欢的地方， 所以最接近“道”。 居住要【像水那样】安于卑下， 存心要【像水那样】深沉， 交友要【像水那样】相亲， 言语要【像水那样】真诚，

续表

正善治， 事善能， 动善时。 夫唯不争， 故无尤。	为政要【像水那样】有条有理， 办事要【像水那样】无所不能， 行为要【像水那样】待机而动。 正因为他【像水那样】与物无争， 才不犯过失。

本章是《老子》用水做比喻，强调以柔克刚、以退为进，用不争达到争的目的，这是《老子》的一贯主张。《新译》在此基础上，还强调“这是没落阶级利己主义的处世哲学”。这个意思在《新译》修订版、《全译》与《绎读》中彻底删去了。

在古文今译上，“水善利万物而不争”究竟争的是什么，《今译》《新译》与《全译》都没有把意思说明白，《绎读》把这句话的意思补充完整了，就是不与万物“争利”，这是个小细节，但把话说清楚，对于反映《老子》不争的思想很有价值。

同样，《今译》中把“居善地”翻译为“居住要像水那样择地”，究竟应该择怎样的地，也是没有把话说明白。之后的几本中，皆翻译为“居住要像水那样安于卑下”，这就是把意思补充清楚了。

《今译》《新译》与《全译》三版在翻译“故几于道”一句以下数段前，都补充了主语“上善的人”。全文的意思就变成了，只有上善的人才要“居善地，心善渊，与善仁，言善信，正善治，事善能，动善时”。其实，《老子》强调上善若水，是要教导每个人都应该学习水那样的居于卑下、存心深沉等生活方式，而不是为了突出上善之人的生活方式。因此，《绎读》去掉了“上善的人”这个补充的主语是有道理的。

陈鼓应先生与高亨先生都明确使用了“上善的人”或“上等善人”，作为“上善若水”的主语，亦无不可。

第九章

原文	译文
《今译》： 持而盈之，不如其已。 揣而锐之，不可常保。 金玉满堂，莫之能守。 富贵而骄，自遗其咎。 功成身退，天之道。	 把持满盈，不如罢手。 尖利锋芒，难保久常。 金玉满堂，谁能守藏。 富贵而骄，自寻苦恼。 功成身退，是天的“道”。
《新译》： 持而盈之，不如其已。 揣而锐之，不可常保。 金玉满堂，莫之能守。 富贵而骄，自遗其咎。 功成身退，天之道。	 要求圆满，不如不干。 尖利锋芒，难保久常。 金玉满堂，谁能守藏。 富贵而骄，自寻灾害。 功成身退，是天的“道”。
《全译》： 持而盈之，不如其已。 揣而锐之，不可常保。 金玉满堂，莫之能守。 富贵而骄，自遗其咎。 功成身退，天之道。	 要求圆满，不如不干。 尖利锋芒，难保久常。 金玉满堂，谁能保藏。 富贵而骄，自寻灾害。 功成身退，天的正“道”。
《绎读》： 持而盈之， 不如其已。 揣而锐之， 不可常保。	 要求圆满， 不如不干。 尖利又锋芒， 难以保久常。

续表

金玉满堂， 莫之能守。 富贵而骄， 自遗其咎。 功成身退， 天之道。	金玉堆满堂， 谁能长守藏。 富贵又骄纵， 自己招祸殃。 功成快抽身， 天“道”恒常。

本章表达了《老子》多一事不如少一事，少出头少出错的处事原则。《新译》批判说：“这里表达了没落阶级对待事物、对待生活的消极态度”，又说这种多一事不如少一事的态度是“一种慢性的腐蚀剂，对社会、对个人都是极端有害的”。《新译》对这一消极处事原则的批判总体上没有错，而修订版删除了“没落阶级”一词，以及“慢性的腐蚀剂”一句，只说到这是一种“消极态度”。《全译》突出了《老子》在本章中反映的辩证思想，但进而指出，《老子》过分相信物极必反，所以用“功成身退”来避免走向反面。这个理解是对的。《老子》的确把正反转化绝对化了，为了避免转化，最好的办法就是保守、退缩。《绎读》认为，这一观念深入人心，成为至今仍流行的小农意识，即所谓“枪打出头鸟”“出头的椽子先烂”的谚语。不再对《老子》进行阶级分析，并通过《老子》批评当下的现实问题，这是任继愈先生对本章理解不断深化的表现。

在文本校订上，“揣而锐之”中的“锐”字，王弼本原作“棁”，任继愈先生据河上公本改。“揣而锐之”明显指的是打磨金属的兵器，如果太过锋利，反而会折断。如果是“棁”，就没有因为锋利而“不可常保”的问题了。更何况“棁”本是梁上的短柱，无法做动词用。

在古文今译上，“持而盈之，不如其已”，在《今译》本中，被翻译为“把持满盈，不如罢手”，但是在后三版中被翻译为“要求圆满，不如不干”。意思虽大体无差，但细节上的更正是有道理的。“把持满盈”是对“持而盈之”的直译，其实没有把语意讲明白，“要求圆满”才是把那个意思点明出来了。其次，“罢手”，有做到一半而停止的意思，但《老子》的本意是无为，也就是什么都别做，因此按照现代汉语的语用习惯，翻译为“不如不干”更为精确。

陈鼓应先生对该句的解释是：“执持盈满，含有自满自骄的意思。”（《老子注译及评介》九章）他的理解与任继愈先生有些许细微差别。高亨先生译作“积蓄财物，使它盈满，不如罢休”（《老子译注》九章）。其实，“持而盈之，不如其已”与下文“揣而锐之，不可长保”等并不是并列关系，而是总分关系。下文三句的意思是，追求得太多，就会走到反面，得到不好的结果，所以最好的做法就是趁早罢手或者完全别开始。因此，作为本章纲领性的“持而盈之，不如其已”，最好不要简单解释为自满或者译作积蓄太多，而最好用综合性的词汇来解释。“要求圆满”之所以好，是因为它含有“追求”的意思，恰好与下文三句构成总分关系。

《全译》本中，把“天之道”翻译为“天的正‘道’”，而前后的三次翻译都没有这个“正”字。其实，《老子》本章的思想并不是积极进取的，总的来说是叫人“多一事不如少一事”，因此命之曰“正道”有些不合适；另一方面，天道也无正与不正，天道只是恒常自然，因此去掉具有价值意涵的“正”字是合适的。

值得一提的是，先生不仅在表达的精确性上做文章，还在语言的优美性上下了功夫。《绎读》一改前三版的四言句翻译，而改为五言，如“尖利又锋芒，难以保久常”，使得本章的现代文翻译也充满了诗意。

第十章

原文	译文
《今译》：	
载营魄抱一，能无离乎？	精神与身体合一，能不相离失吗？
专气致柔，能婴儿乎？	专精守气，致力柔和，能像无欲的婴儿吗？
涤除玄览，能无疵乎？	清除杂念，深入静观，能没有瑕疵吗？
爱民治国，能无知乎？	爱民治国，能不用私智吗？
天门开阖，能为雌乎？	在自然对立变化中，能退居柔雌吗？
明白四达，能无为乎？	明白四达，能自然无为吗？
生之、畜之；	让万物生长、蕃殖；
生而不有；	生养了万物而不据为己有；
为而不恃；	推动了万物而不自以为尽了力；
长而不宰。	作万物的首长而不对它们宰制。
是谓玄德。	这就是最深远的“德”。
《新译》：	
载营魄抱一，能无离乎？	精神与身体合一，能不相离失吗？
专气致柔，能婴儿乎？	专精守气，致力柔和，能象*无欲的婴儿吗？
涤除玄览，能无疵乎？	清除杂念，深入静观，能没有瑕疵吗？
爱民治国，能无知乎？	爱民治国，能不用私智吗？
天门开阖，能为雌乎？	在自然对立变化中，能退居柔雌吗？
明白四达，能无为乎？	明白四达，能自然无为吗？

续表

生之、畜之； 生而不有； 为而不恃； 长而不宰。 是谓玄德。	让万物生长、繁殖； 生养了万物而不据为己有； 推动了万物而不自以为尽了力； 作万物的首长而不对它们宰制。 这就是最深远的“德”。 *《新译》（修订版）：“象”作“像”。
《全译》： 载营魄抱一，能无离乎？ 专气致柔，能婴儿乎？ 涤除玄览，能无疵乎？ 爱民治国，能无知乎？ 天门开阖，能为雌乎？ 明白四达，能无为乎？ 生之、畜之； 生而不有； 为而不恃； 长而不宰。 是谓玄德。	 精神与身体合一，能不相离失吗？ 专精守气，致力柔和，能像【无欲的】婴儿吗？ 清除杂念，深入静观，能没有瑕疵吗？ 爱民治国，能不用私智吗？ 在自然对立变化中，能退居柔雌吗？ 明白四达，能自然无为吗？ 让万物生长、繁殖； 生养了万物而不据为己有； 推动了万物而不自以为尽了力； 作万物的首长而不对它们宰制。 这就是最深远的“德”。
《绎读》： 载营魄抱一， 能无离乎？ 专气致柔， 能婴儿乎？ 涤除玄览， 能无疵乎？ 爱民治国， 能无知乎？ 天门开阖， 能为雌乎？ 明白四达，	 神与形合一， 能不离失吗？ 守气又柔弱， 能像婴儿吗？ 清除杂念，深入静观， 能无瑕疵吗？ 爱民及治国， 能不用智力吗？ 强弱对立时， 能甘居柔弱吗？ 聪明过人，

续表

能无为乎？ 生之、畜之； 生而不有； 为而不恃； 长而不宰。 是谓玄德。	能保持无为吗？ 让万物生长、繁殖； 生养了万物而不占有； 推动了万物而不自以为尽了力； 涵盖万物而不干扰。 才是深远的“德”。

本章是《老子》把静观、玄览等概念向社会政治领域里的推广，反映了《老子》无为的政治观。政治其实本来就是《老子》哲学思想的指向，所以他在经过一系列的比喻、举例与总结后，必然把他的基本观点推至政治上。《老子》通过把无为的政治上升到自然之道的高度加以神圣化，表现出他对无为政治的高度推崇。《新译》及其修订版称这是“消极无为的政治观点”，《全译》与《绎读》则删去了“消极”一词。

在文字校对上，原文中“能为雌乎”一句，王弼及河上公本原作“能无雌乎”，而马王堆乙本与唐碑本才作“为”。任继愈先生在体例中明白地交代过，他翻译《老子》所用的底本是王弼本，因为只有王弼本《老子》才是在历史上发挥过影响的，马王堆本并无历史影响力，然而该章“能为雌乎”一句却采用的是马王堆本。因为先生认为，《老子》的宗旨就是叫人“为雌”，如“知其雄，守其雌”，“为雌”才能反映“柔弱”“谦下”的基本思想，而“无雌”则与《老子》的基本思想不合，因此舍王弼本而取马王堆本，这是先生治学严谨的表现。

反过来，当王弼本与大多数版本都不同时，如果大体不差，先生还是遵循王弼本的用字，因为那是发挥过影响的用字。比如“爱民治国，能无知乎？”一句，王弼本用了“无知”一词，先生于是译作“不用智力”。其他版本，如景龙碑、开元幢、古楼观碑、林希逸本、吴澄本、焦竑本等都作“无为”，陈鼓应先生据此译作：“爱民治国，能自然无为吗？”（《老子译注及评介》十章）高亨先生亦据此译作：“爱人民，治国家，能够无所作为吗？”（《老子注译》十章）改动与译注，都顺理成章。而任继愈先生不做改动，有他的想法，下文中“生而不有；为而不恃；长而不宰”，即所谓“自然而然”，就是要杜绝一切智力（主观想法）的干预，“无知”有这个意思，并非非改不可；加之历史上王弼本的主流地位，因此能不改动时，便尽量不做改动。同样的情况还有一句，即：“明白四达，能无为乎？”王弼本与其他众版本都是不一样的，陈鼓应和高亨先生从众版本用“无知”，任继愈先生则从王弼本用“无为”。他的意思是，这句话意在指出，聪明的人往往喜好表现，那么无为便显得重要了。在翻译上，陈先生译作“无机心”，高先生译作“自以为无知”，也是能说通的，而任继愈先生的选择，更主要体现了他的独立性。

在古文今译中，“天门开阖，能为雌乎？”一句，陈鼓应先生译作：“感官和外界接触，能守静吗？”高亨先生译作：“目耳口鼻这几个自然门户，一开一闭在动作着，或养生，或处事，能够退让不争，做个雌性吗？”陈鼓应先生以“开阖”为“动静”，高亨先生具体到五官的动静。而任继愈先生另辟蹊径，解作“强弱对立”，强弱对立中处弱的一方，这与上文中婴儿、无杂念、无智力相呼应。相比之下，任继愈先生的译法是可取的。

《绎读》较前三版，在今译上又追求了语言的精炼性，能化繁为简，任继愈先生最终删去了没有必要的字词，比如把之前“精神与身体合一”，精简为“神与形合一”；“专精守气，致力柔和”，精简为“守气又柔弱”；“在自然对立变化中”，具体明确为“强弱对立时”；直接删除了之前对婴儿的修饰词“无欲的”。有时候，为了尽量把话说清楚，反而使语言冗余僵化，先生也注意到了这个通病，因此《绎读》在重新翻译《老子》时，做了很大程度的精简。

“长而不宰”一句，在前三版中都译为“作万物的首长而不对它们宰制”，其实这么翻译，既繁复又没有把意思说到位，比如“宰制”是怎么样的行为。其实本章的主旨就是“无为而治”，所以《绎读》翻译为“涵盖万物而不干扰”，这就言简而意赅了。

第十一章

原文	译文
《今译》：	
三十幅共一毂，当其无，有车之用。	三十条辐集中到一个毂。有了毂中间的空洞，才有车的作用。
埏埴以为器，当其无，有器之用。	抟击陶泥作器皿，有了器皿中间的空虚，才有器皿的作用。
凿户牖以为室，当其无，有室之用。	开凿门窗造房屋，有了门窗四壁中间的空隙，才有房屋的作用。
故	所以
有之以为利，	“有”所给人的便利，【只有】
无之以为用。	当它跟“无”配合时才发挥出它应起的作用。

续表

《新译》： 三十幅共一毂，当其无，有车之用。 埏埴以为器，当其无，有器之用。 凿户牖以为室，当其无，有室之用。 故 有之以为利， 无之以为用。	 三十条辐集中到一个毂，有了毂中间的空洞，才有车的作用。 抟击陶泥作器皿，有了器皿中间的空虚，才有器皿的作用。 开凿门窗造房屋，有了门窗四壁中间的空隙，才有房屋的作用。 所以 “有”所给人的便利，【只有】 完全靠“无”起着决定性的作用。
《全译》： 三十幅共一毂，当其无，有车之用。 埏埴以为器，当其无，有器之用。 凿户牖以为室，当其无，有室之用。 故 有之以为利， 无之以为用。	 三十条辐集中到一个毂，有了毂中间的空洞，才有车的作用。 抟击陶泥作器皿，有了器皿中间的空处，才有器皿的作用。 开凿门窗造房屋，有了门窗四壁中间的空虚，才有房屋的作用。 所以 “有”所给人的便利， 完全靠“无”起着决定性的作用。
《绎读》： 三十幅共一毂， 当其无， 有车之用。 埏埴以为器， 当其无， 有器之用 。 凿户牖以为室， 当其无， 有室之用。 故 有之以为利， 无之以为用。	 三十条辐集中到一个毂， 有了毂中间的空洞， 才有车的作用。 抟击陶泥作器皿， 有了器皿中间的空处， 才有器皿的作用。 开凿门窗造房屋， 有了门窗四壁的空虚， 才有房屋的作用。 所以 “有”所给人的便利， 完全靠“无”的作用。

本章是《老子》关于有无的辩证哲学。有和无本应该是相互支撑而发挥作用的，但是《老子》在此处夸大了“无”的作用。比如，《老子》认为房屋是空虚的所以可以住人，器皿是空虚的所以可以盛水，车轮中间的部分是空洞的所以可以转动，《老子》单方面地强调“无”的作用，而忽视了构成房屋的墙壁、构成器皿的陶土以及构成车轮的条辐这些“有”。虽然如此，任继愈先生还是认为《老子》“无”概念的提出具有重要的理论价值，他指的是《老子》把“无”提炼为一个客观的认识对象，这是发前人所未发，是《老子》哲学的贡献。

关于这个问题，先生的认识，前后是有变化的。在《今译》本中，先生翻译“有之以为利，无之以为用”一句说，“有”给人以便利，但“当它跟‘无’配合时才发挥出它应起的作用”，此时先生认为《老子》此处是主张“有无相生”的。但在后来的翻译中，先生发现，《老子》在这章中并没有要把“无”作为“有”的对立统一范畴来看，而主要是突出“无”的存在。所以《新译》《全译》将“无之以为用”翻译为“完全靠‘无’起着决定性的作用”。《绎读》又把这句简化为“完全靠‘无’的作用”。关于这一句翻译的前后变化，既体现出《老子》文本的复杂性，也体现出先生治学的严谨性。

其他学者，如张松如说：“老子借器物的‘有’和‘无’来说明其‘利’和‘用’。有与无相互发生，利和用相互显著。”冯友兰说：“《老子》所说的‘道’，是‘有’与‘无’的统一。因此它虽然是以‘无’为主，但是也不轻视‘有’。它实在也很重视‘有’，不过不把它放在第一位就是了。”（《老子译注及评介》十一章）因为老子也说“有无相生”，所以似乎老子是兼顾有无的两方面的。高亨先生在评价本章时说：“老子于本章既提出了有，又强调了无，这就比较全面了。”（《老子注译》十一章）然而，任继愈先生认为，《老子》文本中其实并无严格的前后一致性，此处《老子》主要强调的是“无”的绝对性。

进一步说，《老子》举例现实中的“无”，其目的是要说明“道”的“无”。可以说，《老子》其实没有发现现实生活中的有无与本体论上的有无，实际是两个不同的概念。陈鼓应先生就强调了这一问题，说“本章所说的‘有’‘无’是就现象界而言的，第一章上所说的‘有’‘无’是就超现象界、本体界而言的，这是两个不同的层次。它们符号形式虽然相同，而意义内容却不一”（《老子译注及评介》十一章）。但陈鼓应先生没有指出，《老子》有可能是将现象界的有无与本体界的有无混淆了。这一点，任继愈先生是指出来的，他并不回避古人可能会绕不过的思维上的错误。下文中，《老子》主张去欲、去智，都是在效法道的“无”，其本质，实际是混淆了形上与形下的“无”。

第十二章

原文	译文
《今译》： 五色令人目盲； 五音令人耳聋； 五味令人口爽； 驰骋畋猎令人心发狂； 难得之货令人行妨。 是以 圣人为腹不为目。 故去彼取此。	 缤纷的彩色，使人目盲； 动听的音乐，使人耳聋； 丰美的食物，使人口伤； 驰马打猎，使人心发狂； 希有的货品使人偷和抢。 因此 “圣人”只求肚子吃饱，不为看着好看。 所以不要后者而要前者。
《新译》： 五色令人目盲； 五音令人耳聋； 五味令人口爽； 驰骋畋猎令人心发狂； 难得之货令人行妨。 是以 圣人为腹不为目。 故去彼取此。	 缤纷的彩色，使人目盲； 动听的音乐，使人耳聋； 丰美的食品，使人口伤； 驰马打猎，使人心发狂； 希*有的商品，使人偷和抢。 因此 “圣人”只求肚子吃饱，不为看着好看。 所以不要后者（目）而要前者（腹）。 *《新译》（修订版）：“希”作“稀”。
《全译》： 五色令人目盲； 五音令人耳聋； 五味令人口爽； 驰骋畋猎令人心发狂； 难得之货令人行妨。 是以圣人为腹不为目。 故去彼取此。	 缤纷的彩色，使人目盲； 动听的音乐，使人耳聋； 丰美的食品，使人口伤； 驰马打猎，使人心发狂； 稀有的商品，使人偷和抢。 因此“圣人”只求人民肚子吃饱，不使人民眼花缭乱。 所以不要后者（目）而要前者（腹）。

续表

《绎读》：	
五色令人目盲；	缤纷的彩色，使人目盲；
五音令人耳聋；	动听的音乐，使人耳聋；
五味令人口爽；	丰美的食品，使人口伤；
驰骋畋猎令人心发狂；	追逐猎物，使人心发狂；
难得之货令人行妨。	新奇物品，引起偷和抢。
是以圣人为腹不为目。	因此“圣人”只求肚子吃饱，不为看着好看。
故去彼取此。	所以不要后者（目）而要前者（腹）。

本章倡导的是反对一切新奇的东西，《老子》认为那些东西会破坏人朴素的自然本性，于是开篇便批判了五色、五音、五味、田猎以及难得之货。《新译》及其修订版皆说：“（《老子》）用消极逃避的办法对待社会上出现的新问题，不在于解决矛盾，而是企图取消矛盾。这里表现了老子对文化生活的抵触情绪。”《全译》大体重复了这个意思。企图取消矛盾或者回避矛盾，是《老子》的基本观点，《绎读》进一步指出，这种对文化生活的抵触情绪是古代农民与小生产者特有的思想观念。稳定与太平的生活是农民与小生产者一贯的想法，在他们的视角上，凡是容易打破安定生活的东西都是要抵制的，所以先生对《老子》观点的立场的把握是准确的。

在古文今译上，“圣人为腹不为目”一句，究竟是圣人自己为腹不为目，还是圣人要求别人“为腹不为目”？在《今译》与《新译》中，先生认为是圣人只求吃饱肚子。但是《全译》中，先生加了“人民”二字，大意变为圣人要求百姓吃饱肚子就可以了，让百姓不要接触新奇事物。但结合上下文，我们发现，《老子》其实强调的是圣人通过拒绝新奇事物而树立模范的做法，而世人则是效法圣人的做法来生活。所以，原文里“为腹不为目”应该仅仅是针对圣人而言的，《绎读》把该句的翻译改回最初的版本是合理的。

陈鼓应先生翻译“圣人为腹不为目”一句，说：“圣人但求安饱而不逐声色之娱，所以摒弃物欲的诱惑而保持安足的生活。”（《老子译注及评介》十一章）陈鼓应先生与《绎读》的理解是一致的。任继愈先生也说，《老子》的作者实际是掌握了知识的没落贵族，由于宗法制度的原因，侯王家的庶出者往往被排挤出了富贵阶层，经济上走向没落，于是他们开始对当时的政治制度表达起不满，也包括了对当时统治阶级声色犬马之生活的诅咒。这样一批反对世俗生活的人，就成为“隐者”，《论语》里的长沮、桀溺、荷蓧丈人，都是这样的背景身份。也就是说，这样一批“隐者”，他们反对声色之娱，其实是说给当时统治阶级听的，不是说给普通老百姓听的。其实，当时的统治者过分地沉溺于声色之娱中，如陈鼓应先生分析：“他（老子）目击上层阶级的生活形态：寻求官能刺激，流逸奔竞，淫佚放荡，使心灵激扰不安。”（同上）因为统治阶级过分追求物欲的享受，导致老百姓的日子便愈来愈痛苦。掌握了知识的没落贵族于是站到了底层老百姓的立场，对统治者进行了严厉的批判。所以，这里强调的“为腹不为目”一定是作为统治者的圣人的为腹不为目，而不是圣人“蛊惑”普通老百姓去为腹不为目。事实上，普通老百姓也看不到五色，听不到五音。

第十三章

原文	译文
《今译》:	
宠辱若惊,	【人们】爱虚荣以至于惊恐,
贵大患若身。	把大患像生命一样看重。
何谓宠辱若惊?	什么叫做爱虚荣以至于惊恐?
宠为下	虚荣本来就是不光荣
得之若惊,	得到它,为之惊喜,
失之若惊,	失掉它,为之惊惧,
是谓宠辱若惊。	这就叫做爱虚荣以至于惊恐。
何谓贵大患若身?	什么叫做把大患像生命一样看重?
吾所以有大患者,	我所以有大患,
为吾有身,	正由于过分考虑到自己,
及吾无身,	若不考虑自己,
吾有何患?	我还有什么祸患呢?
故	所以
贵以身为天下,若可寄天下;	只有把天下看轻、深知自重的人,才可以把天下的重任担当起来;
爱以身为天下,若可托天下。	只有把天下看轻、深知自爱的人,才可以把天下的重任交付给他。
《新译》:	
宠辱若惊,	【人们】爱虚荣以至于达到惊恐的程度,
贵大患若身。	把大患(虚荣)象*生命一样看重。
何谓宠辱若惊?	什么叫做爱虚荣以至于惊恐?
宠为下	虚荣本来就卑下,
得之若惊,	【可是人们】得到它,为之惊喜,
失之若惊,	失掉它,为之惊惧,
是谓宠辱若惊。	这就叫做爱虚荣以至于惊恐。

续表

何谓贵大患若身？ 吾所以有大患者， 为吾有身， 及吾无身， 吾有何患？ 故 贵以身为天下，若可寄天下； 爱以身为天下，若可托天下。	什么叫做把大患（虚荣）象生命一样看重？ 我所以有大患（虚荣）， 由于有了我的身体， 若没有我的身体， 我还有什么祸患呢？ 所以 只有把天下看轻、把自己看重的人，才可以把天下的重任担当起来； 只有把天下看轻、爱自己胜过爱天下的人，才可以把天下的重任交付给他。 *《新译》（修订版）：本章“象”皆作“像”。
《全译》： 宠辱若惊， 贵大患若身。 何谓宠辱若惊？ 宠为下 得之若惊， 失之若惊， 是谓宠辱若惊。 何谓贵大患若身？ 吾所以有大患者， 为吾有身， 及吾无身， 吾有何患？ 故 贵以身为天下，若可寄天下； 爱以身为天下，若可托天下。	 【人们】爱虚荣以至于达到惊恐的程度， 把大患（虚荣）像生命一样看重。 什么叫做爱虚荣以至于惊恐？ 虚荣本来就卑下， 【可是人们】得到它，为之惊喜， 失掉它，为之惊惧， 这就叫做爱虚荣以至于惊恐。 什么叫做把大患（虚荣）像生命一样看重？ 我所以有大患（虚荣）， 由于有了我的身体， 若没有我的身体， 我还有什么祸患呢？ 所以 只有把天下看轻、把自己看重的人，才可以把天下的重任担当起来； 只有把天下看轻、爱自己胜过爱天下的人，才可以把天下的重任交付给他。

续表

《绎读》：	
宠辱若惊，	【人们】患得患失以至于达到惊恐的程度，
贵大患若身。	把患得患失像生命一样看重。
何谓宠辱若惊？	什么叫做患得患失以至于惊恐？
宠为下，	虚荣心本来就卑下，
得之若惊，	【可是人们】得到它，为之惊喜，
失之若惊，	失掉它，为之惊惧，
是谓宠辱若惊。	这就叫做患得患失以至于惊恐。
何谓贵大患若身？	什么叫做把大患像生命一样看重？
吾所以有大患者，	我所以有患得患失的毛病，
为吾有身，	由于遇事总是考虑自己，
及吾无身，	若不考虑自己，
吾有何患？	我还有什么忧患呢？
故	所以
贵以身为天下，	只有对天下并不看重的人，
若可寄天下；	才可寄以天下的重任；
爱以身为天下，	只有珍爱自己，对天下也不患得患失的人，
若可托天下。	才可以把天下的重任交付给他。

本章强调的是不要追求身外之物，前一章重在强调不要被声色物欲所迷惑，这一章进一步强调不要被虚荣地位所羁绊，在程度上有所加深，但总的意思是一致的，就是叫人经常保持淡泊、平和的心态。在《新译》与《全译》里，任继愈先生主要是用批评的口吻评判“吾所以有大患，为吾有身”这句话的。他认为《老子》是在回避各种麻烦，比如为了避免牙痛就不要牙齿，为了不犯错误就不要工作，甚至为了避免忧患最好不要身体等等，认为《老子》把参与社会生活看作了累赘。其实，这样的理解是带着时代烙印的，《老子》也绝不可能用回避问题的方法来对待社会与历史。所以，

《绎读》更正说，本章乃是教人保持淡泊平和，不要对身外之物患得患失，这才是回到《老子》的本意上了。

本章中“宠辱”与“大患”其实是一个意思，在前三版的翻译中，先生做虚荣解释，虽说普通人也会因为虚荣的得失而惊惧，但是《老子》本章所说的普通人的惊惧绝不仅限于虚荣的得失，而是所有一切利益的患得患失。所以《绎读》将“宠辱”与“大患”都翻译为“患得患失”，扩大了虚荣的外延，也是准确地反映了《老子》原文用词的内涵。

其中，学者们对“何谓贵大患若身”一句的理解是有争议的，陈鼓应先生对这句的理解与任继愈先生是一致的，陈鼓应先生翻译说：“什么叫做重视身体像重视大患一样？”（《老子注译及评介》十三章）而高亨先生的解释则另有一套。高亨先生把“贵”字理解为“遗”，意为“留也”。他解释说：“怎样叫做留下大的灾患，总是人的自身。”下文对“吾所以有大患者，为吾有身”的解释，高亨先生说：“我所以留下大的灾患，是因为我只顾自身。”（《老子注译》十三章）也就是说，若把“贵”理解为“遗留”，也就是“有”的意思，那么这上下两句的意思便能保持一致。但这又与下文“贵以身为天下”的“贵”字无法保持一致。高亨先生不得不把后一个“贵”再解释为“重视”。事实上，这样似乎把问题复杂化了。

多数学者还是主张把“贵”解释为“重视”，然而在下文中又出现了一个理解上的问题，即重视身体的人，何以能托付天下？也就是“贵以身为天下”与“爱以身为天下”两句都主张要“珍爱自己的身体”，这似乎与它们的下半句“可托付天下”发生了逻辑上的断裂。

任继愈先生在前三版的翻译中，既提到了“把天下看轻”，又强调了“把自己看重的人……爱自己胜过爱天下的人”，说这样的人能够托付天下。然而这给人一种矛盾的感觉，一个人怎能做到既“豁达潇洒”，同时又显得“自私自利”？所以，前三版的翻译必须更正。

其实，这个逻辑断裂的问题，发生在对“贵身”或“爱身”的理解上。

再回到前文，《老子》说，没有身体就没有忧患，没有忧患是人真正想要的，其实，没有忧患就是自由洒脱，不为名利所累（宠辱不惊），这就是所谓“贵身”的表现，本质上是一种精神的活跃，而“无身”则是无名利之身。歧义往往发生在，把“贵身”理解为单纯地珍惜肉体。所以，对“贵以身为天下”一句，我们可以这么理解，“以”恐是一虚词，取消句子的独立性，该句意思是“自由洒脱地面对天下”，也就是对天下没有占有欲望，那么，这样的人才是值得托付天下的。这么理解的话，自然就得出了《绎读》“只有对天下并不看重的人，才可寄以天下的重任”的翻译。

第十四章

原文	译文
《今译》：	
视之不见，名曰夷，	看它看不见，叫做“夷”，
听之不闻，名曰希，	听它听不到，叫做“希”，
搏之不得，名曰微。	摸它摸不着，叫做“微”。

续表

此三者，不可致诘，	不能追问这三者的来源，
故混而为一。	它实在是一个东西。
其上不皦，	它上面并不显得光明，
其下不昧，	它下面也不显得阴黯，
绳绳不可名，	这一难以形容的连续过程，
复归于无物。	它不像任何物件那样具体。
是谓无状之状，	这叫做没有相状的相状，
无物之象，	不见形体的形象，
是谓惚恍。	这叫做“惚恍”。
迎之不见其首，	迎着它，看不见它的前头，
随之不见其后。	跟着它，看不见它的背后。
执古之道以御今之有，	掌握本来已有的“道”以支配当前的具体事物，
能知古始，	能认识本来的开始，
是谓道纪。	这叫做“道”的规律。
《新译》：	
视之不见，名曰夷，	看它看不见，叫做“夷”，
听之不闻，名曰希，	听它听不到，叫做“希”，
搏之不得，名曰微。	摸它摸不着，叫做“微”。
此三者，不可致诘，	这三者无法进一步追究，
故混而为一。	它实在是一个东西。
其上不皦，	它上面并不显得光明，
其下不昧，	它下面也不显得阴黯，
绳绳不可名，	渺茫难以形容，
复归于无物。	回到无形无象的状态。
是谓无状之状，	这叫做没有相状的相状，
无物之象，	不见形体的形象，
是谓惚恍。	这叫做“惚恍”。
迎之不见其首，	迎着它，看不见它的前头，
随之不见其后。	跟着它，看不见它的背后。
执古之道以御今之有，	根据古来的“道”以支配当前的具体事物（有），

续表

能知古始， 是谓道纪。	能认识古来的开始， 这叫做“道”的规律。
《全译》： 视之不见，名曰夷， 听之不闻，名曰希， 搏之不得，名曰微。 此三者，不可致诘， 故混而为一。 其上不皦， 其下不昧， 绳绳不可名， 复归于无物。 是谓无状之状， 无物之象， 是谓惚恍。 迎之不见其首， 随之不见其后。 执古之道以御今之有， 能知古始， 是谓道纪。	 看它看不见，叫做“夷”， 听它听不到，叫做“希”， 摸它摸不着，叫做“微”。 这三者无法进一步追究， 它实在是一个东西。 它上面并不显得光明， 它下面也不显得阴黯， 渺茫难以形容， 回到无形无象的状态。 这叫做没有相状的相状， 不见形体的形象， 这叫做“惚恍”。 迎着它，看不见它的前头， 跟着它，看不见它的背后。 根据古来的“道”以支配当前的具体事物【有】， 能认识古来的开始， 这叫做“道”的规律。
《绎读》： 视之不见，名曰夷， 听之不闻，名曰希， 搏之不得，名曰微。 此三者，不可致诘， 故混而为一。 其上不皦， 其下不昧， 绳绳不可名， 复归于无物。 是谓	 看它看不见，叫做“夷”， 听它听不到，叫做“希”， 摸它摸不着，叫做“微”。 这三者无法进一步追究， 它实在是一个东西。 从上面看【它】并不明亮， 从下面看【它】也不阴黯， 渺茫难以形容， 回到无形无象的状态。 这叫做

续表

无状之状， 无物之象， 是谓 惚恍。 迎之不见其首， 随之不见其后。 执古之道以御今 之有， 能知古始， 是谓 道纪。	没有相状的相状， 不见形体的形象， 这叫做 “惚恍”。 从对面看不见它的头， 从后面看不见它的背。 根据古来的“道”以治理当前的 国家【有】， 能借鉴古来的经验， 就是 “道”的规律。

本章是对“道”进行了描述，《老子》把“道”描述为不能用感官直接体认的存在，因此它是没有形象的。虽然无形无象，却又是具体事物的主宰者。此外，《新译》认为，这个无形无象的主宰者是一种神秘的精神实体，因此把《老子》的哲学定义为客观唯心主义体系。唯物还是唯心的说法在《新译》修订版、《全译》与《绎读》里被删除了，因为任继愈先生后来认为，这套非此即彼的对子论并不适用于对《老子》哲学的认识。所以，修订版、《全译》与《绎读》只说道，“道”乃是无形无象的存在，是万物的主宰者，或支配者。

在古文今译上，“执古之道以御今之有”一句，《今译》译为“掌握本来已有的‘道’以支配当前的具体事物”，《新译》和《全译》都翻译为“根据古来的‘道’以支配当前的具体事物【有】”。陈鼓应先生与高亨先生也皆译作“具体事物”或“一切事物”。而任继愈先生说，学者已有考证，古语对“有”的使用，不仅仅限于现代汉语中“有无”之“有”，因此把“有”翻译为“具体事物”就显得太泛。其实，“有”本通假了“域”字，《诗经·商颂》“奄有九有”一句，后一个“有”字即“国家”或“国界”的意思。《老子》哲学的主体是一种政治哲学，治国是它的基本主体。因此，《绎读》把“有”翻译为“国家”就比较准确了。这么理解，更能体现《老子》哲学本质上是一种政治哲学，或者说，《老子》哲学对形而上学的建构是离不开现实社会的。

同样的道理，“能知古始”在前三版中，被翻译为“能认识本来的开始”“能认识古来的开始”，而作为客观世界的“开始”其实是没法认识的。所以，《绎读》把该句翻译为“能借鉴古来的经验”，这就与前一句“治国”的意思对应了起来，更为准确了。高亨先生则认为，这句中的“能”，应当根据河上公本与帛书甲、乙本改为“以”。联系上下文，译作“运用它的规律，就可以指挥现在所有的一切事物，因而知道古代原始情况，这就叫做道的纲要”（《老子译注》十四章）。其实，知道古代原始的情况不是《老子》的目的，利用那个永恒的“道”来治理当前的社会才是《老子》的目的，所以“能”字不应当改。

在翻译技巧上，比如“绳绳不可名”一句，《今译》译为“这一难以形容的连续过程”，这是根据了王弼的意思，“绳绳，行动无穷极也”。《释文》引梁简文帝注曰：“绳绳，无涯际之貌。”但如果就这么直译为“连续”的话，与“不可名状”的联系其实会比较牵强。所以后三版将之更正为“渺茫难以形容”，言简意赅而又表达准确。

至于“复归于无物”一句，《今译》本译为“它不像任何物件那样具体”，就字面意思而言并没有问题。但就上下文意思的连贯性而言，似乎不太到位。该句的上下文理解应该是，当我们试图去认识这个有“夷”“希”“微”属性的对象时，却发现我们难以形容它，所以只好“回到无形无象的状态”，这又与下文“是谓无状之状，无物之象”关联起来，显得更为顺畅。这里在翻译技巧上，正好体现了有时候直译又比意译来得更顺畅。

第十五章

原文	译文
《今译》：	
古之善为士者，微妙玄通，深不可识。夫唯不可识，故强为之容：	古时善于为“士”的人，细致、深远而通达，深刻到非一般人所能认识。正因为不是一般人所能认识，所以要对他勉强加以描述：
豫焉，若冬涉川，	事先谨慎啊，他像冬天赤脚过河，
犹兮，若畏四邻，	反覆考虑啊，他像提防邻国的围攻，
俨兮，其若客，	恭敬严肃啊，他像面对着宾客，
涣兮，若冰之将释，	流动疏脱啊，他像春冰将融。
敦兮，其若朴，	敦厚啊，他像未经雕凿的素材，
旷兮，其若谷，	旷远啊，他像深山幽谷，
混兮，其若浊。	包容一切啊，他像长江大河的混浊。
孰能浊以止？静之徐清。	谁能止于浑浊？安静下来，会慢慢澄清。
孰能安以久？动之徐生。	谁能长久不动？变动起来，会慢慢打破安静。
保此道者不欲盈。	保持这一动静的原则的人，他不顾过分充盈。
夫唯不盈，	正因为不过分充盈，
故能蔽不新成。	所以虽然陈旧、而能新成。

续表

《新译》： 古之善为士者，微妙玄通，深不可识。夫唯不可识，故强为之容： 豫焉，若冬涉川， 犹兮，若畏四邻， 俨兮，其若客， 涣兮，若冰之将释， 敦兮，其若樸， 旷兮，其若谷， 混兮，其若浊。 孰能浊以止？静之徐清。 孰能安以久？动之徐生。 保此道者不欲盈。 夫唯不盈， 故能蔽不（而）新成。	古时善于为“士”的人，细致、深远而通达，深刻到非一般人所能理解。正因为【他】（士）不是一般人所能理解，所以要【对他】勉强加以描述： 事先谨慎啊，【他】象[①]冬天涉水过河， 反复考虑啊，【他】象提防邻国的围攻， 恭敬严肃啊，【他】象作客， 流动疏脱啊，【他】象春冰将融。 敦厚啊，【他】象未经雕凿的素材， 旷远啊，【他】象深山幽谷， 包容一切啊，【他】象长江大河的混浊。 谁能使浑浊停止？安静下来，会慢慢澄清。 谁能长久保持安定？变动起来，会慢慢打破安静。 保持这一个“道”的人，他不要求圆满。 正因为【他】不要求圆满， 所以[②]虽然保守，却能取得新的成功。 ①《新译》（修订版）：本章“象”皆作“像”。 ②《新译》（修订版）：没有“所以”二字。
《全译》： 古之善为士者，微妙玄通，深不可识。 夫唯不可识，故强为之容： 豫焉，若冬涉川， 犹兮，若畏四邻， 俨兮，其若客， 涣兮，若冰之将释， 敦兮，其若朴， 旷兮，其若谷，	古时善于为“士”的人，细致、深沉而通达，深刻到难以理解。 正因为【他】（士）难于理解，所以要【对他】勉强加以描述： 事先谨慎啊，像冬天涉水过河， 反复考虑啊，像提防邻国的围攻， 恭敬严肃啊，像做客， 流动疏脱啊，像春冰将融。 敦厚啊，像未经雕凿的素材， 旷远啊，像深山幽谷，

续表

混兮，其若浊。 孰能浊以止？静之徐清。 孰能安以久？动之徐生。 保此道者不欲盈。 夫唯不盈， 故能蔽不（而）新成。	包容一切啊，像长江大河的混浊。 谁能停止浑浊？平静下来，会慢慢澄清。 谁能长保安定？变动起来，会趋向安定。 保持“道”的人，不要求圆满。 正因为【他】不要求圆满， 好像守旧，却能取得新的成功。
《绎读》： 古之善为士者， 微妙玄通， 深不可识。 夫唯不可识， 故强为之容： 豫焉，若冬涉川， 犹兮，若畏四邻， 俨兮，其若客， 涣兮，若冰之将释， 敦兮，其若朴， 旷兮，其若谷， 混兮，其若浊。 孰能浊以止？ 静之徐清。 孰能安以久？ 动之徐生。 保此道者不欲盈。 夫唯不盈， 故能蔽不（而）新成。	 古时有道的人， 细致、深远而通达， 深刻到非一般人所能理解。 正因为非一般人所能理解， 所以要【对他】勉强加以描述： 事先谨慎啊，像冬天涉水过河， 反复考虑啊，像提防邻国的围攻， 恭敬严肃啊，像对待宾客， 流动洒脱啊，像春冰将融。 厚重啊，像未经雕凿的素材， 旷远啊，像深山幽谷， 包容一切啊，像江河的不择细流。 谁能使浑浊停止？ 安静能使它澄清。 谁能安定而长久？ 变动会打破安静。 有“道”的人不求满盈。 正因为【他】不求满盈， 看似保守，却不断取得成功。

本章主要是《老子》对得道者的描述与赞美，认为有道的人细致、深刻而通达，精神境界超越了一般人。《新译》在《老子》

的赞美词后进行了批评式的解释，认为《老子》所称赞的得道之人的小心谨慎，其实是胆小怕事；纯朴谦虚，其实假装糊涂；不求圆满，因此不会有重大失败；表面保守，实际上能捞到便宜。不能说极端处不是这样的，但这么解读《老子》显然带有深刻的时代烙印。因此，修订版、《全译》与《绎读》在解读本章时改变了之前的说法，肯定了得道之人小心谨慎、纯朴谦虚、不求圆满的精神品质。所以，他们是看似保守，得到的却是成功，这应该是积极的，不能说成是小便宜。

在原文校正上，“俨兮，其若客”中的“客”字，王弼本作“容”，任继愈先生据马王堆甲、乙本与河上公本改。此字的改动，各家都无异议。

“孰能浊以止”中的“止”字，王弼本原无，先生据《道藏》河上公及河上公注补。高亨先生根据傅奕本，认为缺漏的应是“澄”字。因为帛书甲本有“浊而静之余清”，故傅奕的“澄”字不为无理。但是，若用“澄”字，在翻译上是不通顺的。吴澄说：“‘浊’者动之时也，动继以静，则徐徐而清矣。”（《老子注译及评介》十五章）水动则浊，水静则清，若与下文相对应，故“止”字是较合适的。

在今译上，本章的几版，大体是在细节上进行微调，唯“俨兮，其若客”与“动之徐生”两句，前后有过较大的改变。“俨兮，其若客”一句，《新译》与《全译》都翻译为“恭敬严肃啊，像做客”；而《今译》与《绎读》则翻译为“对着宾客”与“对待宾客”，前后两种翻译，不同点在于主客位置的对调。其实，两种翻译法都没有必然性，但反复琢磨是很有必要的。同样，“动之徐生”一句，原文并未说清生出什么来，是趋向于静，还是打破安静，前后两种翻译虽有正反的不同，但似乎也都是可以说通的。任继愈先生在这些地方是有琢磨的，这是其治学的严谨之处。

第十六章

原文	译文
《今译》：	
致虚极，	尽量使心灵虚寂，
守静笃，	坚守清静。
万物并作，	万物都生长发展，
吾以观复。	我因而考察它的往复循环。
夫物芸芸，	事物尽管复杂纷纭，
各复归其根。	最后又各自回到它的老根。
归根曰静，	回到老根，叫做“静”，
是曰复命。	这叫做“复命”，
复命曰常，	“复命”叫做“常”，
知常曰明。	认识“常”叫做“明”。
不知常，妄作，	不认识“常”，而轻举妄动，
——凶。	——【其结果必】凶。
知常容，	认识常，才能一切包容，
容乃公，	一切包容，才能坦然大公，
公乃王，	坦然大公，才能天下归从。
王乃天，	天下归从，才能符合自然。
天乃道，	符合自然，才能符合“道”。
道乃久，	符合“道”，才能常久，
殁身不殆。	终身不遭危险。

续表

《新译》：	
致虚极，	尽量使心灵虚寂，
守静笃，	要切实坚守清静。
万物并作，	万物都在生长发展，
吾以观复。	我从而观察它的循环往复。
夫物芸芸，	事物尽管变化纷纭，
各复归其根。	最后又各自回到它的出发点。
归根曰静，	回到出发点，叫做“静”，
是曰复命。	这叫做“复命”，
复命曰常，	“复命”叫做“常”，
知常曰明。	认识“常”叫做“明”。
不知常，妄作，	不认识“常”，而轻举妄动，
——凶。	——【其结果必】凶。
知常容，	认识“常”，才能一切包容，
容乃公，	一切包容，才能坦然大公，
公乃王，	坦然大公，才能天下归从。
王乃天，	天下归从，才能符合自然（天）。
天乃道，	符合自然，才能符合“道”。
道乃久，	符合“道”，才能长久，
殁身不殆。	终身不遭危险。
《全译》：	
致虚极，	尽量使心灵虚寂，
守静笃，	要切实坚守清静。
万物并作，	万物都在生长发展，
吾以观复。	我从而观察它的循环往复。
夫物芸芸，	事物尽管变化纷纭，
各复归其根。	最后又各自回到它们的出发点。
归根曰静，	回到出发点，叫做“静”，
是曰复命。	这叫做“复命”，
复命曰常，	“复命”叫做“常”，
知常曰明。	认识“常”叫做“明”。
不知常，妄作，	不认识“常”，而轻举妄动，
——凶。	——【其结果必】凶。

续表

知常容， 容乃公， 公乃王， 王乃天， 天乃道， 道乃久， 殁身不殆。	认识“常”，才能一切包容； 一切包容，才能坦然大公； 坦然大公，才能天下归从； 天下归从，才能符合自然（天）； 符合自然，才能符合“道”； 符合“道”，才能长久， 终身不遭危险。
《绎读》： 致虚极， 守静笃， 万物并作， 吾以观复。 夫物芸芸， 各复归其根。 归根曰静， 是曰复命。 复命曰常， 知常曰明。 不知常，妄作， ——凶。 知常容， 容乃公， 公乃王， 王乃天， 天乃道， 道乃久， 殁身不殆。	 【尽量使】心灵虚寂， 保持清静。 万物纷纭呈现， 我观其往复循环。 事物变化纷繁， 各自回到出发点。 回到出发点，叫做“静”， 这叫做“复命”， “复命”叫做“常”， 认识“常”【的道理】叫做“明”。 不认识“常”，而轻举妄动， ——【必遭】险凶。 认识“常”，才能一切包容； 一切包容，才能一切坦然大公； 坦然大公，才能担当首领； 担当首领，才能符合自然（天）； 符合自然，就是“道”； 符合“道”，才能长久， 终身不遭险凶。

本章强调的是“道”运作的模式，也就是循环往复，最终回到出发点，即归根复命。万物都始终处在这样一个循环的变化之中，虽然始终在变，但最终总是回到原初，看似好像没有变化过

一样，所以又叫作静。《老子》主张，在生活、政治上，都要遵循静的原则，也就是不要轻举妄动，要无为而治，这样可以免遭凶险。《新译》及其修订版、《全译》《绎读》对本章的理解是保持一致的。

在古文今译上，“万物并作”一句，前三版译为“万物都生长发展”，《绎读》译作“万物纷纭呈现”。究其本意来讲，两种翻译都是正确的。但“生长发展”表现的是一个漫长的生长过程，而“纷纭呈现”外延更大，还包括了外形的多样、遭遇的多样，不仅是生长过程一个方面，更能表达出一个整体性，为下文对整个现象世界进行“观其往复循环”做了铺垫。

“夫物芸芸”一句，《今译》译为“事物尽管复杂纷纭”，《新译》与《全译》译作“事物尽管变化纷纭”，《绎读》译作“事物变化纷繁”。强调“变化”，比强调“复杂”要更好些。因为下文是“各复归其根”，既然要回到出发点，那就必然是运动的，所以强调“变化”更为准确。

以上两句中的“物”，高亨先生都解作“民”，说：“万民都在活动”“万民纷纭众多”，（《老子译注》十六章）所以“复归其根”，便是强调人要回归无知无欲的根本状态。这么解释可以凸显《老子》哲学的政治性，却抛弃了《老子》把人作为自然界中一般的物来对待的初衷，“天地以万物为刍狗”，解释有所过度。

“知常容，容乃公，公乃王”一句，任继愈先生将“容”解为“包容”。因为包容，才能公正，因为公正才能成为真正的王侯。高亨先生主张把“容”转为“庸”，“庸，用也”。于是将该句理解为“懂得社会永恒法则，就要用它。用它才能做公侯，才能做帝王”（《老子译注》十六章）。一般认为，这三小段首先是递进关系，高亨先生将后两段理解为并列关系，当然这无关宏旨。关键是“容”字能否理解为“庸”字？虽然此处可能有一音之转，但这一转，可能导致了王侯的刻意有为，背离了自然而然。也就是说，人是主动运用了道才成为王侯的，还是在体道的过程中自然成为王侯的，恐后者为是。

仍然关于这一句，陈鼓应先生认为，“王”字当作“全”字。从王弼注说，“无所不周普”；又从上下文的用韵来说，“王”之于“容”“公”“天”“道”“久”是非常突兀的，所以他认定“王”字乃是“全”字的残损。（《老子译注及评介》十六章）陈鼓应先生的主张可备一说。然而，“王”字也是可以解释的。从现实上说，“王”是人之极，只有彻底守住恒常之道的人才能成就；从语用上来说，先秦有“王天下”的说法，不仅指军事实力上超绝，更主要指德性上的完备。所以，“王”也有“周普”的意思，并无不通。

“天乃道”一句，前三版任继愈先生皆译作“符合自然，才能符合‘道’”，《绎读》译作“符合自然，就是‘道’”。按照《老子》的基本主张，自然就是道，两者应该是一回事。前三版的翻译，不免给人有割裂“自然”与“道”的感觉，因此《绎读》表述得更为贴切。陈鼓应与高亨二位先生也都解作“自然”。

然而，笔者认为，此处的“天”是否能做“至上神”解？也就是说，王若进一步守道，便能配天，再进一步守道，便能合道，最终永恒。“王”“天”“道”三个意象在《老子》看来都是活的，更是递进的。这里需要特别阐明的是，《老子》哲学的一个初衷，就是对先秦时代的至上神进行解构[①]。“道”是解构“天”的重要工具，将“道”置于“天”之上，就是撼动了“天”的绝对权威，如“象帝之先”。因此，如果仅仅是自然之天的话，后面则无须进一步“乃道”“乃久”了。《老子》后文有“人法地，地法天，天法道，道法自然”的表述，自然是终极意义的，故该句可理解为“道法自身”。但“王乃天，天乃道”句中，“道”在“天”之后，所以这里是否应有层次上的递进？从语法结构上讲，前几句中“乃”表达了递进关系，后一句似乎也应继续保持。既然是递进关系，那么“道”须是高于“天”的。《老子》语境中，被“道”超越的“天”，就只能是作为尊神的天，而不是自然的天。

第十七章

原文	译文
《今译》：	
太上，下知有之。	最好的统治者，人民仅仅知道有它的存在，
其次亲而誉之。	其次的统治者使人民亲近它、称赞它。
其次畏之，	更次的统治者使人民畏惧它。
其次侮之，	最次的统治者使人民轻蔑它。
信不足焉，有不信焉！	不值得信任，才有不信任的事情发生啊！
悠兮，其贵言，	【最好的统治者】是那样的悠闲啊，它很少发号施令。
功成事遂，	事情办妥贴了，
百姓皆谓“我自然”。	百姓都说“我们本来就是这样的”。

① 参见任继愈先生《春秋时代天文学和老子的唯物主义思想》《论老子哲学的唯物主义本质》等文章。《老子》哲学是唯物主义还是唯心主义，任继愈先生最后的结论是不进行绝对意义上的归属，见《不可替古人讲清楚》。但对于“道”是对先秦至上神权威的根本冲击这一点，是确定的。

续表

《新译》： 太上，下知有之。 其次亲而誉之， 其次畏之， 其次侮之， 信不足焉，有不信焉！ 悠兮，其贵言， 功成事遂， 百姓皆谓“我自然”。	最好的统治者，人们仅仅知道有它的存在， 其次的统治者，人们亲近它、称赞它。 更次的统治者，人们畏惧它。 最次的统治者，人们轻蔑它。 不值得信任，才有不信任的事情发生啊！ 【最好的统治者】是那样的悠闲啊，它很少发号施令， 事情办妥贴了， 百姓都说“我们本来就是这样的”。
《全译》： 太上，下知有之。 其次亲而誉之。 其次畏之， 其次侮之， 信不足焉，有不信焉！ 悠兮，其贵言， 功成事遂， 百姓皆谓“我自然”。	最好的统治者，人们仅仅知道有它的存在， 其次的统治者，人们亲近它、称赞它。 更次的统治者，人们畏惧它。 最次的统治者，人们轻蔑它。 不值得信任，才有不信任的事情发生啊！ 【最好的统治者】是那样的悠闲啊，它很少发号施令， 事情办妥贴了， 百姓都说“我们本来就是这样的”。
《绎读》： 太上，下知有之， 其次亲而誉之。 其次畏之， 其次侮之， 信不足焉， 有不信焉！ 悠兮，其贵言， 功成事遂， 百姓皆谓“我自然”。	最好的统治者，人们仅仅知道有它的存在， 其次的统治者，人们亲近它、称赞它。 更次的统治者，人们畏惧它。 最次的统治者，人们轻蔑它。 不值得信任， 才有不信任的事情发生啊！ 【最好的统治者】是那样的悠闲啊，它很少发号施令， 事情办妥贴了， 百姓都说“我们本来就是这样的”。

本章提出“无为”是最好的治国原则，任何有为都不可取，甚至是有害的。《新译》认为，这是《老子》站在没落阶级的立场上对新兴封建地主阶级的消极对抗，对新兴封建地主阶级的改革与治国措施不予承认。从修订版开始，任继愈先生对《老子》的所谓阶级立场进行了重新评估，改变了原来的看法。修订版与《全译》只说到《老子》反对统治者发号施令，即使统治者通过有为而取得了一些功劳，那也是本来应当如此。《绎读》的理解和修订版及《全译》是一致的，只是《绎读》对《老子》的整个政治立场的认识进行了调整，认为《老子》是完全站在被统治者一方的，所以《老子》更重视百姓，认为统治者即使做出了一些功绩，也不应该居功。

本章各版本的差异，仅仅在于把翻译中的“人民”换成了“人们”。“人民”是一个政治概念，泛指大多数当家做主的好人，其实这个表述不符合《老子》的时代背景，故而改称中性词的“人们”，更具有普遍性。

在文字校对上，“下知有之”一句，任先生从王弼本的“下”字。高亨先生亦取“下”字，解释为“百姓”（《老子注译》十七章）。而陈鼓应先生认为，吴澄本、明太祖本、焦竑本等版本皆做“不”字；且“不知有之”与文末“谓我自然”相呼应，故取“不”字（《老子注译及评介》十七章）。这里恐无对错之分。若从“下”字来解释，从百姓只知有君，到赞颂君王，到畏惧君王，到轻蔑君王，的确是层级越来越下降的过程。

在今译上，“悠兮，其贵言”一句，任继愈先生和陈鼓应先生解释是一致的。马叙伦先生从河上公本，作“犹兮其贵言哉”，又同时认为，“犹”是“悠”的通假字，而“悠”的本字当作“由”，是“繇”或“嗦”的通假。如此一转再转，不知是否必要，可备一说，高亨先生从此说。该句中的“其”字，任继愈先生与陈鼓应先生皆做“他”理解。高亨先生认为，当解做“岂”字，解释为“治国用不着这些，静默吧，岂在于重视言语的说教呢”（《老子注译》十七章）？这个解释方法其实与“贵言”的理解有关。“贵言”可以理解为“重视言说”，也可理解为“惜言如金”。虽有不同，大体意思，诸先生还是一致的。

第十八章

原文	译文
《今译》： 大道废，有仁义。 慧智出，有大伪。 六亲不和，有孝慈。 国家昏乱，有忠臣。	大“道”被废弃，才有所谓“仁义”。 出现了聪明智慧，才有严重的虚伪。 家庭陷于纠纷，才有所谓孝慈。 国家陷于昏乱，才有所谓忠臣。
《新译》： 大道废，有仁义。 慧智出，有大伪。 六亲不和，有孝慈。 国家昏乱，有忠臣。	大“道”被废弃，才有所谓“仁义”。 出现了聪明智慧，才有严重的虚伪。 家庭陷于纠纷，才有所谓孝慈。 国家陷于昏乱，才有所谓忠臣。
《全译》： 大道废，有仁义。 慧智出，有大伪。 六亲不和，有孝慈。 国家昏乱，有忠臣。	大“道”被废弃，才有所谓“仁义”。 出现了聪明智慧，才有严重的虚伪。 家庭陷于纠纷，才有所谓孝慈。 国家陷于昏乱，才有所谓忠臣。

续表

《绎读》：	
大道废，	大“道”被废弃，
有仁义。	才有所谓“仁义”。
慧智出，	有了聪明才智，
有大伪。	就有大的虚伪。
六亲不和，	家庭陷于纠纷，
有孝慈。	才有所谓孝慈。
国家昏乱，	国家陷于昏乱，
有忠臣。	才有所谓忠臣。

本章是《老子》辩证法思想的展开，《老子》提出了智慧与虚伪、孝慈与家庭纠纷、忠臣与国家昏乱数对矛盾，《老子》是从现实政治生活中发现这些辩证范畴的。在这些范畴中，一方被强调，则意味着这一方的实质已被遮蔽，而另一方面却已成为现实。比如社会上强调孝慈，便意味着孝慈的实质已被世人遗忘，实际存在着的是严重的家庭纠纷。同理，仁义、智慧、忠诚等价值的突出也是这个原因，这些价值元素实际上已经在生活中失落了。统治者们越高调地提倡正面的价值，就越说明社会的病态与反常。修订版、《新译》《全译》《绎读》对本章的理解是一致的。

第十九章

原文	译文
《今译》： 绝圣弃智，民利百倍； 绝仁弃义，民复孝慈； 绝巧弃利，盗贼无有。 此三者以为文不足， 故令有所属—— 见素抱朴， 少私寡欲。	 抛弃了聪明和智慧，人民才有百倍的利益。 抛弃了“仁”和“义”，人民才能回到孝慈。 抛弃了巧和利，盗贼才能消灭。 以上三条【消极的原则】作为理论是不够的， 所以要【正面指出】使人的认识有所从属—— 外表单纯、内心朴素， 减少私心、降低欲望。
《新译》： 绝圣弃智，民利百倍； 绝仁弃义，民复孝慈； 绝巧弃利，盗贼无有。 此三者，以为文不足， 故令有所属： 见素抱朴， 少私寡欲。	 抛弃了聪明和智慧，人民才有百倍的利益； 抛弃了“仁”和“义”，人民才能回到孝慈； 抛弃了巧和利，盗贼才能消灭； 以上三条【消极的原则】作为理论是不够的， 所以要【正面指出】使人的认识有所从属—— 【那就是】： 外表单纯、内心朴素， 减少私心、降低欲望。
《全译》： 绝圣弃智，民利百倍； 绝仁弃义，民复孝慈； 绝巧弃利，盗贼无有。 此三者，以为文不足， 故令有所属—— 见素抱朴， 少私寡欲。	 抛弃了聪明和智慧，人民才有百倍的利益； 抛弃了“仁”和“义”，人民才能回到孝慈； 抛弃了巧和利，盗贼才能消灭； 以上三条【消极的原则】作为理论是不够的， 所以要【正面指出】使人的认识有所从属—— 【那就是】： 外表单纯、内心朴素， 减少私心、降低欲望。

续表

《绎读》： 绝圣弃智， 民利百倍； 绝仁弃义， 民复孝慈； 绝巧弃利， 盗贼无有。 此三者以为文不足， 故令有所属： 见素抱朴， 少私寡欲。	 【统治者】不用聪明和智慧， 百姓才享有实在的利益； 【统治者】抛弃了“仁”和“义”， 百姓重新回到孝慈； 【统治者】抛弃了巧和利， 盗贼才能消弥。 以上三条【消极的表述】作为理论是不够的， 所以要【正面表述】使人有所从属—— 【那就是】：外表单纯、内心朴素， 减少私心、降低欲望。

本章继续了前一章的阐发，认为智慧、仁义、孝慈这些正面价值的出现，是因为社会变坏了。与此同时，他继续指出，这些正面价值的出现也不会给社会带来好处，必须舍弃才行。最好回到原始的社会状态，让百姓“见素抱朴，少私寡欲”，这才是根本上治理国家的好办法。修订版、《新译》《全译》《绎读》对这章的理解是一致的。

在古文今译上，前三版的翻译大体是一样的，《绎读》只是在原来的基础上进行了微调，为“绝圣弃智”“绝仁弃义”“绝巧弃利”补充了主语，即“统治者”。这一主语的补充对于明晰原文的意思很重要。《老子》的思想本质上是一种政治哲学，是一种驭人之术，所以“绝圣弃智”“绝仁弃义”“绝巧弃利”是说给统治者听的，也是要统治者那么去做的，《绎读》对这一主语的补充是很有必要的。

“见素抱朴”一句，任继愈先生把“见”译作“外表”，“抱朴”指内心的朴素。高亨先生释“见”为“推重”，解释为“推重纯素，保持质朴”（《老子注译》十九章）。陈鼓应先生没有专门解释，只说“保持朴素”（《老子注译及评介》十九章）。他们大体意思一致，任继愈先生则较细密些。

第二十章

原文	译文
《今译》：	
绝学无忧。	抛弃所谓文化学问，才能免于忧患。
唯之与阿，相去几何？	应诺与斥诃，相差有好多？
善之与恶，相去若何？	善良与罪恶，又差了好多？
人之所畏，不可不畏，荒兮，其未央哉！	别人所怕的，就不能不怕，远古以来已如此，这风气还不知道何时停止！
众人熙熙，如享太牢，如春登台。	众人是那样无忧无虑的欢喜，好像参加盛大的筵席，像春日登台眺望那样畅适。
我独泊兮，其未兆，如婴儿之未孩，儽儽兮，若无所归！	独有我，却淡淡地，无动于中，像婴儿还不会发出笑声，疲倦地，竟像无家可归！
众人皆有余，而我独若遗。	众人都有多余的东西，而独有我，却像什么也不足。
我愚人之心也哉，沌沌兮！	我真是愚人的心肠啊，混混沌沌地！
俗人昭昭。我独昏昏。	一般人是那么清楚，我却这么昏昏。
俗人察察，我独闷闷——	一般人是那么严苛，我却对一切宽闳——
澹兮，其若海，	辽阔啊，像无边的大海，
飂兮，若无止。	无尽啊，像疾吹的长风。
众人皆有以，而我独顽似鄙。	众人都有一套本领，而独有我显得拙笨无能。
我独异人，而贵食母。	我偏要跟人家不同，把吃饭奉为根本。

续表

《新译》： 绝学无忧。 唯之与阿，相去几何？ 善之与恶，相去若何？ 人之所畏，不可不畏，荒兮，其未央哉！ 众人熙熙，如享太牢，如春登台。 我独泊兮，其未兆，如婴儿之未孩，儽儽兮，若无所归！ 众人皆有余，而我独若遗。 我愚人之心也哉，沌沌兮！ 俗人昭昭，我独昏昏。 俗人察察，我独闷闷—— 澹兮，其若海， 飂兮，若无止。 众人皆有以，而我独顽似鄙。 我独异于人，而贵食母。	 抛弃所谓文化学问，才能免于忧患。 应诺与斥诃，相差有好多？ 善良与罪恶，又差得了好多？ 别人所怕的，就不能不怕，远古以来已如此，这风气还不知道何时停止！ 众人是那样无忧无虑的欢喜，好象*参加盛大的筵席，象春日登台眺望那样畅适。 独有我，却淡淡地，无动于衷，象婴儿还不会发出笑声，疲倦地，竟象无家可归！ 众人都有多余的东西，而独有我，却象什么也不足。 我真是愚人的心肠啊，混混沌沌地！ 一般人是那么清楚，我却这么昏昏。 一般人是那么严苛，我却对一切宽闳—— 辽阔啊，象无边的大海， 无尽啊，象疾吹的长风。 众人都有一套本领，而独有我显得拙笨无能。 我偏要跟人家不同，关键在于得到了“道”(母)。 *《新译》（修订版）：本章“象”皆作“像”。
《全译》： 绝学无忧。 唯之与阿，相去几何？ 善之与恶，相去若何？ 人之所畏，不可不畏，荒兮，其未央哉！ 众人熙熙，如享太牢，如春登台。 我独泊兮，其未兆，如婴儿之未孩，儽儽兮，若无所归！ 众人皆有余，而我独若遗。	 抛弃所谓文化学问，才能免于忧患。 应诺与斥呵，相差有几多？ 善良与罪恶，相差有几多？ 别人所怕的，就不能不怕，远古以来已如此，这风气还不知道何时停止！ 众人是那样无忧无虑的欢喜，好像参加盛大的筵席，像春日登台眺望那样畅适。 独有我，却淡淡地，无动于衷，像婴儿还不会发出笑声，疲倦地，竟像无家可归！ 众人都有多余的东西，而独有我，却像什么也不足。

续表

我愚人之心也哉，沌沌兮！ 俗人昭昭，我独昏昏。 俗人察察，我独闷闷—— 澹兮，其若海， 飂兮，若无止。 众人皆有以，而我独顽似鄙。 我独异于人，而贵食母。	我真是愚人的心肠啊，混混沌沌地！ 一般人是那么清楚，我却这么糊涂。 一般人是那么精明，我却这么懵懂—— 辽阔啊，像无边的大海， 无尽啊，像疾吹的长风。 众人都有一套本领，而独有我显得拙笨无能。 我偏要跟人家不同，关键在于得到了“道”（母）。
《绎读》： 绝学无忧。 唯之与阿， 相去几何？ 善之与恶， 相去若何？ 人之所畏，不可不畏， 荒兮，其未央哉！ 众人熙熙， 如享太牢， 如春登台。 我独泊兮，其未兆， 如婴儿之未孩， 儽儽兮，若无所归！ 众人皆有余， 而我独若遗。 我愚人之心也哉， 沌沌兮！ 俗人昭昭， 我独昏昏。 俗人察察， 我独闷闷。 澹兮，其若海， 飂兮，若无止。	 抛弃学问，可以使人无忧。 应诺与斥呵， 相差有好多？ 善良与罪恶， 差得了好多？ 别人所怕的，就不能不怕， 远古以来已如此，这风气还不知道何时停止！ 众人是那样无忧无虑的欢喜， 好像参加盛大的筵席， 像春日登台眺望那样畅适。 独有我，却淡淡地，无动于衷， 像还不会发出笑声的婴儿， 疲倦地，竟像无家可归！ 众人都有多余而丰饶， 而我却处处不足。 我这愚人的心肠啊， 混混沌沌地！ 人们是那么明白， 我却这样糊涂。 人们是那么精明， 我却在一旁沉闷。 辽阔啊，像无边的大海， 无尽啊，像疾吹的长风。

续表

众人皆有以， 而我独顽似鄙。 我独异于人， 而贵食母。	众人都有一套本领， 独我又笨又无能。 我跟人家不同之处， 在于找到了根本（母）。

本章是老子拿自己与别人进行对比，他进行了一系列的自我贬损，称自己无能、糊涂、没本事，其实是正话反说，讽刺世人的浅薄与庸俗，不明白他所说的“道”。《新译》由于时代的原因，认为《老子》的自我贬损，是“自我吹嘘，自我欣赏”，这是不对的；修订版也认为，本章表达了老子“自我欣赏”的态度。而《全译》说，老子的自我贬损其实是在愤世嫉俗，是接近《老子》本意的。其实，《老子》之所以说贬低自己的话，一方面是正话反说，讽刺世人无知，另一方面也是描述了一种得道的表现，这就是他所谓“我独异于人，而贵食母”，也就是因为得了“道”，所以与众不同。

在文字校正上，本章开篇“绝学无忧”一句的位置问题较有争议。任继愈先生根据王弼本，置此句于本章之首。而根据高亨先生与蒋锡昌先生的意见，此句当在上一章末。高亨先生指出：“‘绝学无忧’与‘见素抱朴，少私寡欲’句法相同，若置在下章，为一孤立无依之句，其证一也。足、属、朴、欲、忧为韵，若置在下章，于韵不谐，其证二也。见素抱朴，绝学无忧，文意一贯。若置在下章，则其文意远不相关，其证三也。”（《老子正诂》十九章）从句法、韵律、文意三个角度看，诚如高亨先生所说，是有道理的。任继愈先生并未论证该句置于本章开篇在理论上的理由，而是认为王弼本流传久、影响大，若无原则性的问题或绝对的必要性，则尽量按其原来的面貌呈现。此处，应尊重任继愈先生的看法。

“顽似鄙”一句，诸本均作“且”，独王弼本作“似”。蒋锡昌先生解释说：“‘且’与‘目’古‘以’字，形近而误。‘以’‘似’古通，遂由‘且’误‘目’，由‘目’误‘似’。”（《老子校诂》二十章）如马叙伦对“悠兮，其贵言”一句中“悠”字解释的一转再转，蒋锡昌先生此处的解释亦然，亦可备一说。任继愈先生的主张同“绝学无忧”一句的位置问题一样，若无原则性或绝对的必要性，不轻易改动原文。故虽王弼本独此一家，但仍保持其风貌。

在古文今译上，“昭昭”“昏昏”“察察”“闷闷”四个叠词的翻译，任继愈先生有一个修正的过程。《今译》与《新译》译为“一般人是那么清楚，我却这么昏昏。一般人是那么严苛，我却对一切宽闳”。这里其实并没有把“昏昏”翻译出来，“严苛”与“宽闳”也不是一对价值上有正反性质的词组。《老子》本章的意思是讽刺世人总是自以为是，因此，《老子》要通过贬低自己而抬高世人的方法，达到一种正话反说的效果。所以“察察”与“闷闷”应该在价值上是对反的。《全译》译为“一般人是那么清楚，我却这么糊涂。一般人是那么精明，我却这么懵懂”。“清楚”与“糊涂”，“精明”与“懵懂”就是相对准确的反词了。但是，为了精益求精，《绎读》又更正为“人们是那么明白，我却这样糊涂。人们是那么精明，我却在一旁沉闷”。把“闷闷”翻译为“沉闷”，比“懵懂”又更进一步，这不是一种单纯的无知，而是带有清醒的自觉的意味。

陈鼓应、高亨等先生对这儿处词语的理解没有大的差异，这里的重点在于，任继愈先生通过数版翻译，将意思表现得愈来愈精确，是值得我们注意的。

“我独异于人，而贵食母”一句的前后翻译，从直译到意译，再到准确修正，更体现了先生的深思熟虑。《今译》翻译此句较为粗放，“我偏要跟人家不同，把吃饭奉为根本”。《新译》与《全译》是一样的，“我偏要跟人家不同，关键在于得到了‘道’（母）”。《绎读》最终修正为“我跟人家不同之处，在于找到了根本（母）”。

这句话涉及两个方面的认识，第一，“我独异于人”是“我非要和别人对着干”，还是“我本来就和别人不同”。其实，作为自然主义的《老子》是不可能怀有故意和别人对着干的动机的，所以《老子》和别人的不同，是有原因的，而不是单纯地较劲。因此，《绎读》的翻译既平和又符合实际。

第二，“食母”是什么意思。显然，“母”是根本的意思，把“食母”翻译为“把吃饭奉为根本”，好像也是承接了上文，别人都很有本事而我笨拙无能，所以以吃饭为根本，似乎给人破罐子破摔的感觉，没有把那层意思凸显出来。河上公注：“食，用也。母，道也。”这是使用道的意思，也就是得道。《新译》与《全译》译为“关键在于得到了‘道’（母）”，才是把那层意思说了出来。进而，陈鼓应先生引劳健的说法，“‘食’音‘嗣’，养也。‘母’谓本也。……‘贵食母’与‘复守其母’，同是崇本之旨，‘食母’‘守母’，乃所以为道”。又引蒋锡昌先生语：“《老子》‘食母’与《庄子》‘食于天’谊同，皆谓养于道也。”（《老子注译及评介》二十章）高亨先生说：“重视靠母亲（道）吃饭，即吸取道的营养。”（《老子注译》二十章）这几种说法都指向，我与众人之不同在于找到根基性的东西。《绎读》也意识到这一点，并且尝试更直白地把“得道”说清楚，于是译为“在于找到了根本”，这就不但把那层意思说了出来，还在修辞上与上文保持了一致，达到了翻译上的整体美感。

第二十一章

原文	译文
《今译》：	
孔德之容，惟道是从。	大“德”的内容，只对“道”服从。
道之为物，惟恍惟惚。	“道”这个东西，没有固定的形体。
惚兮恍兮，其中有象；	它是那样的惚恍啊，惚恍之中却有形象；
恍兮惚兮，其中有物。	它是那样的恍惚啊，恍惚之中却有实物；
窈兮冥兮，其中有精，	它是那样的深远暗昧啊，深远暗昧中却涵着极细微的精气。
其精甚真，其中有信。	这极细微的精气，最具体，最真实。
自古及今，其名不去，	从古到今，它的名字不能废去，
以阅众甫。	根据它，才能认识万物的开始。
吾何以知众甫之状哉？	我何以知道万物开始的情况呢？
以此。	原因就在此。
《新译》：	
孔德之容，惟道是从。	大“德”的内容，在于它与“道”一致。
道之为物，惟恍惟惚。	“道”这个东西，没有固定的形体。
惚兮恍兮，其中有象；	它是那样的惚恍啊，惚恍之中却有形象；
恍兮惚兮，其中有物；	它是那样的恍惚啊，恍惚之中却有实物；
窈兮冥兮，其中有精，	它是那样的深远暗昧啊，深远暗昧中却涵着极细微的精气。
其精甚真，其中有信。	这极微的精气，最具体，最真实。
自古及今，其名不去，	从古到今，它的名字不能废去，

续表

以阅众甫。 吾何以知众甫之状哉？ 以此。	根据它，才能认识万物的开始。 我何以知道万物开始的情况呢？ 原因就在此。
《全译》： 孔德之容，惟道是从。 道之为物，惟恍惟惚。 惚兮恍兮，其中有象； 恍兮惚兮，其中有物。 窈兮冥兮，其中有精， 其精甚真，其中有信。 自古及今，其名不去， 以阅众甫。 吾何以知众甫之状哉？ 以此。	 大“德”的内容，在于它与“道”一致。 “道”这个东西，没有固定的形体。 它是那样的惚恍啊，惚恍之中却有形象； 它是那样的恍惚啊，恍惚之中却有实物； 它是那样的深远暗昧啊，深远暗昧中却涵着极细微的精气。 这极微的精气，最具体，最真实。 从古到今，它的名字不能废去， 根据它，才能认识万物的开始。 我何以知道万物开始的情况呢？ 原因就在此。
《绎读》： 孔德之容， 惟道是从。 道之为物， 惟恍惟惚。 惚兮恍兮， 其中有象； 恍兮惚兮， 其中有物。 窈兮冥兮， 其中有精， 其精甚真， 其中有信。 自古及今， 其名不去， 以阅众甫。 吾何以知众甫之状哉？ 以此。	 大“德”的品格， 在于它与“道”一致。 “道”这个东西， 没有固定的形体。 它是那样的惚恍啊， 惚恍之中是它的形象； 它是那样的恍惚啊， 恍惚之中是它的实物； 它是那样的深远暗昧啊， 深远暗昧中却涵着精气。 这精气，最具体， 最真实。 从古到今， 它的名字不能废去， 根据它，才能认识万物的开始。 我何以知道万物开始的情况呢？ 原因就在此。

本章是《老子》对“道”的形象的描述。因为“恍兮惚兮”“窈兮冥兮”的修辞，使“道”显得非常神秘。《今译》在其附录里将《老子》的“道”看作是“物质一般”，而《新译》认为，它是一种精神实体，《老子》主张精神性的“道”是第一性的，而具体的万物是第二性的。这和第十四章的看法是一样的。然而经过反思，修订版已不采用非此即彼的方式来认识“道”了，因为《老子》自己也没有认识清楚，后人不可替古人说清楚。在《全译》《绎读》里，任继愈先生也不再用唯物唯心的话语体系来诠释《老子》哲学，认为本章只是强调了“道虽然看不见，无形无象，但确实存在，万物都是由它产生的”这个意思，仅此而已。

在古文今译上，“孔德之容，惟道是从”一句，《今译》译为“大‘德’的内容，只对‘道’服从”。《新译》和《全译》译为“大‘德’的内容，在于它与‘道’一致”。《绎读》译为“大‘德’的品格，在于它与‘道’一致”。“惟道是从”在字面上看，是对道的服从，但大德其实不是次一级的概念，而是和道一样的层次，或者说，与道同一。因此，只有把它表述为“在于它与‘道’一致”才符合《老子》原句本意。而“孔德之容”，在前三版中，皆翻译为“大‘德’的内容”。其实“容”字恐怕不完全是内容的意思，而是表示为一种存在的状态，且“大德”本身就是“道”，因此无所谓再强调“大德的内容”，所以《绎读》译为“大‘德’的品格”，较为合理。

陈鼓应先生将“容”释为“运作，样态”，这也是比较合理的。高亨先生认为，“容”疑为“搈”的假借，《广雅·释诂》：

“搈，动也。”所以这句话高亨先生译作：“有大德之人的行动，只有遵循大道（宇宙本体）的自然规律。”（《老子注译》二十一章）这在意思上并没有错，因为大道最终还是需要人用行动去效法。但直接把“容”视作“搈”的假借，似有些牵强，于是再将“孔德”释为“大德之人”，便有些解释过度了。陈鼓应先生释作“样态”，任继愈先生释作“品格”，都是比较中和的。

“惚兮恍兮，其中有象；恍兮惚兮，其中有物”一句，《绎读》作“它是那样的惚恍啊，惚恍之中是它的形象；它是那样的恍惚啊，恍惚之中是它的实物”。在之前三版中，皆作其中有形象、其中有实物。陈鼓应先生亦然，译作：“那样地惚惚恍恍，其中却有形象；那样地恍恍惚惚，其中却有实物。”（《老子注译及评介》二十一章）高亨先生亦然。这样的译法都是从字面上直译过来的。与任继愈先生前三版的翻译一样，它们虽强调了“道”中有物质性的东西，但其实并没有说清，“道”本身究竟是否是实在者。

这两种译法，其实也是两种看法。如果仅仅讲其中有形象、其中有实物，那么“道”本身就成了实在者的容器，它既可能是实在者，也可能是精神性的存在。如果是精神性的存在，那就完全可以是至上神的化身了。而《绎读》译作“惚恍之中是它的形象”“恍惚之中是它的实物”，则明确这样一点，“道”是实质存在者，彻底否定了它作为至上神的化身的可能性。讲清这点很重要，这与任继愈先生对《老子》的一贯的立场有关。先生认为，《老子》是反对当时的至上神的，其唯物主义的根本点就在于他对神秘主义的否定，所谓“象帝之先”。所以“道”不是神秘主义的，既如此，那就必然是实质存在的，至于存在的方式，则是可以讨论的。《老子》认为，那是一种超感觉经验的，因此认识不清，所以是恍恍惚惚的。但它的形象与实体，就躲藏在这恍惚的感觉之中。下文的“精”，任继愈先生解释为“精气”，意为极细微的物质存在，这些都是“道”本身。所以《绎读》的解释，是把先生对老子否定神秘主义之“道”的意思贯彻得最彻底的。（当然，“道”在《老子》的语境里也有作为规律性的存在，但这是另一个话题。）

“其中有精”一句，前三版皆译为“深远暗昧中却涵着极细微的精气”，而《绎读》译为“深远暗昧中却涵着精气”。这是简化了多余的词，“精气”之为“精”，本来就是“极细微”的意思。因此，“极细微的精气”一说，其表述方式不太妥当。这样的改动，也表现出先生治学精益求精的态度。

“以阅众甫”一句，任继愈先生始终译作“根据它，才能认识万物的开始”。陈鼓应先生亦然。高亨先生译作“道乃产生天地，天地乃产生万物”（《老子注译》二十一章）。他将“阅”释作“出也，产生”，“甫”释作生万物的父亲。其实《说文解字》中，“阅”并无产生的意思。但《诗经·蜉蝣》有“蜉蝣堀阅，麻衣如雪”一句，说的是蜉蝣长成时冲出泥土。若依此，则高亨先生的解释不为无理。然而纵观全文，本章的重点是对“道”的认识的问题，因此最后归结到认识上来，应该较好一些。

第二十二章

原文	译文
《今译》： “曲则全， 枉则直， 洼则盈， 敝则新， 少则得， 多则惑。” 是以 圣人抱一为天下式， 不自见，故明； 不自是，故彰； 不自伐，故有功； 不自矜，故长。 夫唯不争，故天下莫能与之争。 古之所谓“曲则全”者，岂虚言哉？ 诚全而归之。	 “委曲反能保全， 屈枉反能伸直， 卑下反能充盈， 敝旧反能新奇， 少取反能多得， 多取反而迷惑。” 因此 “圣人”坚持以上这一原则作为天下人的工具。 不专靠自己的眼睛，所以才看得分明； 不自以为是，所以才是非昭彰； 不自己夸耀，所以才有功劳； 不自高自大，所以才能领道。 正因为不与人争，所以天下没有谁能争得过他。 古时所谓“委曲反能保全……”【这些话】哪里是假话呢？ 实在能使人得到保全。
《新译》： “曲则全， 枉则直， 洼则盈， 敝则新， 少则得， 多则惑。” 是以	 “委曲反能保全， 屈枉反能伸直， 卑下反能充盈， 敝旧反能新奇， 【知识】少反有收获， 【知识】多反而迷惑。” 因此

续表

圣人抱一为天下式， 不自见，故明； 不自是，故彰； 不自伐，故有功； 不自矜，故长。 夫唯不争，故天下莫能与之争。 古之所谓“曲则全”者，岂虚言哉？ 诚全而归之。	“圣人”用“道”（一）作为观察天下命运的工具。 不专靠自己的眼睛，所以才看得分明； 不自以为是，所以才是非昭彰； 不自己夸耀，所以才有功劳； 不自高自大，所以才能领导。 正因为不与人争，所以天下没有谁能争得赢他。 古时所谓“委曲反能保全……”【这些话】哪里是假话呢？ 实在能使人得到保全。
《全译》： “曲则全， 枉则直， 洼则盈， 敝则新， 少则得， 多则惑。” 是以 圣人抱一为天下式， 不自见，故明； 不自是，故彰； 不自伐，故有功； 不自矜，故长。 夫唯不争，故天下莫能与之争。 古之所谓“曲则全”者，岂虚言哉？ 诚全而归之。	 “委曲反能保全， 屈枉反能伸直， 卑下反能充盈， 敝旧反能新奇， 【知识】少反有收获， 【知识】多反而迷惑。” 因此 “圣人”用“道”（一）作为观察天下命运的工具。 不专靠自己的眼睛，所以才看得分明； 不自以为是，所以才是非昭彰； 不自己夸耀，所以才有功劳； 不自高自大，所以才能领导。 正因为不与人争，所以天下没有谁能争得赢他。 古时所谓“委曲反能保全……”【这些话】哪里是假话呢？ 实在能使人得到保全。

续表

《绎读》：	
“曲则全，	“委曲反能保全，
枉则直，	弯曲反能伸直，
洼则盈，	卑下反能充盈，
敝则新，	敝旧反创新奇，
少则得，	少学反有收获，
多则惑。”	贪多反增困惑。”
是以	因此
圣人抱一为天下式，	“圣人”用（一）“道”作为观察天下命运的工具。
不自见，	不专靠自己的眼睛，
故明；	所以才看得分明；
不自是，	不自以为是，
故彰；	所以功过清楚；
不自伐，	不自己夸耀，
故有功；	所以有功；
不自矜，	不自高自大，
故长。	所以当首领。
夫唯不争，	正因为不与天下争，
故天下莫能与之争。	所以天下无人敢与他争输赢。
古之所谓“曲则全”者，	古时所谓“委曲反能保全……”【这些话】
岂虚言哉？	哪里是空话呢？
诚全而归之。	确实能使人圆满成功。

本章也列举了数对辩证范畴，《老子》认为这些可不是空话，它们是建构起日常生活的重要思维模式，或者说是来源于生活的基本原则，按照这些原则处世生活，日子就会过得好。《新译》及修订版批判本章说：“老子从利己主义的立场来对待辩证法，想

从中得到好处。他用‘谦虚’来换取领导权；用不争的办法来取得别人无法争到的结果。这也是他以退为进的一贯手法。”《全译》大体承袭了这个说法，只是不认为《老子》的立场是“利己主义”的。《绎读》则正面肯定了《老子》对于辩证法的态度，认为“老子善于运用前人的失败和成功经验，丰富了生活中的辩证思维方法”。

在古文今译上，“枉则直”一句，前三版译为“屈枉反能伸直”，《绎读》译为“弯曲反能伸直”。前后两句意思其实没有错，只是把“枉”翻成“屈枉”，没有“弯曲”一词来得通俗，现代文翻译当以通俗为上。

“少则得，多则惑”一句，《今译》译为“少取反能多得，多取反而迷惑”。《新译》与《全译》译为“【知识】少反有收获，【知识】多反而迷惑”。补充了“知识”这一主语。单言“少取”与“多取”，其实所取得对象是什么，并没有表达出来。从《老子》的整体思想看，《老子》是反对经验知识的，所以后两版把主语补充完整，是很有必要的。但是，《绎读》把该句又翻译为“少学反有收获，贪多反增困惑”。虽然删去了“知识”这个主语，但把“多”改为“贪多”，“迷惑”改为“困惑”，意思仍然很清楚，就是对经验知识的摒弃，因为《绎读》的用词更为注重现代汉语的习惯。

“圣人抱一为天下式”一句，《今译》译为“‘圣人’坚持以上这一原则作为天下人的工具”。这句翻译其实并未把“抱一”的本意表达出来，且作为“天下人的工具”一语又比较模糊，即作为什么工具呢？因此，在后面几版中，任继愈先生更正为“‘圣人’用“道”

（一）作为观察天下命运的工具”，这就把“抱一”与“为天下式”的意思给表达清楚了。“道”是《老子》哲学的核心观念，也是认识世界的基本工具，因此在翻译上有必要突出表现。

这句中的“式”字，一般解释为“法式，范式”（陈鼓应），“法也，模范”（高亨）。但任继愈先生是有自己看法的。他在《释〈老子〉书中的“式”》一文中指出，“式”应该是一样具体的东西。《史记·龟策列传》：“平运式，定日月，分衡度，视吉凶。”扬雄《太玄赋》：“戴神墨、履灵式。”清惠士奇《礼说》引郑玄语：“王大出师，太史抱天时与太师同车。”“太史主抱式以知天时，处吉凶。”“式”是一种决吉凶的占卜工具，由可以旋转的两块重叠木板组成，中间有轴。上面一块木板圆形，像天，下面一块木板方式，像地。上下两块木板上分别刻着天干和地支的度数。汉代作“拭”，《广雅》作“栻”。所以，“抱一为天下式”，就是掌握了“道”就能像占卜的工具一样先知先觉了。

“夫唯不争，故天下莫能与之争”一句，前三版译为“正因为不与人争，所以天下没有谁能争得赢（过）他”，而《绎读》翻译为“正因为不与天下争，所以天下无人敢与他争输赢”。把“天下争不过他”，修正为“天下无人敢与他争”，更有力地表现了“道”的巨大能量。道不会与人争输赢，这是它的品质。因为它的谦逊，以至于无人敢跟它争，正好体现了《老子》哲学中道的绝对性，以及正言若反的思维方式。

“岂虚言哉”，前三版皆译为“哪里是假话”，而《绎读》译为“哪里是空话”。假话和空话是有区别的，假话是用来骗人的，而空话是没有实际意义的，未必是骗人的。本章的主旨是要世人效法道的谦虚，从而获得更多的收益。关于这个道理，只有是否有实际意义的问题，而不存在是不是骗人的问题。因此，作为对这个道理表达肯定的意思时，说“哪里是空话呢”，要比“哪里是假话呢”更妥当。

第二十三章

原文	译文
《今译》：	
希言自然。	少说话是合乎自然的。
故	所以
飘风不终朝，	狂风刮不到一早晨，
骤雨不终日。	暴雨下不到一整天。
孰为此者？	谁使它这样的？
天地。	是天地。
天地尚不能久，而况于人乎？	天地【的狂暴势力】尚且不能持久，何况人呢？
故从事于道者：	所以求“道”的人【应知道】：
道者同于道，	寻求“道”的，就与“道”相同，
德者同于德，	寻求“德”的，就与“德”相同，
失者同于失。	寻求失的，就与失相同。
同于道者，道亦乐得之；	与“道”相同的人，“道”也愿意得到他；
同于德者，德亦乐得之；	与“德”相同的人，“德”也愿意得到他；
同于失者，失亦乐得之。	与失相同的人，失也愿意得到他。
信不足焉，	不值得信任，
有不信焉！	才有不信任的事情发生啊！
《新译》：	
希言自然。	少说话是合乎自然的。
故	所以

续表

飘风不终朝， 骤雨不终日。 孰为此者？ 天地。 天地尚不能久，而况于人乎？ 故从事于道者： 道者同于道， 德者同于德， 失者同于失。 同于道者，道亦乐得之； 同于德者，德亦乐得之； 同于失者，失亦乐得之。 信不足焉， 有不信焉。	狂风刮不到一早晨， 暴雨下不到一整天。 谁使它这样的？ 是天地。 天地【的狂暴势力】尚且不能持久，何况人呢？ 所以求“道”的人【应知道】： 寻求“道”的，就与“道”相同， 寻求“德”的，就与“德”相同， 寻求失的，就与失相同。 与“道”相同的人，“道”也愿意得到他； 与“德”相同的人，“德”也愿意得到他； 与失相同的人，失也愿意得到他。 不值得信任， 才有不信任的事情发生啊！
《全译》： 希言自然。 故 飘风不终朝， 骤雨不终日。 孰为此者？ 天地。 天地尚不能久，而况于人乎？ 故从事于道者： 道者同于道， 德者同于德， 失者同于失。 同于道者，道亦乐得之； 同于德者，德亦乐得之； 同于失者，失亦乐得之。 信不足焉， 有不信焉！	 少说话是合乎自然的。 所以 狂风刮不到一早晨， 暴雨下不到一整天。 谁使它这样的？ 是天地。 天地【的狂暴势力】尚且不能持久，何况人呢？ 所以求“道”的人【应知道】： 寻求“道”的，就与“道”相同， 寻求“德”的，就与“德”相同， 寻求失的，就与失相同。 与“道”相同的人，“道”也愿意得到他； 与“德”相同的人，“德”也愿意得到他； 与失相同的人，失也愿意得到他。 不值得信任， 才有不信任的事情发生啊！

续表

《绎读》：	
希言自然。	少表现，才是本来面目。
故	所以
飘风不终朝，	狂风刮不到一早晨，
骤雨不终日。	暴雨下不到一整天。
孰为此者？	谁使它这样的？
天地。	是天地。
天地尚不能久，	天地【的狂暴势力】尚且不能持久，
而况于人乎？	何况人呢？
故从事于道者，	所以求“道”的人【应知道】：
道者同于道，	寻求“道”的，就与“道”在一起，
德者同于德，	寻求“德”的，就与“德”在一起，
失者同于失。	寻求失的，就与失在一起。
同于道者，	同于道的人，
道亦乐得之；	“道”也愿意得到他；
同于德者，	同于德的人，
德亦乐得之；	“德”也愿意得到他；
同于失者，	同于过失的人，
失亦乐得之。	失也愿意得到他。
信不足焉，	对于“道”信心不足【的人】，
有不信焉！	才不信任“道”的存在。

本章讲的是“道”的原则，意即只要相信“道”，就能得到“道”，而且信任必须要坚定。《新译》认为，《老子》叫人坚定对“道”的信仰的这种思想方法是唯心主义的。修订版与《全译》《绎读》不再这么理解。

在文字校对上，“希言自然”一句，高亨先生从姚鼐本，划入上一章。任继愈先生与陈鼓应先生均划入本章。

在古文今译上，前三版皆将“希言自然”译为“少说话是合乎自然的”，这是直译。《绎读》译为“少表现，才是本来面目”，把“希言”意译为“少表现”，是符合《老子》本意的。《老子》主张各方面都不要突出，“少表现”扩大了“希言”的外延，是有道理的。把“自然”意译为“本来面目”，比起“合乎自然”的译法更突出了原文的内涵。

陈鼓应先生认为，“少说话”是“希言”的表层意思，深层意思是“不施加政令”（《老子译注与评介》二十三章）。如果考虑到《老子》是说给统治者听的，那么这个解释是有道理。而高亨先生认为，“希”是“常”字之误，意为“永恒不变”（《老子译注》二十三章）。于是，这句话的意思变为“这就是人们经常说的自然之道”。因为高亨先生将“希言自然”划入上一章，成为上一章的总结句，所以做如此解释。然而将“希”字认作是“常”字之误，恐有些牵强了。

“从事于道者，道者同于道”一句，陈鼓应先生从俞樾的说法，“《淮南子》引《老子》曰：‘从事于道者同于道’。”故以后一组“道者”为衍文。任继愈先生以为保留为当。

在对“道者同于道，德者同于德，失者同于失”一句的解释上，前三版皆译为“寻求‘道’的，就与‘道’相同，寻求‘德’的，就与‘德’相同，寻求失的，就与失相同。”也就是说，把“同”译为“相同”。其实，所谓得道，并不是成为道，或者像道一样，所以译为“相同”不是非常贴切。《绎读》将该句译为“寻求‘道’的，就与‘道’在一起；寻求‘德’的，就与‘德’在一起；寻求失的，就与失在一起。”把“同”译为“在一起”，就体现出得道的意味来了。

高亨先生译作“从事于道的人，所作所为就与道相同；从事于德的人，所作所为就与德相同；从事于自然的人，所作所为就与自然相同”。大体意思和任继愈先生是一致的。但是，高亨先生将两个“失”字作为“天”字之误，故有“与自然同”的解释。然而，“道”与“自然”在《老子》语境中是一个概念，前文已有“道者同于道”，后文再作“天者同于天”则似有重复之失，故以“失”为“天”之误，恐有不妥。

“信不足焉，有不信焉！”一句，在十七章已出现过，高亨先生的《老子注译》删去了此章的该句。

任继愈先生前三版将该句译为：“不值得信任，才有不信任的事情发生啊！”陈鼓应先生的翻译是：“统治者的诚信不足，人民自然不相信他。”两处解释的意思相似。而任继愈先生在《绎读》中作“对于‘道’信心不足【的人】，才不信任‘道’的存在”。任继愈先生前三版的翻译给人留下疑问是，对什么信心不足，又不信什么？陈鼓应先生的翻译倒给出了这个答案，即对统治者信心不足，因为统治者不够诚信，所以人民不相信他。然而，本章的主旨其实是对“道”的认同问题。所以，所谓“信不足”，是指对“道”的信心不足。因为信心不足，所以会不信任“道”的存在，毕竟“道”是超感觉经验的。所以，本章总体上是一个形而上的问题，若将结句落到形而下，则略显得牵强。当然，若如高亨先生直接删去此句，也是一个方法。

第二十四章

原文	译文
《今译》：	
企者不立，	抬起脚跟想要站得高的，反而站不牢，
跨者不行，	两步并作一步走的，反而快不了，
自见者不明，	专靠自己的眼睛的，反而看不分明，
自是者不彰，	自以为是的，反而判不清是非，
自伐者无功，	自己夸耀，就没有功劳，
自矜者不长。	自高自大，就不能领导。
其在道也，曰余食赘行。	以上这些，从“道”的原则衡量，只好说它是剩饭、赘瘤。
物或恶之，	谁都厌恶它，
故有道者不处。	所以有“道”的人不以此自居。
《新译》：	
企者不立；	抬起脚跟想要站得高的，反而站不牢，
跨者不行；	两步并作一步走的，反而快不了，
自见者不明；	专靠自己的眼睛的，反而看不分明，
自是者不彰；	自以为是的，反而判不清是非，
自伐者无功；	自己夸耀，就没有功劳，
自矜者不长。	自高自大，就不能领导。
其在道也，曰余食赘行，	【以上这些】从“道”的原则衡量，只好说它是剩饭、赘瘤。
物或恶之，	谁都厌恶它，
故有道者不处。	所以有“道”的人不以此自居。

续表

《全译》： 企者不立； 跨者不行； 自见者不明； 自是者不彰； 自伐者无功； 自矜者不长。 其在道也，曰余食赘行， 物或恶之， 故有道者不处。	 抬起脚跟想要站得高的，反而站不牢， 两步并作一步走的，反而快不了， 专靠自己的眼睛，反而看不分明， 自以为是，反而是非不清， 自己夸耀，就没有功劳， 自高自大，就不能领导。 【以上这些】从“道”的原则衡量，只好说它是剩饭、赘瘤。 谁都厌恶它， 所以有“道”的人不以此自居。
《绎读》： 企者不立； 跨者不行； 自见者不明； 自是者不彰； 自伐者无功； 自矜者不长。 其在道也， 曰余食赘行， 物或恶之， 故有道者不处。	 抬起脚跟站得高，反而站不牢， 两步并作一步走，反而快不了， 专靠自己的眼睛，反而看不分明， 自以为是，反而判断不清， 自己夸耀，就没有功劳， 自高自大，就不能领导。 【以上这些】从“道”的原则看来， 这种作风都是剩饭、草包， 谁都厌恶它， 所以有“道”的人不以此自居。

本章反映的仍然是《老子》的辩证观点，其基本原则是贵柔、谦退。修订版、《新译》和《全译》都强调，这是一套“以退为进”的处世哲学。其实，贵柔、谦退未尝不是“以退为进”，但其“进”应当是止于保生，而非获得巨大的利益。所以，《绎读》对本章的理解是，“这里教人用辩证的观点观察社会，指导生活，以贯彻他的贵柔、谦退的哲学原则”。

在古文今译上，“自是者不彰”一句，《今译》与《新译》皆译为“自以为是的，反而判不清是非”；《全译》译为“自以为是，反而是非不清”；《绎读》译为“自以为是，反而判断不清”。三处翻译并无明显不同，强调了在做客观判断的过程中，应保持谦虚、理性。陈鼓应先生译作：“自以为是的，反而不得彰显。”（《老子注译及评介》二十四章）是从个人实现的角度来讲的。但其实，紧接着一句“自伐者无功”，也是从自我实现来讲的，于是显得略有重复。当然，古文中意思重复的字句是很多的，这并不是要紧的，但如能在今译上避免，应该会好些。

“自矜者不长”一句，三版皆作“自高自大，就不能领导”。而陈鼓应先生作“自我矜持的，反而不得长久”，高亨先生亦作“自骄自满的人，不能长久”。长久的是什么？其实还有追问的空间。是否长久，指的应该是所占据的地位是否长久，所以任继愈先生讲“自高自大，就不能领导”，是把意思补充清楚了。

“其在道也，曰余食赘行”一句中，陈鼓应先生把“行”改为了“形”。他引吴澄语：“或曰‘行’读如‘形’，古字通用。司马氏曰：‘弃余之食，适使人恶，附赘之形，适使人丑。’苏氏曰：‘饮食有余则病，四体有赘则累。’”类似的解释不少，大体意思都是强调恶德之在身心，就好像赘疣之在肉体，所以“形”字比“行”字准确。然因此而做的修改，是以通行之理解为依据的，越过了版本依据。毕竟王弼本与所有通行本皆作“行”字。一般来讲，对古籍字句进行的修正，总是从版本的比较出发，而非从理解上的精准与否出发。所以，此处以不修改原文为当，仅在注解中说明为通假字即可。

高亨先生则认为，“行”当作“衣”，是古文字字形相近而导致的误用（《老子注译》二十四章）。高亨先生虽做了古文字上的考证，但似乎也较为勉强，毕竟仅是孤证与推测，权可备为一说。

在古文今译上，前三版皆将“其在道也，曰余食赘行”译为“【以上这些】从‘道’的原则衡量，只好说它是剩饭、赘瘤”，《绎读》译为“【以上这些】从‘道’的原则看来，这种作风都是剩饭、草包”。所谓“以上这些”，指的就是自以为是、自己夸耀、自高自大等作风，《绎读》的今译把“作风”这一主语补全，使诠释更为全面。

第二十五章

原文	译文
《今译》：	
有物混成，	有一个混然一体的东西，
先天地生。	它先于天地而生。
寂兮寥兮！	无声啊、又无形！
独立不改，	它永远不依靠外在的力量，
周行而不殆。	不停地循环运行。
可以为天下母。	它可以算做天下万物的根本。
吾不知其名，	我不知道它的名字，
字之曰道，	把它叫做“道”，
强为之名曰大。	勉强再给它起名叫做“大”。
大曰逝，	大成为逝去，
逝曰远，	逝去成为辽远，

续表

远曰反。	辽远又返转还原。
故	所以【说】
道大，	道大，
天大，	天大，
地大，	地大，
人亦大。	人也大。
域中有四大，	宇宙间有四大，
而人居其一焉。	而人居其一。
人法地，	人以地为法则，
地法天，	地以天为法则，
天法道，	天以道为法则，
道法自然。	道以它自己的样子为法则。
《新译》：	
有物混成，	有一个混然一体的东西，
先天地生。	它先于天地而存在。
寂兮寥兮！	无声啊、又无形！
独立不改，	它永远不依靠外在的力量，
周行而不殆。	不停地循环运行。
可以为天下母。	它可以算做天下万物的根本（母）。
吾不知其名，	我不知道它的名字，
字之曰道，	把它叫做“道”，
强为之名曰大。	勉强再给它起名叫做“大”。
大曰逝，	大成为逝去，
逝曰远，	逝去成为辽远，
远曰反。	辽远又返转还原。
故	所以【说】
道大，	道大，
天大，	天大，
地大，	地大，
人亦大。	人也大。
域中有四大，	宇宙间有四大，

续表

而人居其一焉。	而人居其一。
人法地，	人以地为法则，
地法天，	地以天为法则，
天法道，	天以道为法则，
道法自然。	道以它自己的样子为法则。
《全译》：	
有物混成，	有一个混然一体的东西，
先天地生。	它先于天地而存在。
寂兮寥兮！	无声啊、又无形！
独立不改，	它永远不依靠外在的力量，
周行而不殆。	不停地循环运行。
可以为天下母。	它可以算做天下万物的根本（母）。
吾不知其名，	我不知道它的名字，
字之曰道，	把它叫做“道”，
强为之名曰大。	勉强再给它起名叫做“大”。
大曰逝，	大成为逝去，
逝曰远，	逝去成为辽远，
远曰反。	辽远又返转还原。
故	所以【说】
道大，	道大，
天大，	天大，
地大，	地大，
人亦大。	人也大。
域中有四大，	宇宙间有四大，
而人居其一焉。	而人居其一。
人法地，	人以地为法则，
地法天，	地以天为法则，
天法道，	天以道为法则，
道法自然。	道以它自己【的样子】为法则。

续表

《绎读》： 有物混成， 先天地生。 寂兮寥兮！ 独立不改， 周行而不殆。 可以为天下母。 吾不知其名， 字之曰道， 强为之名曰大。 大曰逝， 逝曰远， 远曰反。 故道大， 天大， 地大， 人亦大。 域中有四大， 而人居其一焉。 人法地， 地法天， 天法道， 道法自然。	 有一个浑然一体的东西， 它的存在先于天地。 既无声息啊，又无形体。 它不依靠外力， 循环运行永不停止。 当得起天下万物的母亲。 我不知怎样称呼它， 把它叫做“道”， 勉强再给它起名叫做“大”。 “大”称作消逝， 消逝到极远， 从极远又返还。 所以【说】“道”大， 天大， 地大， 人也大。 宇宙间有四大， 而人居其一。 人效法地， 地效法天， 天效法“道”， “道”效法它自己。

本章也是对“道”的描述，《老子》认为，“道”是先于天地万物而存在，天地万物皆由它而出，这是宇宙论角度的“道”。另一方面，《老子》又认为，“道”是运动的，始终处在循环往复的运动过程中，万物的运动都必须效法这种周而复始，因此“道”也

是万物运动的基本方式，这是存在论角度的“道”。修订版、《新译》与《全译》基本一致，比较简略地认为，“道”在性质上超越感官的，又是运动着的，同时也是万物产生的源头。《绎读》对本章的理解，则高度赞扬了“道”被提出的价值，认为虽然这只是一种“宇宙生成论”，但比起西方的“冰”“火”“原子”与印度的“四大种”（地、水、风、火），以及传统中国的五行说，都表现出更高的抽象水平。因此《绎读》认为“‘道’的提出，是中国哲学史上一个里程碑，值得重视”。

“有物混成，先天地生”一句中，“生”字当解作“存在”，因为“道”已经是终极性的、亘古不变的了，不能再由源头生出。任继愈先生与陈鼓应先生的解释一样，而高亨先生译作“有一个东西，混合成为整体，在有天地以前就产生了”（《老子注译》二十五章），“生”释作“产生”，似有可推敲处。

“大曰逝，逝曰远，远曰反”一句中，任继愈先生将“逝”解作“消逝”，有渐渐远去的意思，与“逝曰远”的意思能衔接上。陈鼓应先生译作“它广大无边而周流不息，周流不息而伸展遥远，伸展遥远而返回本原”（《老子注译及评介》二十五章）。将“逝”解作“周流不息”，将“反”的意思也包容进来，但有些超出了“逝”的本意。高亨先生译作“说它是大的，说它是运行的，说它是永远运行的，说它是循环运行的”。将“逝”解作“运行”，似乎脱离本意较多，更多的是发挥。河上公注“大曰逝”，“乃复逝去，无常处所也。”《诗经·硕鼠》：“逝将去汝，适彼乐土”，郑玄笺：“逝，往也。”《论语·雍也》有“君子可逝”，杨伯峻先生将

“逝”解作“一去不返”。相比较，既要兼顾准确性，又要把意思讲明白，或许将“逝”解作“消逝”是较周全的。

在原文校正上，“人亦大”一句中的“人”字，王弼本作“王”，按照王弼本注解的意思，以及下文“人法地”顺序的表述，任继愈先生认为“王”有误，当改作“人”。且宋范应元本亦作“人”。此处的改动当属于不得不改，各家的意思均相同。

这一章是《老子》哲学关于“道”的重要内容，先生在前后几版的翻译中并没有出现太大的差异，尽管《绎读》较之前三版的翻译有很多的改动，然而修改的只是表达方式，对具体内容仍保持一贯的认识。

第二十六章

原文	译文
《今译》：	
重为轻根，	厚重能作轻浮的基础，
静为躁君。	镇静能作急躁的主宰。
是以	因此
圣人终日行不离辎重，	“圣人”终日走路不离开载着粮秣的辎重，
虽有荣观，燕处超然。	虽享有繁华的生活，却不沉溺在里面。
奈何万乘之主而以身轻天下？	为什么身为大国的君主而用自己看轻天下呢？
轻则失本，	轻浮了必然丧失基础，
躁则失君。	急躁了必然丧失主宰。

续表

《新译》： 重为轻根， 静为躁君。 是以 圣人终日行不离辎重， 虽有荣观，燕处超然。 奈何万乘之主而以身轻天下？ 轻则失本， 躁则失君。	 重是轻的基础， 静是动的主宰。 因此 “圣人”终日走路不离开载着粮秣的辎重， 虽享有繁华的生活，却不沉溺在里面。 为什么身为大国的君主却低估了自己在天下的重要性呢？ 轻举必然丧失基础， 妄动必然丧失主宰。
《全译》： 重为轻根， 静为躁君。 是以 圣人终日行不离辎重， 虽有荣观，燕处超然。 奈何万乘之主而以身轻天下？ 轻则失根， 躁则失君。	 重是轻的基础， 静是动的主宰。 因此 “圣人”终日走路不离开载着粮秣的辎重， 虽享有繁华的生活，却不沉溺在里面。 为什么身为大国的君主却低估了自己在天下的重要性呢？ 轻举了必然丧失基础， 妄动了必然丧失主宰。
《绎读》： 重为轻根， 静为躁君。 是以 圣人终日行 不离辎重， 虽有荣观， 燕处超然。 奈何万乘之主， 而以身轻天下？ 轻则失根， 躁则失君。	 重是轻的基础， 静是动的主宰。 因此 “圣人”终日走路 不离开载着粮秣的辎重， 虽享有繁华的生活， 却不沉溺在里面。 为什么身为大国的君主 却低估了对国家举足轻重的地位呢？ 轻举了必然丧失基础， 妄动了必然丧失主宰。

本章提出了轻重、动静两组概念的对立统一，认为在轻重之间，重是主要方面；动静之间，静是主要方面。再次强调了主静、贵柔的思想。任继愈先生认为，《老子》虽然提出了辩证思想，但又过分偏重辩证概念的其中一方，把原本对立统一的两个部分强行分开了，所以《老子》的辩证法是不全面的。《新译》及其修订版说，这是“不彻底的”“形而上学的”“是消极的”，是符合没落阶级立场的。这个评判大体是客观的，《全译》与《绎读》删除了关于《老子》哲学有阶级性的说法。

在古文今译上，《今译》将首句“重为轻根，静为躁君”译为“厚重能作轻浮的基础，镇静能作急躁的主宰”，意思大体没有错，但其实没能突出轻重、动静这对典型的对立范畴。所以，在之后的三版中，首句皆译作“重是轻的基础，静是动的主宰”，既做了简化，又突出了重点。

“是以圣人终日行不离辎重”一句，除王弼本作“圣人”外，其余各家皆作“君子”，包括《韩非子·喻老》与帛书甲本。陈鼓应先生从各家，改“圣人”为“君子”；任继愈先生与高亨先生则从“圣人”。蒋锡昌先生认为：“‘圣人’乃理想之主，应深居简出，以‘无为’化民，不当终日行道，常在军中管理辎重之事，谊作‘君子’为是，当据诸本改正。”从下文“不离辎重”来看，的确管理辎重不是“圣人”的工作。然而，保留“圣人”也不是没有道理。河上公注该句曰：“辎，静也。圣人终日行道，不离其静与重也。”这是将“辎”作为“轻”之误，由此，河上公的理解是可以认同的，“圣人终日行不离静重”也是能说通的。但任继愈先生仍将“辎重”作

“粮草辎重”的军事物资解释，其中似有可商榷处。

“虽有荣观，燕处超然。奈何万乘之主而以身轻天下”一句，任继愈先生认为，《韩非子·喻老》中有该句，该句或是混入《老子》正文的注释文字，这个论断值得重视。高亨先生改“燕”为“宴”，虽两字可通，但未交代改动的原因。

在古文今译上，《今译》将该句后半段译作：“为什么身为大国的君主而用自己看轻天下呢？”其实这个翻译有些拗口，且表述得也不太清楚。究竟是“看轻天下”还是“低估自己”并未说清。《新译》与《全译》译作：“为什么身为大国的君主却低估了自己在天下的重要性呢？”这就比之前的表达更为清晰了。《绎读》又译作：“为什么身为大国的君主却低估了对国家举足轻重的地位呢？”可见，后两种表述的意思虽完全一样，但是显然《绎读》的翻译更为通畅。

陈鼓应先生译作：“为什么身为大国的君主，还轻率躁动以治天下呢？”（《老子注译及评介》二十六章）高亨先生译作：“为什么作为有万辆兵车的国王，竟至以自己可贵之身，轻举妄动于天下！”（《老子注译》二十六章）《老子》原文中，“以身轻天下”的表述方式是非常模糊的，而三位先生都明确点出了“君主的轻率”与君主实际身份这个矛盾问题，补足了原文模糊之处。但任继愈先生特别提到君主“低估了自己的影响力”，这其实是强调了君主轻率行为的主观根源方面，有他理解上独到的地方。

“轻则失根”一句中的“根”字，王弼原本及各本皆作“本”，任继愈先生根据《韩非子·喻老》所引之“轻则失根”改，《永乐大典》亦作“根”。之所以此处必须要改，而没有遵照通行本不宜擅动的原则，是因为与首句有所照应。

“轻则失根，躁则失君”一句中，“轻”与“躁”在《今译》中被译作“轻浮”与“急躁”，这两个词原本纯粹是一种表现态度的修饰词。在后三版中，“轻”与“躁”被译作“轻举”“妄动”，赋予了行动意涵，这就使得原意更丰满了。

第二十七章

原文	译文
《今译》：	
善行、无辙迹；	善于走路，不留辙迹；
善言、无瑕谪；	善于言谈，无可指谪；
善数、不用筹策；	善于计算，不用筹策；
善闭、无关楗而不可开；	善于关闭，不用锁钥，却使人不能开；
善结、无绳约而不可解。	善于捆缚，不用绳索，却使人不能解。
是以	因此
圣人常善救人，故无弃人；	“圣人”经常善于挽救人，所以没有根本无用的人；
常善救物，故无弃物。	【圣人】经常善于拯救物，所以没有根本无用的物。
是谓袭明。	这叫做内藏着的聪明。
故	所以
善人者不善人之师，	善人是恶人的老师，
不善人者善人之资。	恶人也是善人的借鉴，
不贵其师，	【若】不尊重他的老师，
不爱惜其资，	不爱惜他的借鉴，
虽智大迷。	虽自以为明智，其实是糊涂。
是谓要妙。	这就叫做“要妙”。

续表

《新译》：	
善行，无辙迹；	善于走路，不留辙迹；
善言，无瑕谪；	善于言谈，无可指谪；
善数，不用筹策；	善于计算，不用筹策；
善闭，无关楗而不可开；	善于关闭，不用锁钥，却使人不能开；
善结，无绳约而不可解。	善于捆缚，不用绳索，却使人不能解。
是以	因此
圣人常善救人，故无弃人；	“圣人”经常*善于挽救人，所以没有根本无用的人；
常善救物，故无弃物。	【圣人】经常②善于拯救物，所以没有根本无用的物。
是谓袭明。	这叫做内藏着的聪明。
故	所以
善人者不善人之师，	善人是恶人的老师，
不善人者善人之资。	恶人也是善人的借鉴，
不贵其师，	【若】不尊重他的老师，
不爱惜其资，	不爱惜他的借鉴，
虽智大迷。	虽自以为明智，其实是糊涂。
是谓要妙。	这就叫做“要妙”。
	* 《新译》（修订版）：“经常”作“总是”。
《全译》：	
善行，无辙迹；	善于走路，不留辙迹；
善言，无瑕谪；	善于言谈，无可指谪；
善数，不用筹策；	善于计算，不用筹策；
善闭，无关楗而不可开；	善于关闭，不用锁钥，却使人打不开；
善结，无绳约而不可解。	善于捆缚，不用绳索，却使人不能解开。
是以	因此
圣人常善救人，故无弃人；	“圣人”经常善于挽救人，所以没有根本无用的人；
常善救物，故无弃物。	【圣人】经常善于拯救物，所以没有根本无用的物。

续表

是谓袭明。 故 善人者不善人之师， 不善人者善人之资。 不贵其师， 不爱惜其资， 虽智大迷。 是谓要妙。	这叫做内藏着的聪明。 所以 善人是恶人的老师， 恶人也是善人的借鉴， 【若】不尊重他的老师， 不爱惜他的借鉴， 虽自以为明智，其实是糊涂。 这就叫做“要妙”。
《绎读》： 善行，无辙迹； 善言，无瑕谪； 善数，不用筹策； 善闭，无关楗而不可开； 善结，无绳约而不可解。 是以 圣人常善救人， 故无弃人； 常善救物， 故无弃物。 是谓袭明。 故善人者不善人之师， 不善人者善人之资。 不贵其师， 不爱其资， 虽智大迷。 是谓要妙。	 善行路者，不留辙迹； 善言谈者，无可指谪； 善计算者，不用筹策； 善关闭者，不用锁钥，却使人不能开； 善捆缚者，不用绳索，却使人不能解。 因此 “圣人”总是善于挽救人， 所以没有无用的人； 善于利用物， 故无废弃物。 这叫做隐蔽着的聪明。 所以善人是不善人的老师， 不善人也可作善人的借鉴， 不尊重他的老师， 不珍惜他的借鉴， 虽自以为明智，实为糊涂。 这就叫做【对人处世的】“诀窍”。

本章分为两个部分，上半部分讲“无为而治”的方法；下半部分讲，看问题要考虑到事物的对立面。《老子》认为，“善人”与“不善人”都有它的用处，是在无中看到有，看到了有无的辩证统

一。修订版、《新译》《全译》对本章的理解是一致的。《绎读》还认为，“无弃人”“无弃物”的观点，是今天生产建设中“循环经济”思想的萌芽。

在古文今译上，“常善救物，故无弃物”一句，前三版翻译为“经常善于拯救物，所以没有根本无用的物”。前文的“救人”是“挽救人”的意思，所以该句被译为“拯救物”，但感觉上用词是不太准确的。下文的意思是“没有根本无用的物”，所以把以为没用的东西拯救回来，虽然这个说法的意思是对的，但判断一个东西是不是真的需要废弃，还要看该物是否有使用价值，如果有，便不算是弃物。所以，《绎读》对这句话的解释比较明确，说：“善于利用物，故无废弃物”，把原来的“拯救”一词替换为“利用”，虽然是意译，但明显更贴近原文意思。

陈鼓应先生对该句的翻译也非常好，“有道的人经常善于做到人尽其才，所以没有被遗弃的人；经常善于做到物尽其用，所以没有被废弃的物”。（《老子注译及评介》二十七章）虽然对“救人”“救物”进行了意译，但确实把意思说透了。

“是为要妙”一句，前三版都直译为“这就叫做‘要妙’”，事实上，这么翻译，“要妙”一词的含义无法凸显。所以《绎读》意译为“这就叫做【对人处世的】诀窍”。把“要妙”译作“诀窍”，又把诀窍的内容，“对人处世”，补充完整，从而使上文列举的种种现象的描述进行了有效的总结。

第二十八章

原文	译文
《今译》：	
知其雄，	虽深知他的雄强，
守其雌，	却安于他的柔雌，
为天下谿。	甘作天下的沟溪。
为天下谿，	甘作天下的沟溪，
常德不离，	与正常的“德”不相离失，
复归于婴儿。	回复到单纯的状态，像婴儿。
知其白，	虽深知他的光彩，
守其黑，	却安于他的暗昧，
为天下式。	甘作天下的车轼。
为天下式，	甘作天下的车轼，
常德不忒，	与正常的“德”不差失，
复归于无极。	回复到最后的真理。
知其荣，	虽深知他的荣耀，
守其辱，	却安于他的卑辱，
为天下谷。	甘作天下的川谷。
为天下谷，	甘作天下的川谷，
常德乃足，	正常的“德”才可以充足，
复归于朴。	回复到“朴”。
朴散则为器，	“朴”破坏，而成为形形色色的器物。
圣人用之则为官长。	“圣人”在朴被破坏的基础上进行管理和领道。
故	所以
大制不割。	最完美的管理不出于勉强。

续表

《新译》： 知其雄， 守其雌， 为天下谿。 为天下谿， 常德不离， 复归于婴儿。 知其白， 守其黑， 为天下式。 为天下式， 常德不忒， 复归于无极。 知其荣， 守其辱， 为天下谷。 为天下谷， 常德乃足， 复归于朴。 朴散则为器， 圣人用之则为官长。 故 大制不割。	 虽深知什么是雄强， 却安于柔雌的地位， 甘作天下的沟溪。 甘作天下的沟溪， 与永恒的“德”不相离失， 回复到单纯的状态，象*婴儿。 虽深知什么是光彩， 却安于暗昧的地位， 甘作天下的栻。 甘作天下的栻， 与永恒的“德”不会差失， 回复到最后的真理。 虽深知什么是荣耀， 却安于卑辱的地位， 甘作天下的川谷。 甘作天下的川谷， 永恒的“德”才可以充足， 回复到“朴”。 “朴”被破坏，而成为具体的器物。 “圣人”在朴被破坏的基础上建立了管理和领导。 所以 最完美的管理不出于勉强。 *《新译》（修订版）：“象”作“像”
《全译》： 知其雄， 守其雌， 为天下谿。 为天下谿， 常德不离， 复归于婴儿。	 虽深知什么是雄强， 却安于柔雌的地位， 甘作天下的沟溪。 甘作天下的沟溪， 与永恒的“德”不相离失， 回复到单纯的状态，像婴儿。

续表

知其白， 守其黑， 为天下式。 为天下式， 常德不忒， 复归于无极。 知其荣， 守其辱， 为天下谷。 为天下谷， 常德乃足， 复归于朴。 朴散则为器， 圣人用之则为官长。 故 大制不割。	虽深知什么是光彩， 却安于暗昧的地位， 甘作天下的栻。 甘作天下的栻， 与永恒的“德”不会差失， 回复到最后的真理。 虽深知什么是荣耀， 却安于卑辱的地位， 甘作天下的川谷。 甘作天下的川谷， 永恒的“德”才可以充足， 回复到“朴”。 “朴”被破坏，而成为具体的器物。 “圣人”在朴被破坏的基础上，建立了管理和领导。 所以 最完美的管理不出于勉强。
《绎读》： 知其雄， 守其雌， 为天下谿。 为天下谿： 常德不离， 复归于婴儿。 知其白， 守其黑， 为天下式。 为天下式： 常德不忒， 复归于无极。 知其荣， 守其辱，	 虽深知什么是刚强， 却安于弱势的柔雌， 甘作天下的沟溪。 甘作天下的沟溪： 永恒的“德”永不相离， 重新到单纯的状态，像婴儿。 虽深知什么是光彩， 却安于沉默的地位， 甘作平凡的工具。 甘作平凡的工具： 与永恒的“德”不会差池， 回复到最后的真理。 看透了荣誉， 却安于卑下，

续表

为天下谷。 为天下谷： 常德乃足， 复归于朴。 朴散则为器， 圣人用之 则为官长。 故 大制不割。	甘作天下的沟溪。 甘作天下的沟溪： 永恒的“德”得以充实， 回到“质朴”的境地。 “朴”被破坏，分散为具体的东西， “圣人”在“朴”被破坏了的形势 实行管理， 所以 用因势利导的管理方式。

本章讲的是，用柔弱、退守的原则来对待生活，与《老子》“无为”的观点保持一致。《绎读》比较宏观地阐释这一章，但认为这个原则只是用来对待生活的。修订版、《新译》与《全译》认为，《老子》是要用这个原则来指导政治活动，这样就不会吃亏，就能成功。《绎读》在解读本章时没有突出政治，而是强调了生活。或许在作《绎读》时，任继愈先生眼中的老子形象已更为超脱，是他晚年心境的反映，所以只说到用柔弱、退守来对待生活，把生活过好就可以了。

本章在句读上也值得一提，“为天下谿”“为天下式”“为天下谷”三句，在前三版中都以逗号结尾，而《绎读》则改为冒号。用逗号句读，在上下文义上，这几句就与下文呈并列关系。而用冒号句读，则冒号后的内容就是前面这句话的展开与诠释。比如，“甘作天下的沟溪”，那么就表现为“永恒的德永不相离，重新到单纯的状态，像婴儿”。这样，“为天下谿”等三句，在原文中的重复出现，就显得不太突兀了。

其实，“守其黑，为天下式。为天下式：常德不忒，复归于无极。知其荣”一段，或为后人羼入。易顺鼎、马叙伦、高亨、张松如、陈鼓应诸先生皆已详细论证。其中最重要一个依据是，战国秦汉间，有“白”“辱”相对，如“大白若辱”（四十一章）；或“宠”“辱”相对，如“宠辱若惊”（十三章），而“黑白”“荣辱”的对反概念是较晚近才出现的。且《庄子·天下篇》引《老子》曰：“知其雄，守其雌，为天下谿。知其白，守其辱，为天下谷”此可以印证。至于何时羼入，马叙伦先生认为，《淮南子·道应训》引为“知其荣，守其辱，为天下谷”，可知，羼入时间必早于汉朝初年。

任继愈先生未强调这句话的羼入问题，而是借用句读的调整，使这句话更好地融入原始文本中。版本问题固然重要，但有时，有些创造性的错误也很值得吸纳。任继愈先生常举“大器晚成”一例，帛书原作“大器免成”。然而“大器晚成”这个误解，却是妙笔，竟比原始文本增色许多内涵，更值得吸取。“守其黑”一句的窜入，一则形成时间早，造成影响大；一则羼入的内容并未乖离原意，反而使原意明晰，在帮助理解上是有价值的。

在古文今译上，“知其白，守其黑”一句，前三版译作“虽深知什么是光彩，却安于暗昧的地位”，而《绎读》把“黑”译作“沉默的地位”。之所以《绎读》更为准确，是因为“暗昧”意味着愚昧无知，但深知什么是光彩的人肯定不可能是愚昧无知的，他只是不把自己知道的一切表现出来而已。所以，译作“安于沉默的地位”更为确切。

“为天下式”一句，《今译》与《新译》译作“甘作天下的车轼”，《全译》译作“甘作天下的栻”，而《绎读》译作“甘作平凡的工具”。“式”是古代占卜用的器具“栻”，《今译》与《新译》的翻译其实错了，因此《全译》进行了更正，而《绎读》里更做了说明。《绎读》没有进行直译，“栻”是古代随处可见的占卜工具，是很平常的东西，因此“甘作平凡的工具”是把“为天下式”的隐喻说了出来。相比同类型的，“为天下谿”与“为天下谷”则用的是直译。

“圣人用之则为官长。故大制不割”一句，前三版译为“‘圣人’在朴被破坏的基础上，建立了管理和领导。所以最完美的管理不出于勉强”；《绎读》译为“‘圣人’在‘朴’被破坏了的形势实行管理，所以用因势利导的管理方式”。之前，把“大制”解释为完美的管理，“不割”解释为“不勉强”。其实前三版的翻译也接近了意译，但并没有把“不出于勉强”的管理方式说明清楚。而所谓“不出于勉强”，就是“因势利导”。

陈鼓应先生说：“有道的人沿用真朴，则为百官的首长。所以完善的政治是不割裂的。”（《老子注译及评介》二十八章）陈鼓应先生在这里强调的是“道”的整体性。高亨先生则解释为“大的治术是对人民的纯朴无所伤害”（《老子注译》二十八章），强调的是“道”的自然性。三位先生在本质上都是接近的，只是从不同的角度切入而已。

第二十九章

原文	译文
《今译》：	
将欲取天下而为之，吾见其不得已。	【谁】要想掌握天下勉强去做，我看透了他不能达到目的。
	“天下”这个怪东西，是不能勉强搞的。
天下神器，不可为也。	谁搞，谁就把天下搞坏。
为者败之，	谁把持，谁就把天下失去。
执者失之。	所以，一切事物【本来就】
故，物	有的前行，有的后随，
或行或随，	有的轻嘘，有的急吹，
或歔或吹，	有的强壮，有的瘦羸，
或强或羸，	有的小挫，有的全毁。
或挫或隳。	因此
是以	“圣人”【必须】去掉那些极端的、奢侈的、
圣人去甚，去奢，去泰。	过分的措施。
《新译》：	
将欲取天下而为之，吾见其不得已。	【谁】要想治理天下并有所作为，我断定他不能达到目的。
天下神器，不可为也。	“天下”这个怪东西，是不能勉强搞的。
为者败之，	谁搞，谁就把天下搞坏。
执者失之。	谁把持，谁就把天下丧失。
故，物	所以，一切事物【本来就】
或行或随，	有的前行，有的后随，
或歔或吹，	有的轻嘘，有的急吹，

续表

或强或羸， 或挫或隳。 是以 圣人去甚，去奢，去泰。	有的强壮，有的瘦弱， 有的小挫，有的全毁。 因此 “圣人”【必须】去掉那些极端的、奢侈的、过分的东西。
《全译》： 将欲取天下而为之，吾见其不得已。 天下神器，不可为也。 为者败之， 执者失之。 故，物 或行或随， 或歔或吹， 或强或羸， 或挫或隳。 是以 圣人去甚，去奢，去泰。	 【谁】要想治理天下并有所作为，我断定他不能达到目的。 “天下”这个怪东西，是不能【勉强】治理的。 谁治理，谁就把天下搞坏。 谁把持，谁就把天下丧失。 所以，一切事物【本来就】 有的前行，有的后随， 有的轻嘘，有的急吹， 有的强壮，有的瘦弱， 有的小挫，有的全毁。 因此 “圣人”【必须】去掉那些极端的、奢侈的、过分的东西。
《绎读》： 将欲取天下而为之， 吾见其不得已。 天下神器， 不可为也。 为者败之， 执者失之。 故， 物或行或随； 或歔或吹； 或强或羸；	 【谁】要想治理天下并有所作为， 我断定他不能达到目的。 “天下”这个怪东西， 不能勉强作为。 谁强作，谁就把事做坏。 谁把持，谁就把它丧失。 所以， （是以圣人无为，故无败；无执，故无失。） 一切事物【本来就】有的前行，有的后随； 有的轻嘘，有的急吹； 有的强壮，有的瘦弱；

续表

或挫或隳。 是以 圣人去甚， 去奢，去泰。	有的小挫，有的全毁。 因此 “圣人”【必须】去掉那些极端的、 奢侈的、过分的行为。

本章进一步阐发了“无为”的政治思想。《老子》认为，人在客观世界面前是无能为力的，因此只能顺其自然。所以，做任何事情都不能勉强，也不能过分。这个说法在《新译》及其修订版、《全译》《绎读》里都是一致的，只是《新译》又补充说，“实际是胆小怕事，甘当命运的奴隶，完全无所作为”。这个说法，在修订版以后就被删去了。对“无为”的理解，任继愈先生也有过更正，认为“无为”不是无所作为，而是按照天道自然来办事，不把自己的智谋强加于外物而已。

“将欲取天下而为之，吾见其不得已”一句，《今译》译为“【谁】要想掌握天下勉强去做，我看透了他不能达到目的”。《新译》《全译》《绎读》把“取天下”译为“治理天下”，把“为之”译为“有所作为”。之所以“治理天下”更为准确，是因为需要对应下文的“有所为之”。《老子》的话是讲给统治者听的，而且是已取得政权的统治者，不是普通人，更不是暴动者。所以将“取天下”理解为“治理天下”是合理的。且其基本主张，便是要统治者以无为的方式治理天下，因此虽然《今译》的意思没有错，但后三版的表述语言更专业。

同样，《今译》把原文中的“吾见”翻译为“我看透了”，而后三版改译为“我断定”，是更为强烈的语气，更能体现《老子》对“勉强的作为”，即“有为”，极不看好。

“天下神器”中的“神器”，任继愈先生自始至终都译作“怪东西”。陈鼓应、高亨先生则就字面意思译作“神圣的东西”。其实，“怪东西”的表述与任继愈先生对《老子》的一贯认识是一致的，他主张《老子》反对至高无上者，反对神秘主义者。“道”的“象帝之先”，就是一个去至上性、去神秘性的过程。所以治理天下并不是什么神秘的、神圣的事。但治理天下又是所有事物中最独特的一种，它需要参与者运用无为的方法，摆出柔弱的姿态，与它在实际生活中的至高地位形成鲜明对比。职是之故，先生称“神器”为“怪东西”，就不奇怪了。

“不可为也”句下，根据刘师培、易顺鼎、马叙伦诸先生意见，当补“不可执也”一句。《文子》引《老子》语时便有此句，出于上下文文意贯通，似乎也是缺了这句。且王弼注中亦有“万物以自然为性，故可因而不可为，可通而不可执也”。先生则坚持原则，未出现文义的根本分歧时，不轻易改动原文。

“为者败之，执者失之”一句下，陈鼓应先生补入“是以圣人无为，故无败；无执，故无失”一句。该句原在六十四章，诸先生均认为是错简所致，当移诸本章。“是以”一句，明显是“为者败之，执者失之”的展开，故陈鼓应先生的移动是正确的。而任继愈先生坚持非必要则不改的原则，保留原貌不变。但他并未忽视这一错简问题，而是将原文置于“故”的今译之下了。这又涉及了对“故”的理解。

根据陈鼓应先生的说法，“故”当作“夫”，因为下文“物或行或随”等并非上文的总结，用“故”字不妥。其他诸本有作“夫”，也有作“凡”的。陈鼓应先生直接将“故”字改为了

“夫”字，而高亨先生则删去了此字。

任继愈先生也觉得“故”字不妥，但他没有改字或删字。他在《绎读》中将“是以圣人无为，故无败；无执，故无失”一句置于“故”之下，作为对“为者败之，执者失之”的总结。又为了坚持不轻改原文的原则，故将此句置于的是今译部分的“故”字之下。

《绎读》在今译中，还特别纠正了之前的口语化的表述。比如“不可为也。为者败之”一句，《今译》和《新译》翻译为“不能勉强搞的。谁搞，谁就把天下搞坏”。《全译》把“不可为也”译作“不能【勉强】治理”，但仍然保留了把“败”解释为“搞坏”，《绎读》译作“不能勉强作为。谁强作，谁就把事做坏”，相较前后几种翻译，虽然在意思上没有发生改变，但书面语的表述总是比口语要好很多。

第三十章

原文	译文
《今译》：	
以道佐人主者，不以兵强天下，	用“道”辅助国君的人，不靠兵力在天下逞
其事好还：	强。用兵这件事，很快就得到报答：
师之所处，荊棘生焉，	军队驻扎过的地方，长满了荆棘，
大军之后，必有凶年。	大战之后，必有荒年。
善有果而已，	只要很好地达到成功就算了，
不敢以取强。	不敢用兵来逞强。
果而勿矜，	成功了不要自高自大，
果而勿伐，	成功了不要夸耀，
果而勿骄，	成功了不要骄傲，

续表

果而不得已， 果而勿强。 物壮则老。 是谓不道， 不道早已。	成功了要认为这是出于不得已， 成功了不要逞强。 只追求壮大，必然走向衰老， 这就不合乎“道”。 不合乎“道”，必然很快死亡。
《新译》： 以道佐人主者，不以兵强天下， 其事好还： 师之所处，荆棘生焉， 大军之后，必有凶年。 善有果而已， 不敢以取强。 果而勿矜， 果而勿伐， 果而勿骄， 果而不得已， 果而勿强。 物壮则老。 是谓不道， 不道早已。	 用“道”辅助国君的人，不靠兵力在天下逞强。 用兵这件事，很快就得到报应： 军队驻扎过的地方，长满了荆棘， 大战之后，必有荒年。 只要很好地达到成功就算了， 不敢用兵来逞强。 成功了不要自高自大， 成功了不要夸耀， 成功了不要骄傲， 成功了要认为这是出于不得已， 成功了不要逞强。 事物壮大了，必然走向衰老， 这就不合乎“道”。 不合乎“道”，必然很快死亡。
《全译》： 以道佐人主者，不以兵强天下， 其事好还： 师之所处，荊棘生焉， 大军之后，必有凶年。 善有果而已， 不敢以取强。 果而勿矜， 果而勿伐， 果而勿骄， 果而不得已，	 用“道”辅助国君的人，不靠兵力在天下逞强。 用兵这件事，很快就得到报应： 军队驻扎过的地方，长满了荆棘， 大战之后，必有荒年。 只要很好地达到成功就算了， 不敢用【兵】来逞强。 成功了不要自高自大， 成功了不要夸耀， 成功了不要骄傲， 成功要认为这是出于不得已，

续表

果而勿强。 物壮则老。 是谓不道， 不道早已。	成功了不要逞强。 事物壮大了，必然走向衰老， 这就不合乎“道”。 不合乎“道”，必然很快死亡。
《绎读》： 以道佐人主者， 不以兵强天下， 其事好还： 师之所处，荊棘生焉， 大军之后，必有凶年。 善有果而已， 不敢以取强。 果而勿矜， 果而勿伐， 果而勿骄， 果而不得已， 果而勿强。 物壮则老， 是谓不道。 不道早已。	 用“道”辅助国君的人， 不靠兵力在天下逞强。 用兵这件事，很快就得到报应： 军队驻扎过的地方，长满了荆棘， 大战之后，必有荒年。 只要达到目的就算了， 不敢用武力逞强。 达到了目的不要自大， 达到了目的不要自夸， 达到了目的不要骄傲， 要认识这不得已的办法， 达到了目的就不要逞强。 事物壮大了，就要衰老， 这（物壮）不是“道”的原则。 违反“道”的原则，必然提前死亡。

本章强调的是《老子》的反战思想。任继愈先生认为，通过兼并战争，最终达到统一的局面是历史发展的必然趋势。诸子百家都希望尽快结束列国纷争的无序状态，但儒、墨、道、法采取的手段却是不同的。《老子》主张的就是君主做到谦逊退守，回到小国寡民的状态，减少物欲，避免纷争。《绎读》《全译》《新译》及修订版对本章的理解基本一致。而《新译》对《老子》反战立场的定位是，主张它是站在没落阶级立场上对封建兼并战争的反对，属

于反动的立场，这个论断带有明显的时代痕迹。《全译》则认为，《老子》并非完全否定战争，而是主张要慎重，只有不得已时才能发动战争。《绎读》也认为，在春秋战国末年，战争是消除诸侯割据局面的唯一办法，因此这也是唯一的“不得已”，但同时也应该深刻认识到战争给人民带来了深重的灾难。

本章前三版的翻译大体是相同的，而《绎读》对之前的翻译革新较多，也体现了任继愈先生反复思考后悟出的道理。

“其事好还”中，“还”字在《今译》里作“报答”，后三版则作“报应”。《老子》是坚定的反战主义者，“报应”一词的强烈语气，才能突显用兵这件事的错误，才能引出下文“师之所处，荆棘生焉”。

“善有果而已”一句，前三版皆翻译为“只要很好地达到成功就算了”，且下文所有的“果”字，前三版皆翻译为“成功”。《尔雅·释诂》：“果，胜也。”所以将“果”释作“成功”并没有错。《绎读》则将所有的“果”更正为“目的”。这个更正非常重要，“成功”一词是带有褒义色彩的，然而用兵打仗，即使取得了胜利，《老子》也不会认为是好事，这就是“大军之后，必有凶年”，不论战争是否正义，必然导致不好的结果。所以，把“果”翻译为“目的”这样的中性词，效果更好，更贴近《老子》的主张。

“果而不得已”一句，前三版皆译为“成功（了）要认为这是出于不得已”，《绎读》译为“要认识这是不得已的办法”。按照前一种翻译，让人觉得似乎战争还是合理的，只是需要在主观上保持谦逊，认为是不得已就行了。而后一种翻译传递的意思是，不论主观还是客观，战争都是不得已的，这就更符合《老子》本意了。

“物壮则老，是谓不道”一句，前三版译为“事物壮大了，必然走向衰老，这就不合乎‘道’”，《绎读》译为“事物壮大了，就要衰老，这（物壮）不是‘道’的原则”。“物壮”这个词的补足非常重要，前一种翻译中，“这”似乎是指代了前一句话，而前一句话（“物壮则老”）其实是符合《老子》之道的，“物壮而不老”才不符合道的原则。所以，前一种翻译是存在问题的。而《绎读》将“物壮”补出，就呼应了上文对用兵逞强的反对。因此说，《绎读》的翻译更为准确。

第三十一章

原文	译文
《今译》：	
夫唯兵者不祥之器，	兵器啊，这不吉利的东西，
物或恶之，	谁也厌恶它，
故有道者不处。	所以有“道”的人不接近它。
君子居则贵左，	“君子”平时以左边为上，
用兵则贵右。	用兵打仗时就以右边为上。
兵者不祥之器，	兵器这不吉利的东西，
非君子之器，	它不是“君子”所用的东西，
不得已而用之，	不得已而用它，
恬淡为上。	最好淡然处之。
胜而不美。	纵然胜利了，不要洋洋得意。
而美之者，	如果洋洋得意，
是乐杀人。	这就是以杀人为快乐。

续表

夫乐杀人者，则不可以得志于天下矣。 吉事尚左， 凶事尚右。 偏将军居左， 上将军居右， 言以丧礼处之。 杀人之众， 以哀悲莅之。 战胜以丧礼处之。	以杀人为快乐的人，就不可以得志于天下了。 吉庆事以左边为上， 凶丧事以右边为上。 偏将军站在左边， 上将军站在右边， 就是说，打仗要依照凶丧的仪式处理。 战争杀伤众多， 以哀痛的心情参加， 战胜了也还是照凶丧的仪式处理。
《新译》： 夫唯兵者不祥之器， 物或恶之， 故有道者不处。 君子居则贵左， 用兵则贵右。 兵者不祥之器， 非君子之器， 不得已而用之， 恬淡为上， 胜而不美。 而美之者， 是乐杀人。 夫乐杀人者，则不可以得志于天下矣。 吉事尚左， 凶事尚右。 偏将军居左， 上将军居右， 言以丧礼处之。 杀人之众， 以哀悲莅之。 战胜以丧礼处之。	 兵器啊，这不吉利的东西， 谁也厌恶它， 所以有“道”的人不接近它。 “君子”平时以左边为上， 用兵打仗时就以右边为上。 兵器这不吉利的东西， 它不是“君子”所用的东西， 不得已而用它， 最好淡然处之。 纵然胜利了，不要自以为了不起。 如果自以为了不起， 这就是以杀人为快乐。 以杀人为快乐的人，就不可以得志于天下了。 吉庆事以左边为上， 凶丧事以右边为上。 偏将军站在左边， 上将军站在右边， 就是说，打仗要依照凶丧的仪式处理。 战争杀伤众多， 以哀痛的心情参加， 战胜了也还是照凶丧的仪式处理。

续表

《全译》： 夫唯兵者不祥之器， 物或恶之， 故有道者不处。 君子居则贵左， 用兵则贵右。 兵者不祥之器， 非君子之器， 不得已而用之， 恬淡为上。 胜而不美。 而美之者， 是乐杀人。 夫乐杀人者，则不可以得志于天下矣。 吉事尚左， 凶事尚右。 偏将军居左， 上将军居右， 言以丧礼处之。 杀人之众， 以哀悲莅之。 战胜以丧礼处之。	 兵器啊，这不吉利的东西， 谁也厌恶它， 所以有“道”的人不接近它。 “君子”平时以左边为上， 用兵打仗时就以右边为上。 兵器这不吉利的东西， 它不是“君子”所用的东西， 不得已而用它， 最好淡然处之。 纵然胜利了，不要自以为了不起。 如果自以为了不起， 这就是以杀人为快乐。 以杀人为快乐的人，就不可以得志于天下了。 吉庆事以左边为上， 凶丧事以右边为上。 偏将军站在左边， 上将军站在右边， 就是说，打仗要依照凶丧的仪式处理。 战争杀伤众多， 以哀痛的心情参加， 战胜了也还是照凶丧的仪式处理。
《绎读》： 夫唯兵者不祥之器， 物或恶之， 故有道者不处。 君子居则贵左， 用兵则贵右。 兵者不祥之器， 非君子之器， 不得已而用之，	 战争啊，不祥的东西， 谁也厌恶它， 所以有“道”的人不接近它。 “君子”平时以左边为上， 用兵打仗时就以右边为上。 战争这不祥的东西， 不是“君子”所用的东西， 不得已而用它，

续表

恬淡为上。 胜而不美。 而美之者， 是乐杀人。 夫乐杀人者， 则不可以得志于天下矣。 吉事尚左， 凶事尚右。 偏将军居左， 上将军居右， 言以丧礼处之。 杀人之众， 以哀悲莅之。 战胜以丧礼处之。	最好淡然处之。 胜利了，不要自以为了不起。 如果自以为了不起， 这就是以杀人为乐趣。 以杀人为乐趣的人， 不可以在天下得志。 吉庆事以左边为上， 凶丧事以右边为上。 偏将军站在左边， 上将军站在右边， 就是说，打仗要按照办丧礼的仪式对待。 杀伤那样多， 以哀痛的心情参加， 战胜了按照办丧礼的仪式办理。

本章也体现了《老子》的反战思想，与上一章是保持一致的。根据上下文推断，任继愈先生认为，“吉事尚左，凶事尚右。偏将军居左，上将军居右，言以丧礼处之”这一段是用来解释“君子居则贵左，用兵则贵右”一句的。先生以为原文有错乱之嫌疑，但这是汉魏以来就形成的样子。《新译》及其修订版、《全译》《绎读》三个版本对本章的解释基本一致。

在原文校正上，“夫唯兵者不祥之器”中的“唯”字，王弼本作“佳”，唐碑本作“唯”，先生取作为发语词的“唯”。王念孙亦判作“唯”。陈鼓应先生认为，帛书甲、乙本均作“夫兵者”，“佳”字乃衍文，主张删去。刘殿爵、严灵峰亦皆主张作“夫兵者”。高亨先生则只留“兵者”二字（《老子注译》三十一章）。但其实，作“唯”字也有些许问题，毕竟“夫唯”有承接文义的意思，开篇使用，便有些不妥。其实也可以理解，因为本章是承接上一章的，又确有逻辑上的承接关系。但“佳兵”连用，则必然是错的。在不得已必须要改动时，那么尽可能向说得通的地方靠拢是最好的办法了。

在古文今译上，“兵者不祥之器”一句中，“兵”在前三版中翻译为“兵器”，高亨先生亦然，陈鼓应先生译作“兵革”。就其字面意思而言没有错，但兵器作为器物，其实是价值中立的，使兵器成为不祥者的原因乃是“战争”。从上下文来看，本章仍是要强调《老子》的反战思想，强调战争的负面价值。所以，《绎读》将其译为“战争”，便能直击本质，更为贴切。

本章的前后几版在今译上虽有些修改，但总体上没有太大差异。

第三十二章

原文	译文
《今译》：	
道常无名。	“道”永远是无名的。
朴虽小，天下莫能臣也。	“朴”虽然小，天下没有谁能支配它。
侯王若能守之，万物将自宾。	侯王若能保有它，万物将会自动地服从。
天地相合，以降甘露，	天地【间阴阳之气】相合，就降下甘露，
民莫之令而自均。	人民没有令它均匀，可是自然均匀。
始制有名。	有了管理，即有名称。
名亦既有，夫亦将知止。	名称既已产生，但也要知道适可而止。
知止可以不殆。	知道适可而止，可以避免危险。
譬道之在天下，犹川谷之于江海。	“道”为天下所归，正如江海为一切小河流所归一样。

续表

《新译》： 道常无名。 朴虽小，天下莫能臣也。 侯王若能守之，万物将自宾。 天地相合，以降甘露， 民莫之令而自均。 始制有名。 名亦既有，夫亦将知止。 知止可以不殆。 譬道之在天下，犹川谷之于江海。	 “道”永远是无名的。 “朴”虽然小，天下没有谁能支配它。 侯王若能保有它，万物将会自动地服从。 天地【间阴阳之气】相合，就降下甘露， 人民没有令它均匀，可是自然均匀。 有了管理，即有名称。 名称既已产生，但也要知道适可而止。 知道适可而止，可以避免危险。 “道”为天下所归，正如江海为一切小河流所归一样。
《全译》： 道常无名。 朴虽小，天下莫能臣也。 侯王若能守之，万物将自宾。 天地相合，以降甘露， 民莫之令而自均。 始制有名。 名亦既有，夫亦将知止。 知止可以不殆。 譬道之在天下，犹川谷之于江海。	 “道”永远是无名的。 “朴”虽然小，天下没有谁能支配它。 侯王若能保有它，万物将会自动地服从。 天地【间阴阳之气】相合，就降下甘露， 人民没有令它均匀，可是自然均匀。 有了管理，即有名称。 名称既已产生，但也要知道适可而止。 知道适可而止，可以避免危险。 “道”为天下所归，正如江海为一切小河流所归一样。
《绎读》： 道常无名。 朴虽小， 天下莫能臣也。 侯王若能守之， 万物将自宾。 天地相合， 以降甘露， 民莫之令而自均。 始制有名。	 “道”永远是无名的。 “朴”虽然小， 天下没有谁能支配它。 侯王若能保有它， 万物将会自动地服从。 天地【间阴阳之气】相合， 就降下甘露， 人们没有令它均匀，而自然均匀。 有了管理，即有名分。

续表

名亦既有， 夫亦将知止。 知止可以不殆。 譬道之在天下， 犹川谷之于江海。	名分既制定， 就适可而止。 知道适可而止，可以避免危险。 “道”在天下的地位， 正像小河流归附江海那样。

本章体现《老子》的“无为”思想，教导君王要效法“道”的无名与谦下，行动不要过分以及适可而止。《新译》说，《老子》主张谦下，其实是为了骗取人们的信任。修订版、《全译》与《绎读》改变了这一说法，强调君主要做到谦下无为，就能得到人们的信任，人们也就自然而然地归附于他，这样的理解就比较实际。

本章首句一般有两种句读方式，任继愈先生的是一种，陈鼓应先生作“‘道’常无名、朴。虽小，天下莫能臣”（《老子注译及评介》三十二章）。他认为无名与朴在此处是并列的，都作为“道”的指称来理解；也可以直接理解为“无名朴”，如“无名之朴”（三十七章）。两种句读对原文之理解并无妨碍，故备一说。

在古文今译上，“朴虽小，天下莫能臣也”中，“小”是幽隐无形的意思，并非形体上的微小。然而任继愈先生没有译作“无形”，而是选择不译。这与“天下莫能臣也”的解释有关。因为下文强调“天下没有谁能支配它”，这便与它的“小”形成了鲜明对比。《老子》原文的意思就是要突出这一反差。如果将幽隐无形明白说出来，虽意思没错，但原文所希望呈现的效果却打了折扣。

“始制有名”与“名亦既有”的“名”，前三版皆译为“名称”，《绎读》译为“名分”。陈鼓应先生与高亨先生皆释作“名称”或“名字”。“名称”是物的指称，而“名分”有地位、位置的意思。从上文来看，王侯有道就能保有其地位，天地间阴阳气相合就能降下甘露，按照道的原则处世，一切就能和谐。也就是说，在道的原则下，每一物都能各行其是，处在自己的位置上，这就是“始制有名”。再从下文来看，“名亦既有，夫亦将知止”，这句讲的是行动上要适可而止，行动总是在名分的规定下方得限制，若释作“名称”，语意便不顺畅。所以将“名”译为“名分”，应更为准确。

“譬道之在天下，犹川谷之于江海”，前三版译为“‘道’为天下所归，正如江海为一切小河流所归一样”，《绎读》译为“‘道’在天下的地位，正像小河流归附江海那样”。从语法结构上来看，“道之在天下”与“川谷之于江海”是一样的，所以前三版的翻译是对的。然而从语义角度上看，“道为天下所归”或“天下归于道”的表述其实是难以理解的，因为“天下”是具体的东西，“道”是无形的东西，用现代汉语对“归”的用法来理解这句话会觉得有问题。因此“天下归于道”与“小河流归于江海”两句话不应该翻译为形式一样的现代文。《绎读》注意到了这个问题，按照上下文的意思，任继愈先生将“道之在天下”意译为“‘道’在天下的地位”就比较准确了。

第三十三章

原文	译文
《今译》：	
知人者智，	认识别人的就是智，
自知者明。	认识自己的才是明。
胜人者有力，	战胜别人的叫做有力，
自胜者强。	克服自己【的弱点】的才是强。
知足者富，	知足的就是富，
强行者有志，	坚持力行的就是有志，
不失其所者久。	不迷失根据的就是长久，
死而不亡者寿。	身死“道”存的就是长寿。
《新译》：	
知人者智，	认识别人的叫做智，
自知者明。	认识自己的才是明。
胜人者有力，	战胜别人的叫做有力，
自胜者强。	克服自己【的弱点】的才是强。
知足者富，	知足的就是富，
强行者有志，	坚持力行的就是有志，
不失其所者久。	不迷失根据的就是长久，
死而不亡者寿。	身死“道”存的就是长寿。
《全译》：	
知人者智，	了解别人的叫做智，
自知者明。	了解自己的才是明。
胜人者有力，	战胜别人的叫做有力，
自胜者强。	克服自己【弱点】的才是刚强。
知足者富，	知足的就是富有，
强行者有志，	坚持力行的就是有志，
不失其所者久。	不迷失根据的就是长久，
死而不亡者寿。	身死“道”存的就是长寿。

续表

《绎读》：	
知人者智，	了解别人的叫做智，
自知者明。	了解自己的才是明。
胜人者有力，	战胜别人的人叫做有力，
自胜者强。	克服自己【的弱点】的才是强。
知足者富，	知足的就富足，
强行者有志，	坚持力行的就是有志气，
不失其所者久。	不失立场的人经得起考验，
死而不亡者寿。	死后而不消失的人才是长寿。

本章中，《老子》强调了人要有自知之明，要能克服自己的弱点，是积极向上的。《新译》与《全译》也肯定这个主旨的正确性。但《新译》及其修订版对“知足”进行了否定，认为“知足”是精神胜利法，是消极保守的，以及把“死而不亡”的表述看作是唯心主义的思想。事实上，这样的评论，任继愈先生或许也不是非常确定，因为从他的现代文翻译来看，并没有表现出上面这个意思。比如他把“死而不亡者寿”译为“身死‘道’存的就是长寿”，这样的翻译并不是后世道教意义上的长生不死，而是遵循了王弼的思路，是较为哲学化的理解。与前三版今译后释义部分的某些评论对比来看，那些释义部分的评论或许不是先生的确切想法。

在古文今译上，“不失其所者久”一句，前三版译为“不迷失根据的就是长久”，《绎读》译为“不失立场的人经得起考验”。陈鼓应先生释作“不离失根基的就能长久”（《老子注译及评介》三十三章）。高亨先生作“不失掉其所执守的人，就能长久相安”（《老子注译》三十三章）。相比之下，《绎读》将“久”释作

“经得起考验”，比单纯的“长久”要明确许多。

这一章主要讲的是几种难能可贵的品质，按照上下文的行文格式，“久”应该也是一种品质，所以把“久”翻译出某种品质的意思来就会更好。《绎读》的“经得起考验”就比“长久”要贴切得多。同样，对“不失其所”的翻译上，《绎读》的“不失立场”也要比“不迷失根据”更为准确。

“死而不亡者寿”一句，前三版译为“身死‘道’存的就是长寿”，而《绎读》译为“死后而不消失的人才是长寿”。前者是意译，后者是直译，两者都没有错。前者是根据王弼的注释而来，而后者的翻译是借鉴了马王堆本而改的。该句在马王堆乙本作“死而不忘者寿也”，“不忘”也就是“不消失”，有被人铭记的意思。陈鼓应先生便释作“身死而不被遗忘的是真正的长寿”，高亨先生持同样的看法。所以，《绎读》直译为“死后而不消失”的翻译，避免了前三版中刻意拉高“死而不亡”本意的不足。

总的来说，在《全译》中，任继愈先生的释义就较为温和，除了原先肯定的部分外，他认为《老子》讲知足与死而不亡的长寿，只是“合理因素中有其局限性”。《绎读》却给出了新的视角，认为《老子》的“死而不亡”，就是三不朽，比如燧人氏教人食用熟食，有巢氏教人筑房，伏羲氏教人畜牧，神农氏教人稼穑，他们造福人类却没有姓名，而人们长期将他们铭记，这就是长寿，因此《绎读》的理解更为正面，也接近原意。

第三十四章

原文	译文
《今译》： 大道泛兮，其可左右。 万物恃之而生而不辞， 功成不名有。 衣养万物而不为主， 常无欲，可名于小； 万物归焉而不为主，可名为大。 以其终不自为大，故能成其大。	 大道像泛滥的河水一样啊，它周流在左右。 万物依靠它生存，而它对万物从不干涉， 大功告成，却说不出它功在哪里。 【它】护养了万物而不自以为主宰， 经常没有自己的欲望可以算是渺小； 万物向它归附，而它不自以为主宰，可以算是伟大。 由于它不自以为伟大，所以才成为伟大。
《新译》： 大道泛兮，其可左右。 万物恃之而生而不辞， 功成不名有。 衣养万物而不为主， 常无欲，可名于小； 万物归焉而不为主，可名为大。 以其终不自为大，故能成其大。	 大道象*泛滥的河水一样啊，它周流在左右。 万物依靠它生存，而它对万物从不干涉， 大功告成，却说不出它功在哪里。 【它】护养了万物而不自以为主宰， 经常没有自己的欲望可以算是渺小； 万物向它归附，而它不自以为主宰，可以算是伟大。 由于它不自以为伟大，所以才成为伟大。 *《新译》（修订版）：“象”作“像”。

续表

《全译》：	
大道泛兮，其可左右。	大道像泛滥的河水一样啊，它周流在左右。
万物恃之而生而不辞，	万物依靠它生存，而它对万物从不干涉，
功成不名有。	大功告成，却说不出它功在哪里。
衣养万物而不为主，	【它】护养了万物而不自以为主宰，
常无欲，可名于小；	经常没有自己的欲望可以算是渺小；
万物归焉而不为主，可名为大。	万物向它归附，而它不自以为主宰，可以算是伟大。
以其终不自为大，故能成其大。	由于它不自以为伟大，所以才成为伟大。
《绎读》：	
大道泛兮，	大道像泛滥的河水一样啊，
其可左右。	它周流在左右。
万物恃之而生而不辞，	万物依靠它生存，而它对万物从不干涉，
功成不名有。	取得成功，却说不出是谁的功劳。
衣养万物而不为主，	【它】护养了万物而不自以为主宰，
常无欲可名于小；	从来不求报偿，可以算是渺小；
万物归焉而不为主，	万物向它归附，而它不自以为主宰，
可名为大。	可以算是伟大。
以其终不自为大，	由于它不以伟大自居，
故能成其大。	所以才成其为伟大。

本章是对“道”的歌颂，因为“道”无处不在，又生成万物，既服务于万物，又使得万物归附于它。它之所以伟大，乃是因为它只知奉献，不求回报。《新译》及其修订版、《全译》《绎读》对本章的理解是一致的。

“万物恃之而生而不辞”一句，任继愈先生的四个译本都是一样的，但其实这句话的今译并不容易。“辞”有“说辞”“推辞”的意思，陈鼓应先生译作“万物依赖它生长而不推辞”（《老子注译及评介》三十四章）。如果译作“不推辞”，与下文“不名有”“不为主”在逻辑上就显得不太顺。所以将这里的“辞”解释为“推辞”，是值得商榷的。任继愈先生把此句译作“万物依靠它生存，而它对万物从不干涉”，将“辞”译作了“干涉”。要说明这个问题，高亨先生的解释值得一提，他引《说文》曰：“辞，籀文作”，“辞”当读作“司”（《老子注译》三十四章），由此便有“管理”的意思了。由此，万物生长需要它，而它又不干涉万物生长的意思才能理顺，其今译在上下文间的逻辑才便理顺了。

“功成不名有”一句，前三版皆译为“大功告成，却说不出它功在哪里”，《绎读》译为“取得成功，却说不出是谁的功劳”。两种翻译不同处在于，前者只是不知大道化育万物的功劳在哪里，而大道是有功劳的这点不用质疑。而后者的意思是，虽然万物都得到了化育，但是并不知道施予者是谁，这就更接近《老子》“生而不有，为而弗恃”的不屑于功名的“道”的意涵了。

第三十五章

原文	译文
《今译》： 执大象，天下往； 往而不害，安平泰。 乐与饵，过客止。 道之出口， 淡乎其无味， 视之不足见， 听之不足闻， 用之不足既。	 谁要掌握了“道”，天下人都将向他投靠。 投靠而互不妨害，就人人平居安泰。 音乐与美食，能使行路人为之停止。 【但是】“道”，说出来， 它淡得没有味道， 看它，又看不见， 听它，又听不到， 用它，又用不完。
《新译》： 执大象，天下往； 往而不害，安平泰。 乐与饵，过客止。 道之出口， 淡乎其无味， 视之不足见， 听之不足闻， 用之不足既。	 谁要掌握了“道”，天下人都将向他投靠。 【即使天下人向它】投靠也不会互相妨害， 人们平居安泰。 音乐与美食，能使行路人为之停止。 【但是】“道”，说出来， 它淡得没有味道， 看它，又看不见， 听它，又听不到， 用它，又用不完。
《全译》： 执大象，天下往； 往而不害，安平泰。	 谁要掌握了“道”，天下人都将向他投靠。 【即使天下人向它】投靠也不会互相妨害， 人们平居安泰。

续表

乐与饵，过客止。 道之出口， 淡乎其无味， 视之不足见， 听之不足闻， 用之不足既。	音乐与美食，能使行路人为之停止。 【但是】“道”，说出来， 它淡得没有味道， 看它，又看不见， 听它，又听不到， 用它，又用不完。
《绎读》： 执大象， 天下往； 往而不害， 安平泰。 乐与饵， 过客止。 道之出口， 淡乎其无味， 视之不足见， 听之不足闻， 用之不足既。	 谁要掌握了大象（“道”）， 全国人投靠他。 【即使全国人向它】投靠而不互相妨害， 大家过得平安康泰。 音乐与美食， 使路人止步。 【但是】“道”，说出来， 它淡得没有味道， 看它，看不见， 听它，听不到， 用它，用不完。

本章是对“道”的描述以及强调了“道”的性质。“道”是无法用感官认识的，也就是“大象无形”，也是第十四章的“夷”“希”“微”。在性质上，“道”是万物不可或缺的，是使天下太平、万物成就的终极原因。《新译》及其修订版、《全译》《绎读》对本章的理解是一致的。

在古文今译上，“执大象”一句，前三版皆译为“谁要掌握了‘道’”，而《绎读》译为“谁要掌握了大象（“道”）”。“大象”在上下文中自然指的是规模巨大的“道”，然而《老子》不言“道”而言“大象”，是刻意要呈现“道”的巨大规模，所以用了描述性的词语。既然《老子》是有意为之的，那么把形象上的“大象”再还原为抽象概念的“道”，就有可能会远离《老子》初衷。所以《绎读》在重译此句时，特别保留了“大象”不做变更，而是用括号补充形式把“道”指示出来。这么做，既保留了原文的内涵，又达到了翻译所需要的明确性，可谓一举两得。

“安平泰”一句中，蒋锡昌认为，如果解作“安宁、平和、通泰”是“以今人所习用之新名词，强合《老子》”（《老子校诂》三十五章）。陈鼓应先生引王引之《经传释词》曰：“安，犹于是也，乃也，则也。”所以他在今译中突出这一点，作“于是大家都平和安泰”（《老子注译及评介》三十五章）。高亨先生也认可这一点。任继愈先生在今译中没有突出“安”作为介词的意思。这对于理解文本并无妨碍，但我们有必要把这个问题呈现出来。

第三十六章

原文	译文
《今译》： 将欲歙之，必固张之； 将欲弱之，必固强之； 将欲废之，必固兴之； 将欲夺之，必固与之。 是谓微明， 柔弱胜刚强。 鱼不可脱于渊， 国之利器不可以示人。	 将要收敛它，必须暂且扩张它； 将要削弱它，必须暂且增强它； 将要废毁它，必须暂且兴起它。 将要夺取它，必须暂且拿给它。 这就叫做深沉的预见， 【也就是】柔弱必战胜刚强【的道理】。 【正如】鱼不能离开深渊， 国家的有效的武器也不能随便拿出来给人看。
《新译》： 将欲歙之，必固张之； 将欲弱之，必固强之； 将欲废之，必固兴之； 将欲夺之，必固与之。 是谓微明， 柔弱胜刚强。 鱼不可脱于渊， 国之利器不可以示人。	 将要收敛它，必须暂且扩张它； 将要削弱它，必须暂且增强它； 将要废毁它，必须暂且兴起它。 将要夺取它，必须暂且拿给它。 这就叫做深沉的预见， 【也就是】柔弱必定战胜刚强【的道理】。 【正如】鱼不能离开深渊， 国家的有效的武器也不能随便拿出来给人看。

续表

《全译》： 将欲歙之，必固张之； 将欲弱之，必固强之； 将欲废之，必固兴之； 将欲夺之，必固与之。 是谓微明， 柔弱胜刚强。 鱼不可脱于渊， 国之利器不可以示人。	 将要收敛它，必须暂且扩张它； 将要削弱它，必须暂且增强它； 将要废毁它，必须暂且兴起它。 将要夺取它，必须暂且拿给它。 这就叫做深沉的预见， 【也就是】柔弱必定战胜刚强【的道理】。 【正如】鱼不能离开深渊， 国家的有效的武器也不能随便拿出来给人看。
《绎读》： 将欲歙之， 必固张之； 将欲弱之， 必固强之； 将欲废之， 必固兴之； 将欲取[①]之， 必固与之。 是谓微明， 柔弱胜刚强。 鱼不可脱于渊， 国之利器不可以示人。	 将要收敛它， 暂且扩张它； 将要削弱它， 暂且增强它； 将要废毁它， 暂且兴起它。 将要夺取它， 暂且送给它。 这就叫做深沉的预见， 柔弱胜刚强。 【正如】鱼隐藏在深渊之中， 国家的有效的武器也不轻易展示出来。

本章是《老子》辩证法思想的展开，认为强弱、兴废等对立

① “取”字，王弼及马王堆本皆作“夺”，《今译》《新译》《全译》亦作“夺”，而《绎读》作“取”，任继愈先生未做说明。

概念是始终处在转化过程中的。因为发现这种转化的存在，于是会想到对这种转化进行应用，如果用在政治上，就可能变为一种权术思想。王安石劝神宗皇帝与西夏国讲和时，所依据的就是“欲将夺之，必固与之”一句。《新译》及其修订版、《全译》《绎读》对本章的理解是一致的。

在古文今译上，“柔弱胜刚强”一句，在前三版中皆译作“【也就是】柔弱必定战胜刚强【的道理】”，而《绎读》则不再翻译，直接作“柔弱胜刚强”。其实，原文中的柔弱胜刚强，已然意思很明白了，再进行翻译，反而觉得冗余。《绎读》索性直接把原文作为翻译，不再进行加工，是很恰当的做法，这也是《绎读》所贯彻的简洁明了的宗旨。同样，“国之利器不可以示人”，在前三版中译为“国家的有效的武器也不能随便拿出来给人看”，而《绎读》作“国家的有效的武器也不轻易展示出来”，这也是本着言简意赅的原则修改的。

“鱼不可脱于渊”一句，前三版中多译作“【正如】鱼不能离开深渊”。其实，“鱼不可脱于渊”是为下文“国之利器不可以示人”所做的比喻。应该是，国家的有效的武器要深藏起来，就好像鱼躲藏在深渊中不让人发现一样。所以，《绎读》没有照字面直译，而是意译为“【正如】鱼隐藏在深渊之中”，就使得上下文意有贯通之感了。

第三十七章

原文	译文
《今译》： 道常无为而无不为。 侯王若能守之， 万物将自化。 化而欲作， 吾将镇之以无名之朴。 无名之朴夫亦将不欲。 不欲以静，天下将自定。	 “道”经常是无为的而没有一件事物不是它所为。 侯王若能保有它， 万物将自己在变化。 【万物自己在】变化了而有欲望发生时， 吾将用“无名之朴”来镇静它。 无名之朴也不过是根绝私欲。 根绝私欲而又安静，天下将会自然稳定。
《新译》： 道常无为而无不为。 侯王若能守之， 万物将自化。 化而欲作， 吾将镇之以无名之朴。 无名之朴夫亦将不欲。 不欲以静，天下将自定。	“道”经常是无为的而没有一件事物不是它所为。 侯王若能保有它， 万物将自动向他归化。 【万物自动】归化了，如有欲望发生时， 吾将用“无名之朴”来镇服它。 “无名之朴”也不过是根绝欲望。 根绝欲望，可以得到安静，天下将会自然稳定。
《全译》： 道常无为而无不为。 侯王若能守之， 万物将自化。 化而欲作， 吾将镇之以无名之朴。 无名之朴夫亦将不欲。 不欲以静，天下将自定。	 “道”永远是无为的，而没有一件事物不是它所为。 侯王若能保有它， 万物将自动向他归化。 【万物自动】归化了，如有欲望发生时， 吾将用“无名之朴”来镇服它。 “无名之朴”也不过是根绝欲望。 根绝欲望，可以得到安静，天下将会自然稳定。

续表

《绎读》：	
道常无为	“道”经常是无为的
而无不为。	而没有一件事物不是它所为。
侯王若能守之，	侯王若能保有它，
万物将自化。	万物将自动向他归附。
化而欲作，	【万物自动】归附了，还要有所作为，
吾将镇之以无名之朴。	吾将用“无名之朴”来制止它。
无名之朴，	“无名之朴”，
夫亦将不欲。	也不过是制止欲望。
不欲以静，	制止欲望，走向安静，
天下将自定。	天下将会自然稳定。

本章强调了《老子》“无为而治”的治国原则，《老子》反对有为，且不仅仅是统治者要无为，全社会所有人都应该行无为之事，那么天下自然太平。任继愈先生认为，“无为”不是无所作为，而是按照“道”的样式来行动，不掺杂个人的意志，也就是摈弃私欲的意思。所以，无为对应的是公，而有为对应的是私。《新译》不认为《老子》追求的是单纯的社会稳定，认为《老子》追求的是维持奴隶社会老样子的那种稳定，这个自然是有偏见的。修订版、《全译》《绎读》纠正了《新译》的说法，大体意思是一致，强调了本章的“无为而无不为”是《老子》的治国原则。

在原文校正上，“夫亦将不欲”一句中的“不”字，王弼及河上公本都作“无”，而唐碑本、宋范应元本都作“不欲”。又因为下文作“不欲以静”，为了避免可能产生的歧义，任继愈先生认为，“无”字当改为“不”字。

“天下将自定”中的“定”字，除了王弼本外，傅奕本等诸唐本及帛书甲乙本皆作“正”，《老子》五十七章也有“我好静，而民自正”的表述。照如此，恐是王弼本有误，但先生并未修改。道理很简单，前句的改是因为不得不改，一则因为的确错了，二则因为可能引起歧义；此句的不改是因为既已流传广泛，却也无关宏旨。对此章原文的一处改一处不改，正反映先生对古籍整理之原则的明确与坚守。

在古文今译上，“道常无为”中，任继愈先生没有对“无为”进行意译。陈鼓应先生强调“无为”是“无妄为”的意思，即没有多余的出于私意的动作。他在今译中作“‘道’永远是顺任自然的”（《老子注译及评介》三十七章），“自然”便是无私的。这么今译，虽没有问题，但似乎有小瑕疵，意即“道”本身就是自然，其实无所谓再顺任自然了。高亨先生作“道永远是不做作的”（《老子注译》三十七章），把“无为”解作“不做作”。虽也没错，但似乎也有小瑕疵。“道”本身就是无意志的，无私心的，“不做作”虽能突出这个意思，但用在今译上，却给人有“刻意”的感觉。其实，“无为”二字已经很直白了，不但意涵深刻，而且我们也都能会其意。所以，在今译中将原词保留，其实更合适。

“万物将自化”一句，《今译》作“万物将自己在变化”，《新译》与《全译》作“万物将自动向他归化”，《绎读》译作“万物将自动向他归附”。后三版的意思差别不大，而《今译》本的翻译有些问题。从上下文来看，意思应该是，王侯若能守住无为之道，那么就会使被统治者自觉地投奔他，使治国得以成功。所以，后三版的翻译是准确的。

陈鼓应先生译作“侯王如果能持守它，万物就会自生自长”（《老子注译及评介》第三十七章），高亨先生的意思亦然。陈、高两先生与任先生的理解是有差异的。这里的问题在于，侯王无为这个比喻究竟要怎么理解。侯王的性质是统治者，统治者要达到的目的是众人归附他；“道”的性质是宇宙本体，宇宙本体要实现的目的是万物自生自长。侯王与“道”的目的是不一样的。《老子》“侯王无为”的比喻，强调的是只有“无为”才能实现目标。意即侯王与“道”都能用无为的方法实现了各自的目的。所以，如果译作“侯王如果能持守它，万物就会自生自长”，看似符合原文，但意思变成了侯王用无为的方法去实现了“道”的目的，其实错位了。在这一句解释中，任继愈先生是准确的。

“化而欲作”一句，《今译》作“【万物自己在】变化了而有欲望发生时”，《新译》与《全译》作“【万物自动】归化了，如有欲望发生时”，而《绎读》译作“【万物自动】归附了，还要有所作为”。根据前文，“化”字不是“自己变化”的意思，而是“归化”或者“归附”的意思。所以这句翻译的问题是，“欲作”是什么意思。前三版翻译为“欲望发生”，陈鼓应、高亨二先生也解释为“贪欲”或“欲望”，而《绎读》译为“要有所作为”，“欲”字既可以解为名词的“欲望”，也可以解作动词“要”，语法上都成立。但根据上下文，这章的主旨强调的是“无为”，既然强调不要有所作为，所以下一句将要用“无名之朴”镇服的就应该是“有所作为”。所以相比之下，《绎读》的翻译颇能贯通上下文。

“夫亦将不欲”“不欲以静”中的“不欲”，《今译》本译为

“根绝私欲”，《新译》与《全译》译为“根绝欲望”，《绎读》译为“制止欲望”。人是不可能没有欲望的，更不可能根绝，因此用“无名之朴”也就是“道”来制止欲望，才是合理的。所以《绎读》的翻译具有现实性。

“不欲以静”一句，《今译》译作“根绝私欲而又安静”，《新译》与《全译》译作“根绝欲望，可以得到安静”，《绎读》译作“制止欲望，走向安静”。这里还有一问是，“以”字应该以并列结构翻译，还是应该以递进结构翻译。其实，上文以“不欲”结尾，那么下文的“不欲”与“静”就不应该是并列的，而应该是“制止欲望”，进而“走向安静”这样的递进结构来理解。所以，后三版的翻译较《今译》要准确。

第三十八章

原文	译文
《今译》：	
上德不德，是以有德。	“上德”不在于表现为形式上的“德”，因此就是有“德”。
下德不失德，是以无德。	“下德”死守着形式上的“德”，因此就是没有“德”。
上德无为而无以为。	“上德”无所表现，并不故意表现它的“德”。
下德为之而有以为。	“下德”有所表现，并故意表现它的“德”。
上仁为之而无以为。	“上仁”有所表现，但非故意表现它的“仁”。
上义为之而有以为。	“上义”有所表现，并故意表现它的“义”。
上礼为之而莫之应，则攘臂而扔之。	“上礼”有所表现，而得不到回答时，就伸拳捋臂，敌对报复。

续表

故	所以
失道而后德，	丧失了“道”而后才有“德”，
失德而后仁，	丧失了“德”而后才有“仁”，
失仁而后义，	丧失了“仁”而后才有“义”，
失义而后礼。	丧失了“义”而后才有“礼”。
夫礼者，忠信之薄而乱之首。	“礼”这个东西，它是忠信的不足，是大乱的祸首。
前识者，道之华而愚之始。	所谓先见之明，它是“道”的虚华，是愚昧的开始。
是以，大丈夫处其厚，不居其薄，处其实，不居其华。	因此，大丈夫立身朴厚而不居于浇薄，存心笃实而不居于虚华。
故去彼取此。	所以要舍弃后者，采取前者。
《新译》：	
上德不德，是以有德。	“上德”不在于表现为形式上的“德”，因此就是有“德”。
下德不失德，是以无德。	“下德”死守着形式上的“德”，因此就是没有“德”。
上德无为而无以为。	“上德”无所表现，并不故意表现它的“德”。
下德为之而有以为。	“下德”有所表现，并故意表现它的“德”。
上仁为之而无以为。	“上仁”有所表现，但非故意表现它的“仁”。
上义为之而有以为。	“上义”有所表现，并故意表现它的“义”。
上礼为之而莫之应，则攘臂而扔之。	“上礼”有所表现，而得不到回答时，就伸拳捋臂，敌对报复。
故	所以
失道而后德，	丧失了“道”而后才有“德”，
失德而后仁，	丧失了“德”而后才有“仁”，
失仁而后义，	丧失了“仁”而后才有“义”，
失义而后礼。	丧失了“义”而后才有“礼”。
夫礼者，忠信之薄而乱之首。	“礼”这个东西，它是忠信的不足，是大乱的祸首。
前识者，道之华而愚之始。	所谓先见之明，它是“道”的虚华，是愚昧的开始。

续表

是以，大丈夫处其厚，不居其薄，处其实，不居其华。 故去彼取此。	因此，大丈夫立身淳厚而不居于浇薄，存心朴实而不居于虚华。 所以要舍弃后者，采取前者。
《全译》： 上德不德，是以有德。 下德不失德，是以无德。 上德无为而无以为。 下德为之而有以为。 上仁为之而无以为。 上义为之而有以为。 上礼为之而莫之应，则攘臂而扔之。 故 失道而后德， 失德而后仁， 失仁而后义， 失义而后礼。 夫礼者，忠信之薄而乱之首。 前识者，道之华而愚之始。 是以大丈夫处其厚，不居其薄，处其实，不居其华。 故去彼取此。	 “上德”不在于表现为形式上的“德”，因此就是有“德”。 “下德”死守着形式上的“德”，因此就是没有“德”。 “上德”无所表现，并不故意表现它的“德”。 “下德”有所表现，并故意表现它的“德”。 “上仁”有所表现，但非故意表现它的“仁”。 “上义”有所表现，并故意表现它的“义”。 “上礼”有所表现，而得不到回答时，就伸拳捋臂，敌对报复。 所以 丧失了“道”而后才有“德”， 丧失了“德”而后才有“仁”， 丧失了“仁”而后才有“义”， 丧失了“义”而后才有“礼”。 “礼”这个东西，它是忠信的欠缺，是大乱的祸首。 所谓先见之明，是“道”的虚华，是愚昧的开始。 因此，大丈夫立身淳厚而不居于浇薄，存心朴实而不居于虚华。 所以要舍弃后者，采取前者。
《绎读》： 上德不德， 是以有德； 下德不失德， 是以无德。	 “上德”不把“德”表现在口头上， 因此就是有“德”。 “下德”死守着“德”的名词， 因此就是没有“德”。

续表

上德无为而无以为。 下德为之而有以为。 上仁为之而无以为。 上义为之而有以为。 上礼为之而莫之应， 则攘臂而扔之。 故 失道而后德， 失德而后仁， 失仁而后义， 失义而后礼。 夫礼者，忠信之薄而乱之首。 前识者， 道之华而愚之始。 是以，大丈夫处其厚， 不居其薄， 处其实，不居其华。 故去彼取此。	“上德”无为，而无所表现。 “下德”有为，而故意表现。 “上仁”有所表现，但非故意表现它的“仁”。 “上义”有所表现，并故意表现它的“义”。 “上礼”有所表现，而得不到回应时， 就伸拳捋臂，敌对报复。 所以 丧失“道”而后才有“德”， 丧失“德”而后才有“仁”， 丧失“仁”而后才有“义”， 丧失“义”而后才有“礼”。 “礼”这个东西， 是忠信的不足，是大乱的开始。 所谓先见之明， 它是“道”的假象，是愚昧的开始。 因此，大丈夫立足于淳厚， 远离虚假。 立足朴实远离浮华。 所以要舍弃后者【虚假、浮华】，采取前者【淳厚、朴实】。

本章是对上一章的进一步阐释，认为凡是符合“无为”的行为就是符合了“道”，因为有了“道”，所以就有了“德”。反而，那些刻意自我表现的，就是“有为”，目的是追求名利，所以便失去了“德”。《新译》认为，《老子》批评当时社会“有为”的言论，是敌视那些“破坏奴隶制的进步的变革”，是怀念旧事物，嘲讽新事物的表现，是“倒退的历史观”。修订版也认为《老子》是敌视变革，嘲讽新政，但去掉了“倒退的历史观”

的看法。《全译》虽也不认为《老子》的历史观是倒退的，但也认为《老子》对当时社会的变革是持反对态度的，是怀念旧事物而嘲讽新事物的，与修订版的看法一致。《绎读》改变了之前的看法，认为《老子》在仁、义、礼之前找到了“德”，在“德”之前找到了“道”，是追根溯源，找到了根本的、淳厚朴实的东西，有力抨击了当时的虚假浮华（成为固定规范的“德”）。所以，《老子》在这里恰是积极的。

陈鼓应先生也说：“在老子那时代，‘礼’已演为繁文缛节，拘锁人心。同时为争权者所盗用，成为剽窃名位的工具。所以老子抨击‘礼’是‘忠信之薄而乱之首’。”（《老子注译及评介》三十八章）“道”就是在抨击浮华虚伪时，自然流露的朴实的境界。所以关于“道”的积极意义，其实已经愈来愈明确了。

在古文今译上，“上德不德”一句，前三版译作“‘上德’不在于表现为形式上的‘德’”，《绎读》译作“‘上德’不把‘德’表现在口头上”。同样地，“下德不失德”一句，前三版译作“‘下德’死守着形式上的‘德’”，《绎读》译作“‘下德’死守着‘德’的名词”。这两句原文对应的翻译的不同在于，“形式上的‘德’”改为了“口头上的‘德’”与“名词上的‘德’”。之所以这么改是有道理的，因为“形式上的德”的说法，并不能准确说明是如何对应的“上德”。其实，这就要从《老子》的整体思想来说，《老子》一向反对的就是儒家的仁义道德，而儒家的仁义道德首先是通过规范形式表现出来的，然后再落实到礼仪制度上。《老子》不但反对有形的礼仪制度，更反对仁义道德的提出。所以在《老子》看来，所谓的“德”，首先是“德”的概念，也就是言说中的“德”。因此《老子》所指的与“上德”对应而“下德”死守的那个“德”，就是口头上或名词上的德，如果仅仅说反对“形式上的德”，那么其精确度是不够的。

本章翻译上的一个特点就是不断地删繁就简，前三版在翻译时为了把意思表达得更清晰，所以白话文有些地方很长，因此反而略显冗余，而《绎读》则尽量言简意赅，能看懂的意思就不再解释太多。比如“上德无为而无以为。下德为之而有以为”一句，前三版译为“‘上德’无所表现，并不故意表现它的‘德’。‘下德’有所表现，并故意表现它的‘德’”。《绎读》译作“‘上德’无为，而无所表现。‘下德’有为，而故意表现”。又如“大丈夫处其厚，不居其薄，处其实，不居其华”一句，前三版译为“大丈夫立身淳厚而不居于浇薄，存心朴实而不居于虚华”。而《绎读》译作“大丈夫立足于淳厚，远离虚假”。这几句话原本意思并不复杂，通过前后对比可知，简洁的翻译更能让人感到《老子》本意的深刻性与洞察力。

第三十九章

原文	译文
《今译》：	
昔之得一者——	从来凡是得到唯一的原则的——
天得一以清，	天得到这个原则，因而清明，
地得一以宁，	地得到这个原则，因而稳定，
神得一以灵，	神得到这个原则，因而神灵，
谷得一以盈，	河流得到这个原则，因而充盈，
万物得一以生，	万物得到这个原则，因而滋生，
侯王得一以为天下贞。	侯王得到这个原则，因而为天下的首领。
——其致之。	——他们都从这个原则而得到他们所要得到的。
天无以清，将恐裂；	天不能保持清明，怕要破裂；
地无以宁，将恐发；	地不能保持稳定，怕要震动；
神无以灵，将恐歇；	神不能保持神灵，怕要歇绝；
谷无以盈，将恐竭；	河流不能保持充盈，怕要枯竭；
万物无以生，将恐灭；	万物不能成长滋生，怕要消灭；
侯王无以贵高，将恐蹶。	侯王不能保持地位的贵高，怕要亡国。
故	所以
贵以贱为本，	贵以贱为根本，
高以下为基。	高以下为基础。
是以侯王自谓孤、寡、不毂。	因此，侯王自称为“孤”、“寡”、“不毂”。
此非以贱为本邪？	这不是贵以贱为根本吗？
非乎？	不是吗？
故	所以
致数舆无舆。	追求过多的荣誉就没有荣誉。
不欲琭琭如玉，珞珞如石。	不想做什么高贵的美玉，或下贱的坚石。

续表

《新译》： 昔之得一者—— 天得一以清， 地得一以宁， 神得一以灵， 谷得一以盈， 万物得一以生， 侯王得一以为天下贞。 ——其致之。 天无以清，将恐裂； 地无以宁，将恐发； 神无以灵，将恐歇； 谷无以盈，将恐竭； 万物无以生，将恐灭； 侯王无以贵高，将恐蹶。 故 贵以贱为本， 高以下为基。 是以侯王自谓孤、寡、不穀。 此非以贱为本邪？ 非乎？ 故 致数舆无舆。 不欲琭琭如玉，珞珞如石。	 从来凡是得到唯一的原则的—— 天得到这个原则，因而清明， 地得到这个原则，因而稳定， 神得到这个原则，因而神灵， 河谷得到这个原则，因而充盈， 万物得到这个原则，因而滋生， 侯王得到这个原则，因而为天下的首领。 ——他们都从这个原则而得到他们所要得到的。 天不能保持清明，怕要破裂； 地不能保持稳定，怕要震动； 神不能保持神灵，怕要绝灭； 河谷不能保持充盈，怕要枯竭； 万物不能成长滋生，怕要消灭； 侯王不能保持地位的贵高，怕要亡国。 所以 贵以贱为根本， 高以下为基础。 因此，侯王自称为“孤”、“寡”、“不穀”。 这不是贵以贱为根本吗？ 不是吗？ 所以 追求过多的荣誉就没有荣誉。 不想做什么高贵的美玉，或下贱的坚石。
《全译》： 昔之得一者—— 天得一以清， 地得一以宁， 神得一以灵， 谷得一以盈， 万物得一以生，	 从来凡是得到唯一的原则的—— 天得到这个原则，因而清明； 地得到这个原则，因而稳定； 神得到这个原则，因而神灵； 河谷得到这个原则，因而充盈； 万物得到这个原则，因而滋生；

续表

侯王得一以为天下贞。 ——其致之。 天无以清，将恐裂； 地无以宁，将恐发； 神无以灵，将恐歇； 谷无以盈，将恐竭； 万物无以生，将恐灭； 侯王无以贵高，将恐蹶。 故 贵以贱为本， 高以下为基。 是以侯王自谓孤、寡、不穀。 此非以贱为本邪？ 非乎？ 故 致数舆无舆。 不欲琭琭如玉，珞珞如石。	侯王得到这个原则，因而为天下的首领。 ——他们都从“一”这个原则中得到他们所要得到的。 天不能保持清明，怕要破裂； 地不能保持稳定，怕要震动； 神不能保持神灵，怕要绝灭； 河谷不能保持充盈，怕要涸竭； 万物不能成长滋生，怕要消灭； 侯王不能保持地位的崇高，怕要亡国。 所以 贵以贱为根本， 高以下为基础。 因此，侯王自称为“孤”、“寡”、“不穀”。 这不是贵以贱为根本吗？ 不是吗？ 所以 追求过多的荣誉就没有荣誉。 不想做什么高贵的美玉，或下贱的顽石。
《绎读》： 昔之得一者—— 天得一以清， 地得一以宁， 神得一以灵， 谷得一以盈， 万物得一以生， 侯王得一以为天下贞。 ——其致之。	 自古得到“一”的【例如】 天得到“一”，因而清明； 地得到“一”，因而稳定； 神得到“一”，因而神灵； 河谷得到“一”，因而充盈； 万物得到“一”，因而滋生； 侯王得到“一”，才可以当国家的首领。 ——他们都从“一”这个原则中得到他们所要得到的。 【离开了“一”】

续表

天无以清，将恐裂； 地无以宁，将恐发； 神无以灵，将恐歇； 谷无以盈，将恐竭； 万物无以生，将恐灭； 侯王无以贵高，将恐蹶。 故贵以贱为本， 高以下为基。 是以侯王自谓孤、寡、不穀。 此非以贱为本邪？ 非乎？ 故 致数舆无舆。 不欲琭琭如玉， 珞珞如石。	天不能保持清明，怕要破裂； 地不能保持稳定，怕要震动； 神不能保持神灵，怕要绝灭； 河谷不能保持充盈，怕要涸竭； 万物不能滋生，怕要灭绝； 侯王失去高贵，怕要失国。 所以，贵立足于贱， 高立足于下。 因此，侯王自称为“孤”、“寡”、“不穀”。 这不是贵以贱为根本吗？ 不是吗？ 所以 追求荣誉就没有荣誉。 不想做什么高贵的美玉， 【宁做】普通的顽石。

本章是《老子》对“道”的普遍性与重要性的解释。“道”是万物成其自身的重要根据，天、地、万物、王侯都因为“道”而成为它自己，所以“道”无所不在且不可或缺，在原文作“一”，简单而重要。修订版、《新译》与《全译》除了以上的意思外，还认为“老子为了自保，宣扬既不要过分拔尖，也不要过分落后，认为只有这样最安全”。不要走极端是《老子》的思想，但说是“老子为了自保”或许是不对的，所以《绎读》删去了这句话。

本章中，王弼本与其他重要版本有好几处有所出入。“侯王得一以为天下贞”，陈鼓应先生认为，“贞”当改为“正”；“将恐发”，“发”当改为“废”；“侯王无以贵高”，“贵高”当改为“正”；“致数舆无舆”，当作“至誉无誉”。在今译上，任继愈先生与陈鼓应先生的理解无差，所以任继愈先生还是主张保留王弼本的错误。但是“致数舆无舆”一句中，“舆”是否是“誉”的通假，任继愈先生没有讲明，但确实也应该讲明。

在古文今译上，本章出现了七处“一”，也就是“道”或“原则”。前三版皆把“一”译作“原则”，而《绎读》在翻译中则保留“一”。《绎读》的做法是保留专有名词，因为《老子》称“道”为“一”是有道理的。“一”是所有数字中的基数，因此是最为普通的数字，然而所有的东西都要从一开始，它又是那么不可或缺。《老子》认为，“道”就是如“一”一般极其重要而又极为普通的存在，“一”是“道”的隐喻。因此，单纯地把“一”还原为“道”，便无法在翻译中贴近原意。这和“执大象”（第三十五章）一句类似，“大象”也指的是“道”，但要突出的是“道”的规模宏大，若是在翻译中简单地把它还原回“道”，那么《老子》原文的意味就削减殆尽了。所以，《绎读》保留原词的做法是非常正确的。

“不欲琭琭如玉，珞珞如石”一句，前三版译作“不想做什么高贵的美玉，或下贱的坚（顽）石”。《绎读》译作“不想做什么高贵的美玉，【宁做】普通的顽石”。陈鼓应、高亨先生皆持此意。前后这两种翻译是有差异的，这句话涉及了究竟《老子》主张做哪种人的问题，前一种翻译意在既不想做高贵的美玉，也不想做下贱的顽石；后一种翻译意味着，比起高贵的地位，《老子》更赞成做一个普通人。从全文来看，《老子》认为“一”是为最普通的东西，然而天地神谷万物都需要“一”以成就它们。也就是说，高贵的东西因为普通的东西而成其高贵，这就是“贵以贱为本”。所以说，在做人的问题上，《老子》更赞同做一个普通人，因为它发现，高贵是由普通衬托出来的，因此“普通”更为根本。所以在美玉与顽石之间，《老子》是有明确取舍的，《绎读》的翻译事实上更正了之前的误解。需要指出的是，“珞珞如石”在前三版中皆翻译为“下贱的坚（顽）石”。而事实上，《老子》对“道”的看法就是说它如顽石一般普通的存在。所以将原文中的几处“贱”字翻译为“普通”更好一些。

《绎读》在本章中的“离开了‘一’”一句的补充说明也是非常有必要的。“离开了‘一’”一句的上文是天地万物得到“一”而各自成就自身，下文是失去了“一”而导致毁灭的结果。从行文结构上讲，原文前后两部分并没有明显的连接，意思贯通不够。《绎读》补充了“离开了‘一’”一句，具有承上启下的效果，使得文意更加顺畅。

第四十章

原文	译文
《今译》： 反者道之动， 弱者道之用。 天下万物生于有， 有生于无。	 向相反的方向变化，是“道”的运动， 柔弱是“道”的作用。 天下万物生于【看得见的】具体事物（有）， 而具体事物（有）由看不见的“道”产生。

续表

《新译》： 反者道之动， 弱者道之用。 天下万物生于有， 有生于无。	 向相反的方向变化，是“道”的运动， 柔弱是“道”的作用。 天下万物生于【看得见的】具体事物（有）， 而具体事物（有）由看不见的“道”产生。
《全译》： 反者道之动， 弱者道之用。 天下万物生于有， 有生于无。	 向相反的方向变化，是“道”的运动， 柔弱是“道”的作用。 天下万物生于【看得见的】具体事物（有）， 而具体事物（有）由看不见的“道”产生。
《绎读》： 反者道之动， 弱者道之用。 天下万物生于有， 有生于无。	 走向反面，是“道”的运动， 柔弱谦下是“道”的功用。 天下万物生于“有”【看得见的】， 而“有”由【看不见的】“无”产生。

本章是《老子》辩证法的重要原则，“反者道之动”，强调了“道”总是向着它的反面做循环运动。任继愈先生认为，柔弱的东西向刚强的东西转化是对的，但不能绝对化，否则会把贵柔的原则讲死。比如，新生的事物看起来柔弱，但是具有无限的生命力，而没落的事物没有前途，因此不能由弱转强，所以《老子》的辩证法有所不足。另外，《新译》除了以上的看法外，还强调了“有生于无”的问题，认为“有生于无”是不符合事实的，是唯心主义的世界观。但是“有生于无”的“无”是否“没有”的那种“无”，是需要讨论的。因为，《老子》也讲“大象无形”，而这是一种丰富到难以辨识的“无”，与之对应的“有”则是一种能够辨识的状态。所以，“有生于无”是否也可以理解为是“从混沌到辨识”的

过程，这值得深思。修订版、《全译》《绎读》没有讨论“有生于无”的问题。

在古文今译上，前三版的翻译是一样的，而《绎读》对之前三版更改得较多。首先，语言变得更简洁了。“反者道之动”一句在前三版中译为“向相反的方向变化，是‘道’的运动”，而《绎读》说“走向反面，是‘道’的运动”。四个字替换了八个字，不仅意思到位，而且朗朗上口。

关于“反”字，陈鼓应先生认为有两种理解，一是指对立面，二是通“返”，回到原初。两个意思差别不大，都蕴含了动力之意，但还是存在区分。即如果“反”特指对立关系的话，那么就能引出后文强弱交替转化的说法；但如果特指“返回原初”的话，那么回到原初便应该是静止下来，比如“归根复命”，这也是《老子》的意思。就本章而言，或许两个意思都是存在的，任继愈先生、陈鼓应先生与高亨先生都不约而同地将之理解为“循环往复”。

其次，任继愈先生在今译中也保留了原文中的专有名词。“天下万物生于有，有生于无”，前三版译作“天下万物生于【看得见的】具体事物（有），而具体事物（有）由看不见的‘道’产生。”“有”的确是“具体事物”，但《老子》的“有”是作为可见之存在物的专有名词使用了，也就是说，如果非要对“有”进行解释的话，可以有多种表达方式，然而各种表达均无法体现“有”字在《老子》思想中的韵味。因此，在白话文翻译时，对此类专有名词保留最好。同样，该句下半段中的“无”也是《老了》哲学里特有的名词。“无”的确是指的“道”，但是把“无”硬生生地翻译出来，也就缺乏韵味了，同时也导致了翻译表达上的冗余。所以《绎读》在翻译上能减则减，译作“天下万物生于‘有’【看得见的】，而‘有’由【看不见的】‘无’产生。”原文已经表达得很清楚了，因此翻译上没有再做烦琐的解释，而只是在必要处进行个别的补充，《绎读》的表达简单明了。

第四十一章

原文	译文
《今译》：	
上士闻道，勤而行之；	“上士”听见了“道”的道理，赶快照着实施；
中士闻道，若存若亡；	“中士”听见了“道”的道理，将信将疑；
下士闻道，大笑之。不笑不足以为道。	“下士”听见了“道”的道理，就认为空洞，而加以诽笑，不笑那才希奇！
故建言有之：	所以，古人说得好：
“明道若昧，	“明显的‘道’，好似黯昧，
进道若退，	前进的‘道’，好似后退，
夷道若颣，	平坦的‘道’，好似崎岖，
上德若谷，	高尚的‘德’，好似卑下的川谷，
大白若辱，	最光彩好似卑辱，
广德若不足，	广大的‘德’好似不足，
建德若偷，	刚健的‘德’好似怠惰，
质真若渝。	质朴真纯好似不能坚持，
大方无隅，	最方正，反没有棱角，
大器晚成，	贵重的器物反而最后制成，
大音希声，	最大的声音，听来反而稀声，
大象无形。”	最大的形象，看来反而无形。”
道隐无名。	“道”，它幽隐而“无名”，而
夫唯道，善贷且成。	只有“道”，善于帮助一切，并使它完成。

续表

《新译》： 上士闻道，勤而行之； 中士闻道，若存若亡； 下士闻道，大笑之。不笑不足以为道！ 故建言有之： “明道若昧， 进道若退， 夷道若颣， 上德若谷， 大白若辱， 广德若不足， 建德若偷， 质真若渝。 大方无隅， 大器晚成， 大音希声， 大象无形。” 道隐无名， 夫唯道，善贷且成。	“上士”听见了“道”的道理，赶快照着实施； “中士”听见了“道”的道理，将信将疑； “下士”听见了“道”的道理，就认为空洞，而加以诽笑，不笑那才希[①]奇！ 所以，古人说得好： “明显的‘道’，好似黯昧， 前进的‘道’，好似后退， 平坦的‘道’，好似崎岖， 高尚的‘德’，好似卑下的川谷， 最光彩好似卑辱， 广大的‘德’好似不足， 刚健的‘德’好似怠惰， 质朴真纯好似不能坚持， 最方正，反没有棱角， 贵重的器物反而[②]最后制成， 最大的声音，听来反而稀声， 最大的形象，看来反而无形。” “道”，它幽隐而“无名”，而 只有“道”，善于帮助一切[③]，并使它完成。 ①《新译》（修订版）：“希”作“稀”。 ②《新译》（修订版）：“反而”作“总是”。 ③《新译》（修订版）：“帮助一切”作“开始”。
《全译》： 上士闻道，勤而行之； 中士闻道，若存若亡； 下士闻道，大笑之。不笑不足以为道。 故建言有之： “明道若昧， 进道若退， 夷道若颣， 上德若谷，	“上士”听见了“道”的道理，赶快照着实施； “中士”听见了“道”的道理，将信将疑； “下士”听见了“道”的道理，就认为空洞，而加以诽笑，不笑反倒稀奇！ 所以，古人说得好： “明显的‘道’，好似黯昧， 前进的‘道’，好似后退， 平坦的‘道’，好似崎岖， 崇高的‘德’，好似卑下的川谷，

续表

大白若辱， 广德若不足， 建德若偷， 质真若渝。 大方无隅， 大器晚成， 大音希声， 大象无形。” 道隐无名。 夫唯道，善贷且成。	最光彩好似卑辱， 最大的‘德’好似不足， 刚健的‘德’好似怠惰， 质朴真纯好似不能坚持， 最方正，反没有棱角， 贵重的器物，用不着加工， 最大的声音，却听不到它的声， 最大的形象，却看不到它的形。” “道”幽隐而“无名”，却 能使万物善始善终。
《绎读》： 上士闻道， 勤而行之； 中士闻道， 若存若亡； 下士闻道， 大笑之。 不笑不足以为道！ 故建言有之： “明道若昧， 进道若退， 夷道若纇， 上德若谷， 大白若辱， 广德若不足， 建德若偷， 质真若渝。 大方无隅， 大器晚成， 大音希声， 大象无形。” 道隐无名。 夫唯道，善贷且成。	 “上士”听见了“道”的道理， 赶快照着实施； “中士”听见了“道”的道理， 将信将疑； “下士”听见了“道”的道理， 【认为空洞】，横加嘲笑。 不笑那才稀奇！ 所以，古人说得好： “明显的‘道’，好似黯昧， 前进的‘道’，好似后退， 平坦的‘道’，好似崎岖， 崇高的‘德’，好似深谷， 最光彩好似卑辱， 广大德好似不足， 健德好似怠惰， 纯真好似庸俗， 最方正，反没有棱角， 大器物，将最后完成， 大声音，反而希声， 大形象，反而无形。” “道”，幽隐而“无名”， “道”于万物善始善终。

本章采用了一系列正言若反的句式，从矛盾的观点来论证退守、不争、柔弱才是符合“道”的行为，并且主张“道”与万物同在，与万物善始善终。《新译》及其修订版、《全译》《绎读》对这一点理解是一致的，只是《新译》因为时代的原因又多解释一句，说“其中有某些辩证因素，但是是消极的，不是进取的。这种消极的态度和他的没落阶级的立场是一致的”。

本章中“大器晚成”原是与楚简本有出入的，楚简本作“大器免成”，而“晚成”是讹传的结果。但任继愈先生对这个错误特别欣赏，他认为这是阴差阳错却讲出了更通俗、更有价值的道理。

在古文今译上，本章前后主要的不同是“夫唯道，善贷且成”一句，《今译》与《新译》作“只有‘道’，善于帮助一切，并使它完成”。《全译》作“能使万物善始善终”，《绎读》作“‘道’于万物善始善终”。第一种译法的意思是，“道”可以长养万物，强调的是“道”对万物的帮助。第二种译法的意思是，“道”使万物保持永久的善好。第三种译法的意思是，强调了对于万物来说，“道”是永恒贯彻的。前两种翻译，不免让人感到“道”是“有为”的，而第三种译法才突出了纵贯本章的关于“道”的特征的描述。其实，任继愈先生关于“善贷且成”最终的今译，是参照了帛书乙本“善始且善成”的原文而写的。

陈鼓应先生译作“只有‘道’善于辅助万物”（《老子注译及评介》四十一章）。高亨先生作“只有道善于施予万物，而且善于成就万物”（《老子注译》四十一章）。他们的译法与《今译》《新译》是一样的。

第四十二章

原文	译文
《今译》： 道生一， 一生二， 二生三， 三生万物。 万物负阴而抱阳； 冲气以为和。 人之所恶唯孤、寡、不穀。 而王公以为称。 故，物 或损之而益； 或益之而损。 人之所教， 我亦教之： “强梁者不得其死”， 吾将以为教父。	 “道”使万物得到统一， 统一的事物分裂为对立的两个方面， 对立的两个方面产生新生的第三者， 新生的第三者产生千差万别的东西。 万物内涵着阴阳两种对立的势力， 它们【阴阳】在看不见的气中得到统一。 人们所厌恶的就是“孤”“寡”“不穀”。 而王公却以这些字眼儿称他们自己。 所以，一切事物 有时贬低它，它反得到抬高； 有时抬高它，它反遭受贬低。 人们所互相教道的， 我也用这一原则教人： “强暴的人不得好死”， 我要把这一事实作为教人的开始。
《新译》： 道生一， 一生二， 二生三， 三生万物。 万物负阴而抱阳； 冲气以为和。 人之所恶唯孤、寡、不穀， 而王公以为称。 故，物	 “道”产生统一的事物， 统一的事物分裂为对立的两个方面， 对立的两个方面产生新生的第三者， 新生的第三者产生千差万别的东西。 万物内涵着阴阳两种对立的势力， 它们【阴阳】在看不见的气中得到统一。 人们所厌恶的就是“孤”“寡”“不穀”。 而王公却以这些字眼儿称他们自己。 所以，一切事物

续表

或损之而益； 或益之而损。 人之所教， 我亦教之： “强梁者不得其死”， 吾将以为教父。	有时贬低它，它反得到抬高； 有时抬高它，它反遭受贬低。 人们所互相教导的， 我也用这一原则教人： “强暴的人不得好死”， 我要把这一事实作为教人的开始。
《全译》： 道生一， 一生二， 二生三， 三生万物。 万物负阴而抱阳； 冲气以为和。 人之所恶唯孤、寡、不穀。 而王公以为称。 故，物 或损之而益； 或益之而损。 人之所教， 我亦教之： “强梁者不得其死”， 吾将以为教父。	 “道”产生统一的事物， 统一的事物分裂为对立的两个方面， 对立的两个方面产生新生的第三者， 新生的第三者产生千差万别的东西。 万物内涵着阴阳两种对立的势力， 阴阳在气中得到统一。 人们所厌恶的就是“孤”“寡”“不穀”。 而王公却以这些字眼儿称他们自己。 所以，一切事物 有时贬低它，它反得到抬高； 有时抬高它，它反遭受贬低。 人们所互相教导的， 我也用这一原则教人： “强暴的人不得好死”， 我要把这一事实作为教人的开始。
《绎读》： 道生一， 一生二， 二生三， 三生万物。 万物负阴而抱阳； 冲气以为和。 人之所恶 唯孤、寡、不穀。 而王公以为称。	 宇宙原始处于混沌状态， 混沌开始分化， 分化再分化， 产生千差万别的东西。 万物内涵阴阳对立的势力， 阴阳在看不见的气中得到统一。 人们所厌恶的 就是“孤”“寡”“不穀”。 而王公却以这些贬义字称他们自己。

续表

故，物 或损之而益； 或益之而损。 人之所教， 我亦教之： “强梁者不得其死”， 吾将以为教父。	所以，一切事物 有时贬低它，它反得到抬高； 有时抬高它，它反遭受贬低。 人们所互相教导的， 我也用这一原则教人： “强暴的人不得好死”， 我要把这一成语作为教人的开始。

本章的主体讲的是宇宙生成，前半部分提出“道”是万物的总根源，并对“道”生成万物的过程进行了描述；后半部分从“道”的品质出发，推广到柔弱、退守的处事原则。《新译》及其修订版、《全译》《绎读》对此理解是一致的。

在古文今译上，“道生一，一生二，二生三，三生万物”一句自古难解，《今译》译作“道使万物得到统一，统一的事物分裂为对立的两个方面，对立的两个方面产生新生的第三者，新生的第三者产生千差万别的东西”。这句解释在字面上是合理的，但问题在于，“道生一”的“生”字没有体现出来。而且，如果译作“使万物得到统一”，那么潜台词便是“万物本来是不统一的”，这样反而与《老子》原意相悖了。显然，《老子》的思想应该是，万物本是统一的，因此才能发现“道”，而非先有“道”，然后统一万物。所以，“道生一”需要进一步解释。

《新译》及其修订版与《全译》便对“道生一”重新做了解释，译作“道产生统一的事物”。这样，既翻译了“生”，又翻译了“一”。然而问题也随之而来，即“道”如何产生万物，万物又是如何被统一的。同样，还可以继续追问，统一的事物为何会分裂为对立的两方面，又如何进而产生新生的第三者，以至于千差万别的东西。其实，这是无解的，因为一二三根本就不是实指。任何试图解释出具体的对象，或者即使抽象到对立方面与第三者这样的说法，也可能还是误解。

所以《绎读》重新翻译该句为“宇宙原始出于混沌状态，混沌开始分化，分化再分化，产生千差万别的东西”。此处把“一”看作混沌状态，“生二”解释为“分化”，“生三”解释为“再分化”。新的解释彻底虚化了一二三的数字含义。同样，“宇宙原始出于混沌状态”的解释，也模糊了“道”如何生的问题，模糊了“道”与“一”的关系问题，而只是摆出一个科学描述的事实。

模糊“道生一”的“生”也是很多学者的做法。苏辙说：“夫‘道’非一、非二，及其与物为偶，‘道’一而物不一，故以一名‘道’。”吕吉甫说：“道之在天下，莫与之偶者。莫与之偶，则一而已矣，故曰‘道生一’。”（焦竑《老子翼》）和古代学者一样，陈鼓应先生译作“道是独一无偶的”（《老子注译及评介》四十二章），高亨先生译作“道就是太一”（《老子注译》四十二章）。他们都是在“绝对者”这个语境下来阐释“道生一”，一方面模糊了“生”，一方面也强调了“道”的至尊。独任继愈先生采用的是从混沌不分到万物分化的理解方式，一方面也是模糊了“生”，另一方面则是突出了“道”是古老的“原初”，而非地位的至尊。

关于“二”“三”的理解，陈鼓应先生认为，“二”是阴阳二气，“三”则再加上它们相交而产生的和气或调和的状态；高亨先生主张，是天地与阴阳和三气。任继愈先生则避免把它们具体化，而是将“二”“三”看作是分化的阶段的象征。和任继愈先生一样，刘笑敢先生认为，“道生一，一生二，二生三”的说法并不是对宇宙万物产生的实际过程的现象描述，而只是对宇宙生发过程的一个模式化表述。[①]的确，这种避开具体数字的译法或许是较为圆融的。

此外，“吾将以为教父”一句，前三版皆译作“我要把这一事实作为教人的开始”，而《绎读》将“事实”一词改为“成语”。“这一事实”指的是上文的“强梁者不得其死”。显然，现实中强梁者未必不得好死，那么称之为“事实”便不合适了。“强梁者不得其死”是对坑人者的诅咒，应该是一句俗语。所以《绎读》称之为“成语”，这一修改是最为恰当的。

第四十三章

原文	译文
《今译》：	
天下之至柔驰骋天下之至坚。	天下最柔弱的东西能在最坚硬的东西中穿来穿去。
无有入无间。	这个看不见的力量，能透过没有空隙的东西。
吾是以知无为之有益。	我因此认识到无为的好处。
不言之教，	“不言”的教道，
无为之益，	“无为”的好处，
天下希及之。	什么也赶不上它。

① 生发过程的一个模式化。

续表

《新译》： 天下之至柔驰骋天下之至坚。 无有入无间。 吾是以知无为之有益。 不言之教， 无为之益， 天下希及之。	 天下最柔弱的东西能在最坚硬的东西中穿来穿去。 这个看不见的力量，能透过没有空隙的东西。 我因此认识到无为的好处。 “不言”的教导， “无为”的好处， 什么也赶不上它。
《全译》： 天下之至柔驰骋天下之至坚。 无有入无间。 吾是以知无为之有益。 不言之教， 无为之益， 天下希及之。	 天下最柔弱的东西能在最坚硬的东西中穿来穿去。 这个看不见的力量，能透过没有空隙的东西。 我因此认识到无为的好处。 “不言”的教导， “无为”的好处， 什么也赶不上它。
《绎读》： 天下之至柔， 驰骋天下之至坚。 无有入无间。 吾是以知无为之有益。 不言之教， 无为之益， 天下希及之。	 天下最柔弱的力量， 能在最坚硬的实体中穿来穿去。 这个看不见的力量，能穿透没有空隙的实体。 我因此认识到无为的有益。 “不言”的教导， “无为”的好处， 天下罕能企及。

本章仍然是强调了柔弱胜刚强的道理，“道”就是那股柔弱的，无形的，又无处不在的力量，所以它可以在有形之物中来去自由。在处事上，就是以退为进。《新译》及其修订版、《全译》与《绎读》在这章理解上是一致的。

本章在原文上并无争议之处，前三版的译文都是一样的，而《绎读》只是修改了部分字句，主要在翻译的准确性上更为突出。“天下之至柔驰骋天下之至坚”一句，前三版作“天下最柔弱的东西能在最坚硬的东西中穿来穿去”。某样东西能在某样东西中穿梭的说法，在理解上是有障碍的。原文的“至柔”与“至坚”用的是形容词作名词的语法形式，若要进行白话文翻译，就需要把这个名词所指的具体对象明晰出来，那么就需要考虑到语用习惯与常规理解上的问题。所以，《绎读》将该句译作“天下最柔弱的力量，能在最坚硬的实体中穿来穿去”。较之“东西”一词，“力量”更为无形无象，符合无处不在的至柔的描述。因此，《绎读》的翻译更为准确。

陈鼓应先生将“驰骋”理解为“驾御”，译作“天下最柔软的东西，能驾御天下最坚硬的东西”（《老子注译及评介》四十三章）。高亨先生则译作“天下最柔弱的人能驱使天下最坚强的人”（《老子注译》四十三章）。弱者能够驾御或驱使强者，似乎是这个意思，但其实并不契合实际经验。问题在于，把“至柔”补充完整为“东西”或“人”，使得它太过有形，故造成理解上的不便。

同样，“天下希及之”一句，在前三版中译作“什么也赶不上它”，《绎读》译作“天下罕能企及”。前后两种译法的意思都是一样的，但似乎《绎读》的直译更贴切些。

第四十四章

原文	译文
《今译》：	
名与身孰亲？	虚荣跟生命哪一个更亲切？
身与货孰多？	生命跟财产哪一个更重要？
得与亡孰病？	获得与丧失哪一个更有害？
是故	因此
甚爱必大费，	过分的吝惜必致更多的破费，
多藏必厚亡。	丰厚的贮藏必有严重的损失。
知足不辱，	知道满足，不会遭到困辱，
知止不殆，	知道适可而止，不会遇到危险，
可以长久。	可以长久安全。
《新译》：	
名与身孰亲？	虚荣跟生命哪一个更亲切？
身与货孰多？	生命跟财产哪一个更重要？
得与亡孰病？	获得与丧失哪一个更有害？
是故	因此
甚爱必大费，	过分的吝惜必致更多的破费，
多藏必厚亡。	丰厚的贮藏必有严重的损失。
知足不辱，	知道满足，不会遭到困辱，
知止不殆，	知道适可而止，不会遇到危险，
可以长久。	可以长久安全。
《全译》：	
名与身孰亲？	声誉跟生命哪一个更迫切？
身与货孰多？	生命跟财产哪一个更重要？
得与亡孰病？	获得与丧失哪一个更有害？
是故	因此
甚爱必大费，	过分的吝惜必致更多的破费，

续表

多藏必厚亡。 知足不辱， 知止不殆， 可以长久。	丰厚的贮藏必有严重的损失。 知道满足，不会遭到困辱， 知道适可而止，不会遇到危险， 可以长久安全。
《绎读》： 名与身孰亲？ 身与货孰多？ 得与亡孰病？ 是故 甚爱必大费， 多藏必厚亡。 知足不辱， 知止不殆， 可以长久。	 虚荣跟生命哪一个更亲切？ 生命跟财产哪一个更重要？ 占有与丧失哪一个更有害？ 因此 过分吝惜，破费会更多， 储藏丰厚，损失必重大。 知足不会遭困辱， 知止不会遇险， 可以长保安全。

本章强调的是《老子》贵生重己、适可而止、知足保守的人生论思想，希望人们能够因此避免危险。修订版及《全译》都没有对本章的立场进行判断，而《新译》与《绎读》对《老子》思想立场的判断是不同的。《新译》认为，本章是《老子》宣传的利己主义，根本原则是要保住自己的生命，是一种没落阶级的世界观。《绎读》则认为，《老子》此章反映的是作为弱势群体的个体农民的处世态度，虽然是教人明哲保身，但又何尝不是弱势群体的一种自保方式。一般认为，本章是《老子》在“唤醒世人要贵重生命，不可为名利而奋不顾身”（《老子注译及评介》四十四章）。道理是对的，但其中还有一层意思，即蕴藏了最底层农民的呐喊。其实，《绎读》对《老子》思想的立场进行了彻底的重新定位，主张

《老子》是站在农民的立场上告诫当权者，老百姓渴慕的就是好好活着，如果这点都无法实现，那么他们就会“铤而走险”，《老子》的“农民立场”是任继愈先生多年思考的重要结论之一。

本章通过辩证的语言反映了保守的处世哲学，理解上并无争议。前后几版在翻译上的区别，主要出于精益求精。比如，“知足不辱，知止不殆”，前三版译作“知道满足，不会遭到困辱，知道适可而止，不会遇到危险”，而《绎读》译作“知足不会遭困辱，知止不会遇险”。《绎读》对“知足”与“知止”保留了原来的用法，“知足”与“知止”并无理解上的障碍，翻译太过详细反而显得冗余。所以，本章翻译上的前后变化，主要体现了先生在白话文翻译上精益求精的态度。

第四十五章

原文	译文
《今译》：	
大成若缺，其用不弊。	最圆满好似欠缺，可是他[1]的作用不会败坏。
大盈若冲，其用不穷。	最充满好似空虚，可是它的作用不会穷竭。
大直若屈，	最正直好似枉屈，
大巧若拙。	最灵巧好似笨拙，
大辩若讷。	最好的口才好似不会辩说。
躁胜寒，	急走能战胜寒冷，
静胜热，	安静能克服暑热。
清静为天下正。	无为清静可以做天下的首领。

① “他”当作“它”，当为《今译》本讹误。

续表

《新译》： 大成若缺，其用不弊。 大盈若冲，其用不穷。 大直若屈， 大巧若拙。 大辩若讷。 躁胜寒， 静胜热， 清静为天下正。	 最圆满好似欠缺，可是它的作用不会败坏。 最充实好似空虚，可是它的作用不会穷竭。 最正直好似枉屈， 最灵巧好似笨拙， 最好的口才好似不会辩说。 急走能战胜寒冷， 安静能克服暑热。 无为清静可以做天下的首领。
《全译》： 大成若缺，其用不弊。 大盈若冲，其用不穷。 大直若屈， 大巧若拙。 大辩若讷。 躁胜寒， 静胜热， 清静为天下正。	 最圆满好似欠缺,【可是】它的作用不会败坏。 最充实好似空虚,【可是】它的作用不会穷竭。 最正直好似枉屈， 最灵巧好似笨拙， 最好的口才好似不会辩说。 急走能战胜寒冷， 安静能克服暑热。 无为清静可以做天下的首领。
《绎读》： 大成若缺， 其用不弊。 大盈若冲， 其用不穷。 大直若屈， 大巧若拙。 大辩若讷。 躁胜寒， 静胜热， 清静为天下正。	 最圆满好似欠缺， 其作用不会败坏。 最充实好似空虚， 其功能永不穷竭。 最正直好似枉屈， 最灵巧好似笨拙， 好辩才好似木讷。 急走能战胜寒冷， 安静能克服暑热。 无为清静可以做天下的首领。

本章同样是发挥了《老子》的辩证法思想，“大成若缺”“大盈若冲”的表达方式，反映了有些事物实质与表象的对立。《新译》认为，这是《老子》治国思想，如果能做到“无为”，那么实际上就能获得成功。《全译》沿袭了这一看法。《绎读》则充分肯定了这段辩证法的正面价值，认为“大巧若拙”不是提倡愚蠢笨拙，“大辩若讷”也不是提倡说话说不清楚，而是反对浮夸不实的作风，与孔子所谓“刚毅木讷近仁”是一个意思。同时任继愈先生也认为，本章最后的结论归为清静无为，反对知识，是《老子》辩证法遗憾的地方。

在古文今译上，本章前后几个版本基本是一致的。

本章中“清净为天下正”的“正”，几位学者的理解不同，任继愈先生理解为“首领”，高亨先生作“君长”（《老子注译》四十五章），两者一致。蒋锡昌先生说：“‘正’者，所以正人也，故含有模范之义。”陈鼓应先生从此说。（《老子注译及评介》四十五章）要对这两种理解进行取舍，还是要看这段话是说给谁听的。其实，这段话是站在农民立场上说给统治者听的，“大成若缺”“大盈若冲”等辩证法都指向一个道理，即要从相反的方向去实现自己的目的。这段话的言说对象是统治者，而统治者的目的就是做首领、做君王。所以，这么理解庶几是能讲通的。

第四十六章

原文	译文
《今译》： 天下有道，却走马以粪； 天下无道，戎马生于郊。 祸莫大于不知足， 咎莫大于欲得。 故， 知足之足，常足矣。	 国家政治上轨道，把战马用来种田； 国家政治不上轨道，连怀胎的母马也用来作战。 灾祸没有过于不知道满足的， 罪过没有过于贪得无厌的。 所以， 知道满足这样的满足永远是满足的。
《新译》： 天下有道，却走马以粪； 天下无道，戎马生于郊。 祸莫大于不知足， 咎莫大于欲得。 故， 知足之足，常足矣。	 国家政治上轨道，把战马用来种田； 国家政治不上轨道，连怀胎的母马也用来作战。 灾祸没有过于不知道满足的， 罪过没有过于贪得无厌的。 所以， 知道满足这样的满足永远是满足的。
《全译》： 天下有道，却走马以粪； 天下无道，戎马生于郊。 祸莫大于不知足， 咎莫大于欲得。 故， 知足之足，常足矣。	 国家政治上轨道，把战马用来种田； 国家政治不上轨道，连怀胎的母马也征用于作战。 灾祸没有大于不知道满足的， 罪过没有大于贪得无厌的。 所以， 以知足为满足【的人】，永远是满足的。

续表

《绎读》：	
天下有道，	国家政治安定，
却走马以粪；	战马用来种田；
天下无道，	国家政治混乱，
戎马生于郊。	怀胎的母马也用来作战。
祸莫大于不知足，	最大的祸患在于不知足，
咎莫大于欲得。	最大的罪过在于贪得无厌。
故	所以
知足之足，	满足于“知足”，
常足矣。	就永远满足啦。

《老子》反对一切形式的战争，第三十章及三十一章都一样，继续强调了反战思想。《老子》认为，战争是由于诸侯的不知足、贪心重引起的。所以呼吁诸侯能够知足，从而避免战争。《新译》将这个思想总结为唯心史观。当然，《新译》的归纳是对的，但这样的归纳并没有提供更多的信息，也不能就因此衡量《老子》思想的价值。修订版与《全译》只是陈述了本章的反战思想，强调知足才能消弭战争。而《绎读》则试图反映老子内心深处的声音，认为《老子》的反战是农民百姓的呼声，诸侯的兼并战争，无论孰胜孰负，受害的总归是农民。所以，任继愈先生认为，《老子》的农民立场很鲜明，它是在替农民呼告。

在古文今译上，虽然《绎读》与前三版在表达上有不同，但基本意思是一致的。

值得一提的是，本章“却走马以粪”一句，治农学史的曾雄生先生提出了哲学界所未能发的问题。曾先生认为，以马耕种并不是中国的普遍现象。关键是这里的“粪”是否播种或耘田的意思。

曾先生认为，马在先秦主要不是用于耕作的，而仅仅是提供其粪作肥料的。《种艺必用》《月庵种竹法》《农桑辑要》《王祯农书》《本草纲目》等重要农书和医书都讲到了马粪的使用。所以“却走马以粪”的意思当是，让马停下来肥田。[1]这么理解有两点好处，其一，符合马在中国传统农业中的使用方式；其二“却”字“使……停下”的意思得到了体现。因此，曾先生的意见值得重视。

第四十七章

原文	译文
《今译》：	
不出户，知天下。	不出大门，就能知道天下大事。
不窥牖，见天道。	不望窗外，就能认识天道。
其出弥远，其知弥少。	走得越远，知道得越少。
是以圣人	因此，“圣人”
不行而知，	不走路，却有知识，
不见而名，	不表现，却被称扬，
不为而成。	不去做，却能成功。
《新译》：	
不出户，知天下。	不出大门，能知天下事。
不窥牖，见天道。	不望窗外，能认识天道。
其出弥远，其知弥少。	走得越远，知道得越少。
是以圣人	因此，“圣人”
不行而知，	不必经历就知道，
不见而名，	不必亲见就明了，
不为而成。	不必去做就成功。

① 曾雄生：《中国农学史》，福建人民出版社，2008年，第171页。

续表

《全译》： 不出户，知天下。 不窥牖，见天道。 其出弥远，其知弥少。 是以圣人 不行而知， 不见而名， 不为而成。	 不出大门，能知天下事。 不望窗外，能认识天道。 走得越远，知道得越少。 因此，“圣人” 不必经历就知道， 不必亲见就明了， 不必去做就成功。
《绎读》： 不出户， 知天下。 不窥牖， 见天道。 其出弥远， 其知弥少。 是以圣人 不行而知， 不见而名， 不为而成。	 不出大门， 能知国事。 不望窗外【的天空】， 能识天道。 走得越远， 所知越少。 因此，“圣人” 不必经历就知道， 不必亲见就明了， 不必去做就成功。

本章的主旨是反对直接经验对知识的获得，因为《老子》强调的是超感官的、抽象的“道”，所以必须依赖非经验的静观、玄览的方式来认识，但与此同时，贬低了感官经验的价值。所以《新译》将这种认识方式归结为“唯心论的”与“先验论的”，并认为“这是一条反科学的道路，对生产、革命，都是极有害的”。修订版及《全译》也认为，本章是《老子》贬低感官经验，认为它对于认识起着妨害作用。但其实《老子》的认识方法也有其积极意义。

《绎读》认为，强调超感官的认识方法，正突出了“道”的抽象性。任继愈先生认为，在春秋时代，对于农民认识的直接经验，是“难能超前的”，因此这恰恰体现了《老子》高明的地方，这是先生对《老子》超感官认识方法的批判性理解。

“不出户，知天下。不窥牖，见天道”一句，任继愈先生在今译中强调了“窥牖”是“看窗外的天空”而不是随便的什么地方，这是有原因的。所谓“天道”，本质上是天的运行规律，也就是星辰，它是能预测天下事的神秘存在。先生认为《老子》是熟知天学的，其身份又是史官，所以这里的“窥牖”必定是“看天空”，故此有所强调。其实“不出户，知天下。不窥牖，见天道”在今天已经变得理所当然，各种电子终端设备会给处在室内或远方的我们送来无穷无尽的资讯，只是在《老子》那里，还是在神秘主义上的“知天下”“见天道”。但先生也认为，“其出弥远，其知弥少”即使今天也是不可取的，因为读万卷书与行万里路同样重要，经历不仅会帮助我们增加知识，也会帮助我们增长悟性。

“知天下”一句中，前三版译作“能知天下事”，《绎读》译作“能知国事”。“天下”在古代指的就是中国，所以“天下事”其实就是“国事”。作白话文翻译就按照现代的语用习惯，才是比较合适的。

“不行而知，不见而名”一句，《今译》的翻译大概有些问题，该版译作“不走路，却有知识；不表现，却被称扬”。获得知识的途径应该是经验认识，《老子》反对的是经验认识，那么后三版将“行”译作“经历”就较为合适，而“走路”的译法反而容易引起歧义。其次，“不见而名”是承接“不行而知”的，仍然是反对以经验认识以获得知识的主张。《今译》译作“不表现，却被称扬”大概是翻译错了。后三版改，作“不必亲见就能明了”，乃是准确的。

其实这里的“名”字是需要讨论的，显然，这里的“名”是做“明”的通假字来用的。古时“名”与“明”本通，蒋锡昌先生说：“二十一章，‘不自见，故明。’五十二章，‘见小曰明’；皆‘见’、‘明’连言，均其证也。此当据张（嗣成）本改。”陈鼓应先生从其意，又认为《韩非·喻志篇》引作“不见而明”，故将原文改为“不见而明”（《老子注译及评介》四十七章）。任继愈先生虽未改动原文，但修正了今译，亦是发现了问题。

第四十八章

原文	译文
《今译》： 为学日益， 为道日损， 损之又损，以至于无为。 无为而无不为。 取天下常以无事， 及其有事，不足以取天下。	 从事于学问，【知识】一天比一天增加， 从事于“道”，【知识】一天比一天减少。 减少再减少，最后以至于“无为”。 虽然“无为”，而没有一件事情不是它所为。 掌握天下，经常不要勉强。 如果勉强去做，就不配掌握天下。
《新译》： 为学日益， 为道日损， 损之又损，以至于无为。 无为而无不为。 取天下常以无事， 及其有事，不足以取天下。	 从事于学问，【知识】一天比一天增加， 从事于“道”，【知识】一天比一天减少。 减少再减少，最后以至于“无为”。 虽然“无为”，而没有一件事情不是它所为。 掌握天下，经常不要勉强。 如果勉强去做，就不配掌握天下。

续表

《全译》： 为学日益， 为道日损， 损之又损，以至于无为。 无为而无不为。 取天下常以无事， 及其有事，不足以取天下。	 从事于学问，【知识】一天比一天增加， 从事于“道”，【知识】一天比一天减少。 减少再减少，最后以至于“无为”。 虽然“无为”，而没有一件事情不是它所为。 掌握天下，经常不要勉强。 如果勉强去做，就不配掌握天下。
《绎读》： 为学日益， 为道日损， 损之又损， 以至于无为。 无为而无不为。 取天下常以无事， 及其有事， 不足以取天下。	 从事于学问，【知识】一天比一天增加， 从事于“道”，【知识】要一天比一天减少。 减少再减少， 最后减少到“无为”。 虽然“无为”，而没有一件事情不是它所为。 治理国家，经常不要勉强。 到了非勉强去做不可的地步， 就不配掌握天下。

本章是对上一章超感官认识方法的进一步阐释，反对经验知识，通过摒除感官经验带来的干扰，不断排除经验知识，最终达到“无为”的境地。并且《老子》要把这种认识的方法推到治理天下上，达到无为而无不为的效果，也就是要不断减少个人意志对治国的干预，最终达到自然的和谐稳定，也就是天下太平了。《新译》及其修订版、《全译》《绎读》对本章的理解是一致的。

在古文今译上，“及其有事”一句，前三版译作“勉强去做”，而《绎读》译作“非勉强去做不可的地步”。如果仅仅是“勉强去做”，字义上只是反映了君王的有为之举，实际上可能不一定到了万不得已的时候，只是君王个人的意志促使了他有所作为的表现。而《老子》的本意是，真正拥有天下的圣王，在处理国事时是不带着任何个人意志的，但所有的事情都能够恰当地做好。但凡出现了非得以个人意志干预治国的情况，都意味着这样的治国已经失败了，因此这样的人并不配掌握天下。所以，“及其有事”一句暗含了底线的冲破，冲破了底线，自然“不足以取天下”了。所以，《绎读》的翻译更为贴切。

陈鼓应先生将“无事”“有事”的“事”具体到“惹是生非的‘事’”，“无事”指“无搅攘之事”，“有事”指“繁苛政举”。（《老子注译及评介》四十八章）。这样更为明确，“惹是生非”会与农民的根本利益发生冲突，要掌握天下的人，绝对不能与民争利。这也再次证明，《老子》是站在农民立场上对统治者的告诫，他的超感官的认识方法其实也是回过来服务这个政治目的的。

第四十九章

原文	译文
《今译》：	
圣人无常心，以百姓心为心。	“圣人”没有他自己固定的意志，以百姓的意志作为他的意志。
善者吾善之，	百姓的意志，善的，我认为它善，
不善者吾亦善之，	百姓的意志，不善的，我也当作它善，
德善。	就得到了善。
信者吾信之；	百姓的意志，可信的，我信任它，
不信者吾亦信之，	百姓的意志，不可信的，我也信任它，
德信。	就得到了信任。
圣人在天下，	“圣人”在天下，
歙歙为天下浑其心，	使天下人的心思归于浑厚素朴，
【百姓皆注其耳目】，	【而百姓都专注他们自己的耳目】，
圣人皆孩之。	“圣人”都使他们像无知无欲的婴儿。

续表

《新译》： 圣人无常心，以百姓心为心。 善者吾善之， 不善者吾亦善之， 德善。 信者吾信之； 不信者吾亦信之， 德信。 圣人在天下， 歙歙为天下浑其心， 【百姓皆注其耳目】， 圣人皆孩之。	 “圣人”没有他自己固定的意志，以百姓的意志作为他的意志。 百姓的意志，善的，我认为它善， 百姓的意志，不善的，我也当作它善， 就得到了善。 百姓的意志，可信的，我信任它， 百姓的意志，不可信的，我也信任它， 就得到了信任。 “圣人”在天下， 使天下人的心思归于浑浑沌沌， 【而百姓都专注他们自己的耳目】， “圣人”都使他们象*无知无欲的婴儿。 *《新译》（修订版）：“象”作“像”。
《全译》： 圣人无常心，以百姓心为心。 善者吾善之， 不善者吾亦善之， 德善。 信者吾信之； 不信者吾亦信之， 德信。 圣人在天下， 歙歙为天下浑其心， 【百姓皆注其耳目】， 圣人皆孩之。	 “圣人”没有他自己固定的意志，以百姓的意志作为他的意志。 百姓①的意志，善的，我认为它善， 百姓的意志，不善的，我也当作它善， 就得到了善。 百姓的意志，可信的，我信任它， 百姓的意志，不可信的，我也信任它， 就得到了信任。 “圣人”在天下， 使天下人的心思归于浑浑沌沌， 【而百姓都专注于圣人的教导】， “圣人”都使他们像无知无欲的婴儿。

续表

《绎读》：	
圣人无常心，	“圣人”没有他自己固定的意志，
以百姓心为心。	以百姓的意志为意志。
善者吾善之，	百姓的意志，善的，我好好对待它，
不善者吾亦善之，	百姓的意志，不善的，我也好好对待它，
德善。	就得到了善。
信者吾信之；	百姓中，可信的，我信任它，
不信者吾亦信之，	百姓中，不可信的，我也信任它，
德信。	就人人得到了信任。
圣人在天下，	“圣人”治理天下，
歙歙为天下浑其心，	使天下人心归于纯朴，
【百姓皆注其耳目】，	【而百姓都全神专注他们的圣人】，
圣人皆孩之。	“圣人”像对待婴儿那样对待百姓。

本章仍然阐释了要用“无为”的方法治理天下，强调了在圣人的无为而治下，百姓就能生活得幸福快乐。但《老子》说“歙歙为天下浑其心”，这是圣人治下的老百姓的理想状态。《新译》及其修订版认为，这是要“使老百姓保持混混沌沌的愚昧状态”。其实前文也讲到，《老子》其实并不反对器物文明，只是反对机巧之心。《老子》也说，圣人把百姓当作婴儿对待，显然婴儿是纯朴的，而不是愚蠢的。所以，《老子》不可能为了方便统治而让老百姓变得愚蠢，而是希望老百姓变得淳朴、朴素，《全译》与《绎读》就是持这个看法。

在原文校正上，“百姓皆注其耳目”一句，马王堆甲、乙本及王弼本都没有，河上公本有此句，且王弼亦有对此句的注解，因有明显的脱漏，故任先生补足。

在古文今译上，“善者吾善之，不善者吾亦善之”一句，前三版译作“百姓的意志，善的，我认为它善，百姓的意志，不善的，我也当作它善”，《绎读》译作“百姓的意志，善的，我好好对待它，百姓的意志，不善的，我也好好对待它”。“善者”之“善”作形容词当无疑义，而“善之”之“善”是作为意动用法的“以之为善”还是作动词“善待”解，是有不同含义的。如果把《老子》此章理解为君人南面之术，或者是单纯的老好人的话，那么不论百姓是否善良，统治者都把它当作善的，然后统治者因此获得各种人的支持，这么理解也是通的。但这个角度是否准确，显然值得讨论。然而从《老子》的整体主张来看，它就是要告诫统治者该怎么做，“善待百姓”就是统治者的根本之举。所以，译作“善待”更合适。

“德信”一句，前三版译作“就得到了信任”，《绎读》译作“就人人得到了信任”。这句话的问题在于，谁最终得到了信任。“德信”与“德善”的结构是一致的，所以前三版的翻译结构也是一致的。然而，信任与善性质上稍有不同，“善”是单向度地向善、行善，而“信”有“信任”与“被信任”两种向度。上文的“德善”译作“就得到了善”，指的是圣人得到了善的品质，所以翻译到“就得到了善”就够了。而“德信”需要更多的扩展，也就是说，如果圣人始终带着信任对待百姓，那么结果必将因为上行下效，而形成人人既守信又被信任的良好局面。所以，“德信”的翻译详细到“人人得到了信任”是恰当的。

“歙歙为天下浑其心”一句，《今译》作“使天下人的心思归于浑厚素朴”，《新译》与《全译》译作“使天下人的心思归于混混沌沌”，《绎读》译作“使天下人心归于纯朴”。三种翻译中，

《今译》与《绎读》的意思是一样的，所以其实是两种翻译。“浑浑沌沌”有无知的意思，带有贬义色彩，“浑厚素朴”也就是“纯朴”，强调的是没有机巧之心。其实，《老子》虽然主张复古，但并不反对器物文明。所以，《老子》不是主张要让老百姓变得无知，而是要纯朴，不要机巧。

“百姓皆注其耳目”一句，《今译》与《新译》译作“而百姓都专注他们自己的耳目”，《全译》译作“而百姓都专注于圣人的教导”，《绎读》译作“而百姓都全神专注他们的圣人”。其中，后两种翻译的意思也是一致的。王弼原注说“各用聪明”，故陈鼓应与高亨先生都主张“专注各自耳目”这一看法。这也引出了对下一句“圣人皆孩之”的理解，陈鼓应先生与高亨先生认为，百姓专注耳目故生出纷争，所以“有道的人使他们回复到婴孩般（真纯）的状态”（《老子注译及评介》四十九章）。而任继愈先生作“把百姓当作孩子对待”，两种理解的歧义非常明显，该如何取舍？

其一，上文“天下浑其心”一句，表达的就是“使天下人心归于纯朴”，下文很快再次出现“把百姓变得孩子那样纯朴”，略显重复。其二，“注其耳目”的“其”指的是“百姓自己”还是“圣人”？可从上下文推知。上文看，圣人以百姓的意志为意志，圣人善待百姓，圣人信任百姓，圣人是治理者，是政治上的主导者。善与不善，圣人都善待之；信与不信，圣人都信任之，这岂不就是对待孩子的方法吗？所以，将“孩之”理解为“圣人”像对待婴儿那样对待百姓，方保持前后一致。再联系上下文，这已然勾勒出了一个圣人教化天下的图景，图景中，老师在教化学生回归纯朴，学生专注于老师教导。所以，百姓专注于圣人之耳目的理解更贴切。

第五十章

原文	译文
《今译》： 出生入死。 生之徒十有三， 死之徒十有三， 人之生，动之死地亦十有三。 夫何故？ 以其生生之厚。 盖闻善摄生者，陆行不遇兕虎，入军不被甲兵。 兕无所投其角， 虎无所措其爪， 兵无所容其刃。 夫何故？ 以其无死地。	 离开了生存必然走向死亡。 生存的条件，占十分之三， 死亡的条件，占十分之三， 为了求生存而一下子陷入死亡的范围也占十分之三。 这是什么原故？ 恰恰由于他迫切求生存的原故。 曾听见说过、善于保护生命的人，陆地走路不会遇到兕牛和猛虎，在战争中不会遭到杀伤。 【对于善摄生者】 兕牛用不上它的角， 猛虎用不上它的爪， 兵器用不上它的刃。 这是什么缘故？ 因为他没有进入死亡的范围。
《新译》： 出生入死。 生之徒十有三， 死之徒十有三， 人之生，动之死地亦十有三。 夫何故？ 以其生生之厚。 盖闻善摄生者，陆行不遇兕虎，入军不被甲兵。	 离开了生存必然走向死亡。 活着的途径，占十分之三， 死亡的途径，占十分之三， 为了活着而不免陷入死亡的机会也占十分之三。 这是为什么？ 因为迫切要求活着，【反而达不到目的】。 曾听见说过，善于保护生命的人，陆地走路不怕遇到兕牛和猛虎，在战争中不会遭到杀伤。

续表

兕无所投其角， 虎无所措其爪， 兵无所容其刃。 夫何故？ 以其无死地。	【对于善摄生者】 兕牛用不上它的角， 猛虎用不上它的爪， 兵器用不上它的刃。 这是什么原故？ 因为他没有进入死亡的范围。
《全译》： 出生入死。 生之徒十有三， 死之徒十有三， 人之生，动之死地亦十有三。 夫何故？ 以其生生之厚。 盖闻善摄生者，陆行不遇兕虎， 入军不被甲兵。 兕无所投其角， 虎无所措其爪， 兵无所容其刃。 夫何故？ 以其无死地。	 离开了生存必然走向死亡。 活着的途径，占十分之三， 死亡的途径，占十分之三， 为了活着而不免陷入死亡的机会也占十分之三。 这是为什么？ 因为求生的欲望太迫切，【反而达不到目的】。 曾听见说过，善于保护生命的人，陆地走路不怕遇到兕牛和猛虎，在战争中不会遭到杀伤。 【对于善摄生者】 兕牛用不上它的角， 猛虎用不上它的爪， 兵器用不上它的刃。 这是什么缘故？ 因为他没有进入死亡的范围。
《绎读》： 出生入死。 生之徒十有三， 死之徒十有三， 人之生，动之死地 亦十有三。 夫何故？ 以其生生之厚。 盖闻善摄生者，	 不能生存必然死亡。 生存的机遇，占十分之三， 死亡的机遇，占十分之三， 活【得好好的】动不动陷入死亡的机遇 也占十分之三。 这是为什么？ 因为求生的欲望太迫切，【反而达不到目的】。 曾听说，善于保养生命的人，

续表

陆行不遇兕虎， 入军不被甲兵。 兕无所投其角， 虎无所措其爪， 兵无所容其刃。 夫何故？ 以其无死地。	陆行不受犀牛、猛虎侵害， 战阵不会遭到杀伤。 【对于善摄生者】 兕牛用不上它的角， 猛虎用不上它的爪， 兵器用不上它的刃。 这是什么缘故？ 因为他没有进入死亡的范围。

本章强调了世界充满了各种危险，人时时刻刻被笼罩在危险之下而有送命之虞，所以要小心翼翼地生活，尽量避免危险，时刻注意安全。《新译》及其修订版与《全译》只是就着字面来阐述《老子》本章明哲保身的意思，而《绎读》则说清了《老子》明哲保身主张背后的初衷，意即它阐发的是处于弱势地位的农民的人生哲学。任继愈先生认为，《老子》哲学具有站在底层农民这边的鲜明立场，人的生活本来就不易，而弱势群体则更是无助，在动荡不安的时代，农民的性命如同草芥，随时会遭到侵害。因为是替农民说话，所以《老子》会主张要保护好自己的生命。同时这也是告诫统治者，要学农民那样纯朴寡欲，这便是“善摄生者”的特点。

在古文今译上，“人之生，动之死地亦十有三”一句，《今译》作“为了求生存而一下子陷入死亡的范围也占十分之三”，《新译》与《全译》作“为了活着而不免陷入死亡的机会也占十分之三”，《绎读》作“活【得好好的】动不动陷入死亡的机遇也占十分之三”。《老子》所谓“人之生，动之死地亦十有三”，是人非生即死的第三种可能。“出生入死”，即生存与死亡，两端的概率是一样的，但还有第三种情况，那就是你以为自己会好好活着的，但可能阴差阳错地就死亡了。所以，这个情况中的活着，本不是“为了求生存”那样带着某种目的性，其内心觉得活着是理所当然的，然而事实却在意料之外。《绎读》把“动之死地”的“动”字翻作“动不动”，就比较准确地表达出了猝不及防的那层意思来。

杨兴顺解释第三种可能性，说：“还有三分之一的人由于违背了生的自然性，即违背了‘道’的法则，去做了力所不逮的事，因而过早死亡了。”（《老子注译及评介》五十章）这一解释强调了“祸不自来，惟人自招”，却遮蔽了“猝不及防”的命定的无奈。

“以其生生之厚”，陈鼓应先生译作“因为奉养太过度了”（同上），较任继愈先生“因为求生的欲望太迫切”的说法，或许更加到位些。任继愈先生主张《老子》是站在农民立场替统治者说话，农民最大的意愿就是“求生”，而统治者的锦衣玉食则是“奉养过度”。原文本是要批评统治者的穷奢极欲，所以，此处陈鼓应先生的表述好些。

“盖闻善摄生者，陆行不遇兕虎，入军不被甲兵”一句，《今译》《新译》作“曾听见说过，善于保护生命的人，陆地走路不会遇到兕牛和猛虎，在战争中不会遭到杀伤”。中间一句，《全译》作“陆地走路不怕遇到兕牛和猛虎”，《绎读》作“陆行不受犀牛、猛虎侵害”。《绎读》对该句的翻译又回到了《今译》与《新译》的译法，但也有所不同。《全译》把“不遇”译作“不怕遇到”，虽有一定的道理，但结合上下文，还是有些不妥。要知道，两千五百年前的丛林里，一定到处是伤人的猛兽，不管你怕不怕，遭遇猛兽并遭到袭击的概率一定是很大的。因此，不怕遇到猛兽，并不能作为“善摄生”的结果，如果打不过猛兽，一样不能保全生命。然而，《老子》本身又具有一定程度的神秘主义倾向，所以在《老子》看来，“善摄生”的人行走在丛林里，应该不会遇到猛兽，但这个概率又实在太小；而如《绎读》所作“不受犀牛、猛虎侵害”，既不回避遭遇野兽的大概率，也体现了“善摄生”的神秘力量。两者相比，《绎读》的翻译更符合《老子》本意。所以，该句的翻译在精确性上下了很大的工夫。

第五十一章

原文	译文
《今译》：	
道生之，	“道”使万物生长，
德畜之，	“德”使万物蓄殖，
物形之，	体质使万物得到形状，
势成之。	【对立的】势力使万物得到完成。
是以万物莫不尊道而贵德。	因此万物没有不尊崇“道”而珍贵“德”的。
道之尊，	“道”所以被尊崇，
德之贵，	“德”所以被珍贵，
夫莫之命而常自然。	并没有谁来命令，它自己就是这样的。
故	所以
道生之，	“道”使万物生长，
德畜之，	“德”使万物蓄殖，
长之育之，	使万物成长、发育，
亭之毒之，	使万物结果、成熟，
养之覆之。	对万物爱养、保护。
生而不有，	生养了万物而不据为己有，
为而不恃，	推动了万物，而不自以为尽了力，
长而不宰，	作万物的首长，而不对它们宰制，
是谓玄德。	这是最深远的“德”。

续表

《新译》： 道生之， 德畜之， 物形之， 势成之。 是以万物莫不尊道而贵德。 道之尊， 德之贵， 夫莫之命而常自然。 故 道生之， 德畜之， 长之育之， 亭之毒之， 养之覆之。 生而不有， 为而不恃， 长而不宰， 是谓玄德。	“道”使万物生长， “德”使万物繁殖， 体质使万物得到形状， 【对立的】势力①使万物得到完成。 因此万物没有不尊崇“道”而珍贵“德”的。 “道”所以被尊崇， “德”所以被重视， 并没有谁来命令，它自己②就是这样的。 所以 “道”使万物生长， “德”使万物繁殖， 使万物成长、发育③， 使万物结果、成熟， 对万物爱养、保护。 生养了万物而不据为己有， 推动了万物，而不自以为尽了力， 作万物的首长，而不对它们宰制， 这是最深远的“德”。 《新译》（修订版）： ① “【对立的】势力”作“【具体的】器物”。 ② “自己”作“从来”。 ③ “发育”作“发展”。
《全译》： 道生之， 德畜之， 物形之， 势成之。 是以万物莫不尊道而贵德。 道之尊， 德之贵， 夫莫之命而常自然。	“道”使万物生长， “德”使万物繁殖， 体质使万物得到形状， 【具体的】器物使万物得到完成。 因此万物没有不尊崇“道”而重视“德”的。 “道”所以被尊崇， “德”所以被重视， 并没有谁来命令，它从来就是这样的。

续表

故 道生之， 德畜之， 长之育之， 亭之毒之， 养之覆之。 生而不有， 为而不恃， 长而不宰， 是谓玄德。	所以 “道”使万物生长， “德”使万物繁殖， 使万物成长、发育， 使万物结果、成熟， 对万物爱养、保护。 生养了万物而不据为己有， 推动了万物，而不自以为尽了力， 作为万物的首长，而不对它们宰制， 这是最深远的“德”。
《绎读》： 道生之， 德畜之， 物形之， 势成之。 是以 万物莫不尊道而贵德。 道之尊， 德之贵， 夫莫之命而常自然。 故道生之， 德畜之， 长之育之， 亭之毒之， 养之覆之。 生而不有， 为而不恃， 长而不宰， 是谓玄德。	 “道”使万物生长， “德”使万物繁殖， 体质使万物得到形状， 【具体的】器物使万物得到成形。 因此 万物没有不尊崇“道”而重视“德”的。 “道”所以被尊崇， “德”所以被重视， 并没有谁来命令，它从来就是这样的。 所以“道”使万物生长， “德”使万物繁殖， 使万物成长、发展， 使万物结果、成熟， 对万物爱养、保护。 生养了万物而不据为己有， 推动了万物，而不自以为尽了力， 作万物的首长，而不对它们管制， 这叫做深远的“德”。

本章继续强调了“道”对万物的主宰之意。“道”的主宰表现在对万物的生与养，“道”是万物生长的根本原因，而它的方法是

“无为”，所以它也不自以为有功。地位重要而不自恃，《老子》称这种品格为“玄德”。《新译》及其修订版、《全译》《绎读》对本章的理解是一致的。

在古文今译上，“势成之”一句，《今译》与《新译》译作“【对立的】势力使万物得到完成”，这里把“势”译作“势力”并加了定语“对立的”，是受了马克思主义哲学对立统一规律的影响，认为万物的成长是始终处在两种势力对立统一过程中的。这样的理解肯定是没错的，但问题是，《老子》原文的“势”，并不足以引申到这一点，这么翻译未必周全。《全译》改作“【具体的】器物使万物得到完成”，而《绎读》作“【具体的】器物使万物得到成形”。后两种翻译中“具体的器物”是对“势”的意译，理解为事件或事物发生的趋势，“势成之”是万物生长发育到了成形的最后一步，也就是按照土质营养等外部具体因素使其得以成其自身的最后环节。所以，这环节是继“道”“德”“物”之后，具体器物对事物生长发育的影响。将“势”译作“器物”，其实还受到了帛书影响。帛书甲乙本，均作“器成之”。任继愈先生原文从王弼本，但解读则遵循了帛书本，使意思更加具体。高亨先生《老子注译》则直接根据帛书改动了原文。

陈鼓应先生将“势”解作“环境”（《老子注译及评介》五十一章），是参照了蒋锡昌的解释。同时，河上公注：“寒暑之势。”陈柱说：“势者，力也。”都是将“势”看作一种动力。这种动力必然来自每一物各自的成长环境。所以陈鼓应先生直接以“环境”解“势”是有根据的。

“势成之”的“成”是否是最终的“完成”，这又需要回到《老子》整体的哲学上来。《老子》的哲学是主张周而复始的，虽说在万物生长发育的过程中，“势成之”是最后一步，但也只是相对的最后一步，它其实又是新的轮回的开始。所以，为了符合《老子》的基本逻辑，《绎读》把《全译》中的“完成”改为了“成形”。“成形”就是一物长成以后的样子，但并不意味着该物发展就此结束了，所以“成形”的翻译就显得较为圆融了。

第五十二章

原文	译文
《今译》：	
天下有始，以为天下母。	天下一切事物都有源始，把这源始作为天下一切事物的根本。
既得其母，以知其子。	既已得到万物的根本——母，就能认识万物——子。
既知其子，复守其母。	既已认识万物，还坚守着万物的根本，
没身不殆。	终身没有危险。
塞其兑，	塞住【知识的】穴窍，
闭其门，	关上【知识的】门户，
终身不勤。	终身不生疾病。
	【如果】
开其兑，	打开【知识的】穴窍，
济其事，	完成【知识的】事业，
终身不救。	终身不可救药。
	【所以说】
见小曰明，	能观察细微，才是“明”，
守柔曰强。	能保持柔弱，才是“强”。
用其光，	发挥涵蓄着的“光”，
复归其明，	回到认识细微的“明”，
无遗身殃，	不给自己带来灾害，
是为习常。	这就是熟习常道。

续表

《新译》：	
天下有始，以为天下母。	天下一切事物都有源始，把这源始作为天下一切事物的根本。
既得其母，以知其子。	已经掌握了万物的根本——母，就能认识万物——子。
既知其子，复守其母。	已经认识*了万物，还必须坚守着万物的根本，
没身不殆。	就一辈子没有危险。
塞其兑，	塞住【知识的】穴窍，
闭其门，	关上【知识的】大门，
终身不勤。	终身不生疾病。
	【如果】
开其兑，	打开【知识的】穴窍，
济其事，	完成【知识的】事业，
终身不救。	终身不可救药。
	【所以说】
见小曰明，	能观察细微，才是“明”，
守柔曰强。	能保持柔弱，才是“强”。
用其光，	发挥涵蓄着的“光”，
复归其明，	回到认识细微的“明”，
无遗身殃，	不给自己带来灾害，
是为习常。	这就是熟习常道。
	*《新译》（修订版）：“认识”作“掌握”。
《全译》：	
天下有始，以为天下母。	天下一切事物都有源始，把这源始作为天下一切事物的根本。
既得其母，以知其子。	已经掌握了万物的根本——母，就能认识万物——子。
既知其子，复守其母。	已经认识了万物，还必须坚守着万物的根本，
没身不殆。	终身没有危险。
塞其兑，	塞住【知识的】穴窍，
闭其门，	关上【知识的】大门，

续表

终身不勤。 开其兑， 济其事， 终身不救。 见小曰明， 守柔曰强。 用其光， 复归其明， 无遗身殃， 是为习常。	终身不生疾病。 【如果】 打开【知识的】穴窍， 完成【知识的】事业， 终身不可救药。 【所以说】 能观察细微，才是“明”， 能保持柔弱，才是“强”。 发挥涵蓄着的“光”， 回到认识细微的“明”， 不给自己带来灾害， 这就是熟习常道。
《绎读》： 天下有始， 以为天下母。 既得其母， 以知其子。 既知其子， 复守其母。 没身不殆。 塞其兑， 闭其门， 终身不勤。 开其兑， 济其事， 终身不救。 见小曰明， 守柔曰强。 用其光， 复归其明， 无遗身殃， 是为习常。	 天下一切事物有其源始， 作为一切事物的根本。 已经掌握了万物的根本， 就能认识万物（子）。 已经掌握了万物， 还必须坚守着万物的根本， 就终身没有危险。 塞住【知识的】穴窍， 关上【知识的】大门， 终身不遭祸患。 【如果相反】 打开【知识的】穴窍， 完成【知识的】事业， 终身不可救药。 【所以说】 观察细微，称为“明”， 保持柔弱，称为“强”。 发挥涵蓄着的“光”， 回到深细的“明”， 不给自己带来灾害， 这就是不显露的常道。

本章从本源的角度强调了作为万物之根本的“道”，又称之为“母”。然而，本章还突出了《老子》反对经验知识的思想，它认为不要知识，保持谦退，就能保证一生平安，这是不对的。《新译》说，这一观点是“他从没落阶级的立场出发来看待世界上的事物，用退守作为自保的手段”。修订版、《全译》与《绎读》不再谈论《老子》的阶级立场，但并不认同《老子》对经验知识的否定。

另外，《老子》本章还提出了“明”的概念，《新译》及修订版与《全译》只是对其做了字面解释，而《绎读》则特别肯定了“明”的价值，认为“明”含有智慧、明达的意思，是对大智慧的追求。所谓“见小曰明”，是说只有有智慧的人才能观察细微，鞭辟入里。

古文今译上，“塞其兑，闭其门”，任继愈先生始终将“其”解释为“知识”。而陈鼓应先生解作“嗜欲”（《老子注译及评介》五十二章），这就有所分歧了。“知识”与“嗜欲”不同，前者是理性的东西，而后者是非理性的。《老子》前文虽反复告诫过五色、五音、五味的害处，的确主张嗜欲是招致祸患的根源。王弼也说：“‘兑’，事欲之所由生；‘门’，事欲之所由从也。”但是，此处是否讲的是堵住“嗜欲”的孔穴，值得推敲。毕竟《老子》也反对机巧。奚侗说：“‘开其兑’，则民多智慧；益其事，则法令滋彰，天下因以爚乱。”（《老子注译及评介》五十二章引）

此处解释为“塞住【知识的】穴窍，关上【知识的】大门”，或许对于上下文的贯通是有益的。下文讲“见小曰明，守柔曰强”，显然，这是《老子》主张的深谙大道的智慧，是“塞其兑，闭其门”的好结果。在《老子》那里，与“智慧”相对的概念，就是形而下的“知识”，或者“机巧”，这是使人变得伪诈，给人带来灾难的东西。所以从上下文角度看，此处把“其”解释为“知识”也许会好些。

“终身不勤”一句，前三版译作“终身不生疾病”，《绎读》译作“终身不遭祸患”。本章主旨是《老子》对具体知识的反对，对作为抽象知识的道的肯定。《老子》认为，只要远离具体知识就能“终身不勤”。如果该句译作“终身不生疾病”的话，那么我们需要知道具体知识和生理疾病的因果关系才行，但具体知识与生理疾病其实是推不出因果关系的。所以，虽然“勤”字通“瘽”（马叙伦），但即使根据字面直译似乎还是较为牵强。而《绎读》作“终身不遭祸患”，则意味着不会遭受因具体知识（机巧）而引来的外部祸患。我们知道，历史上不乏聪明反被聪明误的案例，因为知道太多或说得太多而遭遇贬官甚至杀身之祸的事例比比皆是，这在《老子》看来就是具体知识导致的，必须避开这些知识，才能“终身不勤”。所以，把“不勤”译作“不遭受外患”，比“不生疾病”要更合理。

第五十三章

原文	译文
《今译》：	
使我介然有知，行于大道，唯施是畏。	假使我准确地有自己的认识，我就顺着大道走去，【我什么也不怕】就怕走斜路。
大道其夷，而民好径。	大道很平坦，而人贪图捷径。
朝甚除，	宫殿很整洁，
田甚芜，	农田很荒芜，
仓甚虚。	仓库很空虚，
服文彩，	而穿着文彩的衣服，
带利剑，	佩带锋利的宝剑，
厌饮食，	足吃精美的饮食，
财货有余，	占有多余的财富。
是谓盗竽。	这就叫做强盗头子，
非道也哉！	是多么不合理！
《新译》：	
使我介然有知，行于大道，唯施是畏。	假使我准确地有自己的认识，我就顺着大道走去，【我什么也不怕】就怕走斜路。
大道其夷，而民好径。	大道很平坦，而人民贪图捷径。
朝甚除，	宫殿很整洁，
田甚芜，	农田很荒芜，
仓甚虚。	仓库很空虚，
服文彩，	而穿着文彩的衣服，
带利剑，	佩带锋利的宝剑，
厌饮食，	足吃精美的饮食，
财货有余，	占有多余的财富。
是谓盗竽。	这就叫做强盗头子，
非道也哉！	是多么不合理！

续表

《全译》： 使我介然有知，行于大道，唯施是畏。 大道其夷，而民好径。 朝甚除， 田甚芜， 仓甚虚。 服文彩， 带利剑， 厌饮食， 财货有余， 是谓盗竽。 非道也哉！	 假使我准确地有自己的认识，我就顺着大道走去，【我什么也不怕】就怕走斜路。 大道很平坦，而人民贪图捷径。 宫殿很整洁， 农田很荒芜， 仓库很空虚， 却穿着文彩的衣服， 佩带锋利的宝剑， 足吃精美的饮食， 占有多余的财富。 这就叫做强盗头子， 是多么不合理！
《绎读》： 使我介然有知， 行于大道， 唯施是畏。 大道甚夷， 而民好径。 朝甚除， 田甚芜， 仓甚虚。 服文彩， 带利剑， 厌饮食， 财货有余， 是谓盗竽。 非道也哉！	 假使我准确地有自己的认识， 我就顺着大道走去， 就怕走上斜路。 大道很坦直， 百姓却贪图走捷径。 宫殿整洁， 农田荒芜， 仓库空虚， 【侯王们】穿华丽的衣服， 佩带锋利的宝剑， 足吃精美的饮食， 占有多余的财富。 这就叫强盗头子， 是多么不合理！

本章是《老子》对当权者提出的尖锐批判，骂他们是剥削人民的强盗头子，他们的所作所为是不符合“道”的。《新译》及修订

版、《全译》《绎读》的理解是一致的，站在农民立场上批判统治者。只是《新译》认为《老子》是站在没落阶级立场上对新兴封建地主阶级的批判，而非人民的立场，是与人民对立的“道”。

在古文今译上，“使我介然有知”一句中，任继愈先生解“介然”为“确实相信，毫无怀疑的样子”，那么该句的意思，就突出了我能对自己有完全的认清。陈鼓应先生解作“稍微”，从《列子·杨朱篇》“无介然之虑者”的释文“介，微也”（《老子注译及评介》五十三章）。那么，原句意为“假使我稍微有些认识”。陈鼓应先生对“介然”的解释虽有所据，但大道是《老子》哲学里的最高境界，走大道与彻底的觉悟不可分割。若从这一角度看，则“假使我准确地有自己的认识”的解释会精确一些。高亨先生认为，“介”读作“黠”，又引《广雅·释诂》：“黠，慧也。”将“介”解作“智慧”（《老子注译》五十三章）。他虽然延伸得较远，但与非有彻底觉悟不能走上大道的内涵是一致的。

在原文校正上，“而民好径”一句，陈鼓应先生主张应改“民”为“人”。景龙碑即作“人”。奚侗、蒋锡昌二先生皆认为，“人”指“人君”（《老子注译及评介》五十三章）；高亨先生此处亦改作“人”，认为指奴隶主（《老子注译》五十三章），意思与奚、蒋同。事实上，《老子》此章主要批判的是统治者不走大道，因此对走捷径者所持的批评态度，指向的应该是统治者。任继愈先生希望尽量在不改底本的情况下解读《老子》，但此处似乎改比不改要好。

“是谓盗竽”的“竽”字，王弼本作“夸”，马王堆本作“杅”。任继愈先生根据《韩非子·解老》，改作“竽”。因为在古代合奏表演中，竽开始则乐章开始，竽先停则乐章结束，竽在古代合奏音乐中占主导地位，有领头的意思，故改正之。高亨先生认为夸、杅、竽三字古代通用，（《老子注译》五十三章）不严格规定哪个字的使用。严灵峰先生认为："夸，奢也；从大，亏声；犹'大'也。'盗夸'，大盗也；犹'盗魁'也。"（《老子注译及评介》五十三章）陈鼓应先生使用"盗夸"，但没有说明原因，估计是接受了严灵峰先生的看法。然而不管如何，这里并无对错之别。

第五十四章

原文	译文
《今译》：	
善建者不拔，	善于建立的，不可动摇，
善抱者不脱，	善于抱持的，不会失脱。
子孙以祭祀不辍。	按照这一原则，可以世世代代享受子孙的祭祀，永不断绝。
修之于身，其德乃真；	把这个原则贯彻到个人，他的"德"可以纯真；
修之于家，其德乃余；	贯彻到一家，他的"德"可以有余；
修之于乡，其德乃长；	贯彻到一乡，他的"德"可以领导；
修之于国，其德乃丰；	贯彻到一国，他的"德"可以丰盛；
修之于天下，其德乃普。	贯彻到天下，他的"德"可以普遍。
故	所以要
以身观身，	从个人【的观点】来认识个人，
以家观家，	从家【的观点】来认识家，
以乡观乡，	从乡【的观点】来认识乡，
以国观国，	从国【的观点】来认识国，
以天下观天下。	从天下【的观点】来认识天下。

续表

吾何以知天下然哉？ 以此。	我何以知道天下的情况呢？ 就是用以上的方法。
《新译》： 善建者不拔， 善抱者不脱， 子孙以祭祀不辍。 修之于身，其德乃真； 修之于家，其德乃余； 修之于乡，其德乃长； 修之于国，其德乃丰； 修之于天下，其德乃普。 故 以身观身， 以家观家， 以乡观乡， 以国观国， 以天下观天下。 吾何以知天下然哉？ 以此。	 善于建立的，不可动摇， 善于抱持的，不会脱落。 【按照这一原则，】可以世世代代享受子孙的祭祀，永不断绝。 把这个原则贯彻到个人，他的“德”可以纯真； 贯彻到一家，他的“德”可以有余； 贯彻到一乡，他的“德”可以领导； 贯彻到一国，他的“德”可以强大； 贯彻到天下，他的“德”可以普遍。 所以【要】 从个人【的观点】来认识个人， 从家【的观点】来认识家， 从乡【的观点】来认识乡， 从国【的观点】来认识国， 从天下【的观点】来认识天下。 我何以知道天下的情况呢？ 就是用以上的方法。
《全译》： 善建者不拔， 善抱者不脱， 子孙以祭祀不辍。 修之于身，其德乃真； 修之于家，其德乃余； 修之于乡，其德乃长； 修之于国，其德乃丰； 修之于天下，其德乃普。	 善于建立的，不可动摇， 善于抱持的，不会脱落。 【按照这一原则，】可以世世代代享受子孙的祭祀，永不断绝。 把这个原则贯彻到个人，他的“德”可以纯真； 贯彻到一家，他的“德”可以有余； 贯彻到一乡，他的“德”可以领导； 贯彻到一国，他的“德”可以强大； 贯彻到天下，他的“德”可以普遍。

① 《全译》本，“姓”误作“称”。

续表

故 以身观身， 以家观家， 以乡观乡， 以国观国， 以天下观天下。 吾何以知天下然哉？ 以此。	所以【要】 从个人【的观点】来认识个人， 从家【的观点】来认识家， 从乡【的观点】来认识乡， 从国【的观点】来认识国， 从天下【的观点】来认识天下。 我何以知道天下的情况呢？ 就是用以上的方法。
《绎读》： 善建者不拔， 善抱者不脱， 子孙以祭祀不辍。 修之于身， 其德乃真； 修之于家， 其德乃余； 修之于乡， 其德乃长； 修之于国， 其德乃丰； 修之于天下， 其德乃普。 故 以身观身， 以家观家， 以乡观乡， 以国观国， 以天下观天下。 吾何以知天下然哉？ 以此。	 善于建立的，不可动摇， 善于抱持的，不会失脱。 【照这样做】 子孙的祭祀永不断绝。 把这个原则行于自身， 他的“德”可以纯真； 贯彻到一家， 他的“德”可以有余； 贯彻到一乡， 他的“德”可以领导； 贯彻到一国， 他的“德”可以丰大； 贯彻到全国， 他的“德”可以普遍。 所以【要】 从自己来认识自己， 从家来认识家， 从乡来认识乡， 从城镇来认识城镇， 从全国来认识全国。 我何以知道国家是这样的呢？ 就是用以上的方法。

本章强调了“德”的原则能给人带来好处。《老子》认为，统治者的修德是治国的基础。以此为标准来视察家、国、天下，没有能离开“德”的。然而这里所谓的修德，是专门讲给统治者听的道理，不是给一般老百姓讲的。这是因为《老子》说“子孙以祭祀不辍”，而在古代能世世代代获得祭祀的只有王侯贵族，不是普通百姓。《新译》认为，这是《老子》在“为奴隶主阶级出谋划策”。而《绎读》认为，这不妨碍《老子》具有农民百姓的立场。农民要的只是安定的生活，无意去取代原有的统治者，因此《老子》告诉统治者该怎么做。

在古文今译上，“其德乃丰”的“丰”字，《今译》作“丰盛”，《新译》及修订版与《全译》作“强大”，而《绎读》作“丰大”。《今译》的“丰盛”是直译，但以此形容“德”的多寡，有些不确；而《新译》及修订版与《全译》的“强大”是意译，也不合适来形容德的多寡，所以两者意思虽相差不远，但不甚贴切。《绎读》对“丰”字进行了注释，仅是“大”的意思，所以在翻译时作“丰大”，也就避免了不确切的麻烦。

“以身观身，以家观家……”这一句式，任继愈先生总的意思是，个体、家、国、天下都“以自己认识自己”。先生的意思是，上文善建、善抱者皆得道之人，而道的基本运动方式是“道法自然”，即以自己为法则。故善建、善抱者之所以能成功，那是遵守了道的原则，即“最高的道，无所取法，以自己为法则”。[①]从这一逻辑推出，“以身观身”句式，乃强调的是自我关照。结合上下

① 《老子绎读》五十四章，第119页。

文，本章讲的主要是统治者的修德问题，强调的是德性的自觉，有“反身而诚”的意思。故只有将个体、家、国、天下作自我关照、自我认识的理解，便能与之呼应。

然而，陈鼓应先生的理解截然不同，他解作“要从（我）个人关照（其他的）个人，从（我）家关照（其他的）家，从（我的）乡关照（其他的）乡，从（我的）国关照（其他的）国”（《老子注译及评介》五十四章）。陈鼓应先生的解释与高亨先生是一致的。外推的逻辑来自河上公“以修道之身观不修道之身……”，林希逸说“即吾一身而可以观他人之身……”（同上），然而，如果采用外推的逻辑来解释“以身观身”句式，与上文善建、善抱者得道之意便可能不连贯。

“以国观国”一句，前三版皆作“从国【的观点】认识国”，而《绎读》作“从城镇来认识城镇”。这句话的翻译可从两个方面看到变化，其一，古代的国不同于现代的国，任继愈先生出于翻译的准确性，对“国”在翻译上进行了矫正，突显了“国”在古汉语语境下的意思。同样，在《绎读》中原文里的“天下”都译作“全国”，也是出于古今对应的准确性原则，这个问题在前几章中已经提到。其二，该句在《绎读》中去掉了“的观点”三个字。“以国观国”就是从国本身来认识国，如果非要加上从“观点上”认识的话，虽说也可以，但不够精练，有冗余之嫌。

第五十五章

原文	译文
《今译》：	
含德之厚，比于赤子。	包含的“德”的深厚的程度，应该比得上无知无欲的婴儿。
毒虫不螫， 猛兽不据， 攫鸟不搏。	毒虫对他不刺， 猛兽对他不扑， 恶鸟对他不抓。
骨弱筋柔而握固。	【他】骨弱、筋柔，而握持得牢固。
未知牝牡之合而峻作，精之至也。	他还不知道什么是男女交合，而他的小生殖器常常翘起，因为他有充沛的精气。
终日号而不嗄，和之至也。	他一天到晚号啼，而不显得力竭声嘶，因为他平和无欲。
知和曰常， 知常曰明， 益生曰祥， 心使气曰强。 物壮则老， 谓之不道， 不道早已。	认识平和叫做“常”， 认识常叫做“明”， 贪求生活享受叫做灾殃， 使欲望支配精气叫做逞强。 只追求壮大，必然走向衰老， 叫做不合乎“道”， 不合乎“道”，必然很快死亡。
《新译》： 含德之厚，比于赤子。 毒虫不螫， 猛兽不据， 攫鸟不搏。 骨弱筋柔而握固。	 包含的“德”的深厚的程度，应该比得上无知无欲的婴儿。 毒虫对他不刺， 猛兽对他不扑， 恶鸟对他不抓。

续表

未知牝牡之合而峻作，精之至也。	【他】骨弱、筋柔，而握持得牢固。
终日号而不嗄，和之至也。	他还不知道什么是男女交合，而他的小生殖器常常勃起，因为他有充沛的精气。
知和曰常， 知常曰明， 益生曰祥， 心使气曰强。 物壮则老， 谓之不道， 不道早已。	他一天到晚号啼，而不显得力竭声嘶，因为他平和无欲。 认识平和叫做“常”， 认识常叫做“明”， 贪求生活享受叫做灾殃， 欲望支配精气叫做逞强。 东西壮大了就会走向衰老， 叫做不合乎“道”， 不合乎“道”，必然很快死亡。
《全译》： 含德之厚，比于赤子。	包含的“德”的深厚的程度，应该比得上无知无欲的婴儿。
毒虫不螫， 猛兽不据， 攫鸟不搏。 骨弱筋柔而握固。 未知牝牡之合而峻作，精之至也。	毒虫对他不刺， 猛兽对他不扑， 恶鸟对他不抓。 【他】骨弱、筋柔，而握持得牢固。 他还不知道什么是男女交合，而他的小生殖器常常勃起，因为他有充沛的精气。
终日号而不嗄，和之至也。	他一天到晚号啼，而不显得力竭声嘶，因为他平和无欲。
知和曰常， 知常曰明， 益生曰祥， 心使气曰强。 物壮则老， 谓之不道， 不道早已。	认识平和叫做“常”， 认识常叫做“明”， 贪求生活享受叫做灾殃， 欲望支配精气叫做逞强。 东西壮大了就会走向衰老， 叫做不合乎“道”， 不合乎“道”，必然很快死亡。

续表

《绎读》：	
含德之厚，	包含的“德”的深厚的程度，
比于赤子。	应该像无知无欲的婴儿。
毒虫不螫，	毒虫不刺他，
猛兽不据，	猛兽不搏他，
攫鸟不搏。	恶鸟不抓他。
骨弱筋柔而握固。	【他】骨弱、筋柔，而握力牢固。
未知牝牡之合	他还不知道什么是男女交合
而峻作，	而他的小生殖器常常勃起，
精之至也。	因为他有充沛的精气。
终日号而不嗄，	他一天到晚号啼，而不显得力竭声嘶，
和之至也。	因为他平和无欲。
知和曰常，	认识平和叫做“常”，
知常曰明，	认识“常”叫做“明”，
益生曰祥，	贪求丰厚享受叫做灾殃，
心使气曰强。	欲望支配精气叫做逞强。
物壮则老，	【追求】强壮必致衰老，
谓之不道，	叫做“不道”，
不道早已。	“不道”，必促使死亡。

本章强调的是《老子》无欲、无为，反对知识的主张。《老子》主张人应该回到无欲无求的婴儿状态，认为这是符合“道”的最佳状态，这样不但能保持精力旺盛，而且能避免灾祸。《新译》及修订版、《全译》《绎读》在基本看法上是一致的，对于《老子》反对知识的观点都是否定的。《新译》与修订版又认为，否定知识是“蒙昧主义的处世哲学，教人们回到愚昧无知的原始状态”，《新译》特别斥之为“消极、倒退的世界观”。修订版、

《全译》《绎读》则未做如此评价。

在原文校正上，“毒虫不螫”一句，王弼本作“蜂虿虺蛇不螫”。下文同样句式中，使用的是“猛兽”“攫鸟”等一般类概念，而不是具体物种名词，所以上下文不一致。与此同时，河上公本作“毒虫”，且王弼注释中也说到“故毒虫之物无见……”所以，“蜂虿虺蛇”乃是“毒虫”的注解文字误入了王弼本正文，所以改正。

“未知牝牡之合而峻作”一句中的“峻”字，王弼本作“全”；河上公及唐碑本作“峻”（zuī）；马王堆甲本、帛书乙本、傅奕本皆作“朘”（juān），又马王堆本之“作”作“怒”。“峻”特指男孩的生殖器，而“朘”原意为削弱、减少，也有“男孩生殖器”的意思。此句分明在讲“牝牡之合”，如果按王弼本作“全”字，则意思不通。为了改正误字，又必须突出原句意思，河上公本的“峻”字才是恰当的。陈鼓应先生将“全”改为“朘”，乃据易顺鼎之说，“‘朘’‘全’音近，故或假‘全’为之”。（《老子注译及评介》五十五章）亦有他的合理性。

在古文今译上，“物壮则老，谓之不道，不道早已”一句，《今译》作“只追求壮大，必然走向衰老，叫做不合乎‘道’，不合乎‘道’，必然很快死亡”。《新译》与《全译》作“东西壮大了就会走向衰老，叫做不合乎‘道’，不合乎‘道’，必然很快死亡”。《绎读》作“【追求】强壮必致衰老，叫做‘不道'，'不道'，必促使死亡"。按照《老子》意思，如果做到平和无欲，就会像婴儿那样永远精力旺盛，所以是不会衰老，不会终结的。反之，如果追求壮大，必然衰老最终死亡。《新译》与《全译》作"东西壮大了就会走向衰老"，如果说这句话有不完美的地方，那就是东西壮大了未必就会衰老，除非它不断地在"追求壮大"，否则是可以保持旺盛的状态的，这也是和《老子》物极必反的原则相一致的。所以《今译》作"只追求壮大，必然走向衰老"以及《绎读》作"【追求】强壮必致衰老"是较为准确的。

陈鼓应先生作："过分强壮就趋于衰老。"（同上）"过分"两字强调的是度的问题，和任继愈先生强调的极限的问题是不一样的。"过分强壮"是相对而言的，不易把握趋于衰老的必然性。《老子》本章强调的是"和之至"，是一个自然而然达到的境界，如果刻意去追求哪种极限，则必然走向反面。所以突出"极限"是有必要的。

此外，该句中"不道"一词，在前三版中译作"不合乎'道'"，而《绎读》对"不道"不做翻译。其实，"不道"在原文中，是作为被定义的专有名词使用的，所以无须刻意翻译出来，《绎读》的做法是出于精简的原则。

第五十六章

原文	译文
《今译》：	
知者不言，	懂得的不【乱】说，
言者不知。	【乱】说的不懂得。
塞其兑，	塞住【知识的】穴窍，
闭其门，	关上【知识的】门户，
挫其锐，	不露锋芒，
解其纷，	超脱纠纷，
和其光，	涵蓄着光耀，
同其尘，	混同着垢尘，
是谓玄同。	这就叫做“玄同”，
故	所以【对于得到玄同的人】
不可得而亲，	不可能对他亲近，
不可得而疏。	不可能对他疏远。
不可得而利，	不可能使他得利，
不可得而害。	不可能使他受害。
不可得而贵，	不可能使他尊贵，
不可得而贱。	不可能使他下贱。
故为天下贵。	所以被天下所重视。
《新译》：	
知者不言，	懂得的不【乱】说，
言者不知。	【乱】说的不懂得。
塞其兑，	塞住【知识的】穴窍，
闭其门，	关上【知识的】大门，
挫其锐，	不露锋芒，
解其纷，	超脱纠纷，
和其光，	涵蓄着光耀，

续表

同其尘， 是谓玄同。 故 不可得而亲， 不可得而疏。 不可得而利， 不可得而害。 不可得而贵， 不可得而贱。 故为天下贵。	混同着垢尘， 这就叫做“玄同”， 所以【对于得到“玄同”的人】 不可能对他亲近， 不可能对他疏远。 不可能使他得利， 不可能使他受害。 不可能使他尊贵， 不可能使他下贱。 所以被天下所重视。
《全译》： 知者不言， 言者不知。 塞其兑， 闭其门， 挫其锐， 解其纷， 和其光， 同其尘， 是谓玄同。 故 不可得而亲， 不可得而疏。 不可得而利， 不可得而害。 不可得而贵， 不可得而贱。 故为天下贵。	 懂得的不说， 说的不懂得。 塞住【知识的】穴窍， 关上【知识的】大门， 不露锋芒， 超脱纠纷， 涵蓄着光耀， 混同着垢尘， 这就叫做“玄同”， 所以【对于得到“玄同”的人】 不可能对他亲近， 不可能对他疏远。 不可能使他得利， 不可能使他受害。 不可能使他尊贵， 不可能使他下贱。 所以受到天下的重视。

续表

《绎读》：	
知者不言，	懂得的不【乱】说，
言者不知。	【乱】说的不懂得。
塞其兑，	塞住【知识的】穴窍，
闭其门，	关上【知识的】大门，
挫其锐，	不露锋芒，
解其纷，	超脱纠纷，
和其光，	涵蓄其光耀，
同其尘，	混同于垢尘，
是谓玄同。	这就叫做“玄同”，
故	所以【对于“玄同”的人】
不可得而亲，	无所谓亲近，
不可得而疏。	无所谓疏远。
不可得而利，	无所谓得利，
不可得而害。	无所谓受害。
不可得而贵，	无所谓尊贵，
不可得而贱。	无所谓卑贱。
故为天下贵。	所以得到天下的重视。

本章仍强调的是对经验知识的反对，指出有知识就会带来灾祸。但其实，《老子》也不是简单地反对经验知识，而是对超验的智慧有别样的青睐，这就是所谓和光同尘的“玄同”。所以，《老子》反对经验知识的本质，是对人世社会的机巧的批判，然而对于淳朴的高洁的智慧则无比推崇。《绎读》肯定《老子》所谓的那种“玄同”的人。而《全译》则认为，“玄同”的人就是单纯地摈弃经验知识的人，《新译》及其修订版也一样，认为《老子》反对经验知识是一种蒙昧主义，这是把《老子》的反对经验知识简单化了。

在原文校正上，“解其纷”一句中的“纷”字，王弼本作“分”，而王弼的注释作“除争原也”，任继愈先生认为这是按

“忿”字注释，故而有矛盾。另外，“挫其锐，解其纷，和其光，同其尘”四句和《老子》第四章完全相同，且唐碑本、马王堆本以及宋范应元本都作“纷”，故先生据此改“分”为“纷”。

在古文今译上，“知者不言，言者不知”，任继愈先生围绕“对知识的说与不说”展开。陈鼓应先生则解作：“智者是不向人民施加政令的，施加政令的人就不是智者。”（《老子注译及评介》五十六章）这就把“言”的内容补充完整了，即政令。本章主要还是对无为而治的发挥。《老子》主张“塞其兑，闭其门”，认为只要堵住机巧，就能生出智慧，成为玄同之人。玄同之人能够不再关心亲疏、利害、贵贱的差异，于是便成就其君王的地位。所以，这里的“知者不言”，其实是教导统治者要成就怎样的理想人格。

“不可得而亲”至“不可得而贱”六句，前三版译作“不可能对他亲近”等，“不可得”被译作“不可能”；而《绎读》译作“无所谓亲近”等。本章的主旨是反对耳目感官的具体知识，《老子》认为可以言说的知识都不是大智慧，甚至是有害的，所以主张屏蔽一切具体知识，而追求玄同的境界。于是，《老子》对玄同的境界进行了描述，也就是对亲疏、利害、贵贱等社会价值不在乎的境界，陈鼓应先生作“不分亲，不分疏；不分利，不分害；不分贵，不分贱”，（同上）不做区分，也就是无所谓的态度。《老子》认为达到这样境界的人反而能得到天下人的重视。值得注意的是，达到玄同境界的人不是孤立于社会大众之外的人，所以尽管他们不露锋芒、超脱纠纷，但他们不是不能亲近、不能得利、不能被尊重的人，而是对这些世俗价值表现出不屑的人，所以“无所谓……”的翻译更为准确。

第五十七章

原文	译文
《今译》： 以正治国， 以奇用兵， 以无事取天下。 吾何以知其然哉？ 以此。 天下多忌讳而民弥贫； 民多利器，国家滋昏； 人多伎巧，奇物滋起； 法令滋彰，盗贼多有。 故圣人云： “我无为而民自化， 我好静而民自正， 我无事而民自富， 我无欲而民自朴。”	 以正规的方法治国， 以出奇的方法用兵， 以不勉强，来掌握天下。 我何以知道是这样的？ 原因就在此。 天下的禁令越多，人民越陷于贫穷； 民间的武器越多，国家越陷于昏乱； 人们的技术越巧，越引起很多反常的事情； 法令越分明，盗贼反不断地发生。 所以“圣人”说： “我无为、人民自然顺化， 我好静、人民自然端正， 我无事、人民自然富足， 我无欲、人民自然淳朴。”
《新译》： 以正治国， 以奇用兵， 以无事取天下。 吾何以知其然哉？ 以此： 天下多忌讳而民弥贫； 民多利器，国家滋昏； 人多伎巧，奇物滋起； 法令滋彰，盗贼多有。 故圣人云： “我无为而民自化， 我好静而民自正， 我无事而民自富， 我无欲而民自朴。”	 以正规的方法治国， 以出奇的方法用兵， 以无所作为来掌握天下。 我何以知道是这样的？ 根据就在于： 天下的禁令越多，人民越陷于贫穷； 民间的武器越多，国家越陷于昏乱； 人们的技术越巧，奇怪的物品越多； 法令越分明，盗贼反倒越多。 所以“圣人”说： “我无为，人民自然顺化， 我好静，人民自然端正， 我无事，人民自然富足， 我无欲，人民自然淳朴。”

续表

《全译》： 以正治国， 以奇用兵， 以无事取天下。 吾何以知其然哉？ 以此： 天下多忌讳而民弥贫； 民多利器，国家滋昏； 人多伎巧，奇物滋起； 法令滋彰，盗贼多有。 故圣人云： “我无为而民自化， 我好静而民自正， 我无事而民自富， 我无欲而民自朴。”	 以正规的方法治国， 以出奇的方法用兵， 以无所作为来掌握天下。 我何以知道是这样的？ 根据就在于： 天下的禁令越多，人民越陷于贫穷； 民间的武器越多，国家越陷于昏乱； 人们的技术越巧，奇怪的物品越多； 法令越分明，盗贼反倒越多。 所以“圣人”说： “我无为，人民自然顺化， 我好静，人民自然端正， 我无事，人民自然富足， 我无欲，人民自然淳朴。”
《绎读》： 以正治国， 以奇用兵， 以无事取天下。 吾何以知其然哉？ 以此： 天下多忌讳而民弥贫； 民多利器，国家滋昏； 人多伎巧，奇物滋起； 法令滋彰，盗贼多有。 故圣人云： “我无为而民自化， 我好静而民自正， 我无事而民自富， 我无欲而民自朴。”	 以正规的政策治国， 以出奇的方略用兵， 以无为来治理国家。 我何以知道是这样的？ 根据就在于： 天下的禁令越多，人民越陷于贫穷； 民间的武器越多，国家越陷于昏乱； 人们的技术越巧，新奇产品越充斥； 法令越分明，盗贼越多。 所以“圣人”说： “我无为，百姓自然顺化， 我好静，百姓自然端正， 我无事，百姓自然富足， 我无欲，百姓自然淳朴。”

① “甚”字，在前三版中皆作“其”，而王弼本作“甚”，何以前三版为“其”，而《绎读》又改回“甚”，任继愈先生未做说明。

本章里，《老子》继续发挥“无为”的政治思想，反对一切有为与变革。任继愈先生认为，《老子》是站在农民百姓的立场上反对战争的，所以《老子》的“无为”政治是指向对战争的消弭，从而达到社会的安定有序。因此，《老子》的“无为”政治不完全是消极的，但也不可避免地带有理想主义色彩。《绎读》与《全译》都没有在这章里对“无为”做价值评价，而《新译》及其修订版则认为《老子》的“无为”，既反对创造发明，也反对封建法制，更反对人民造反。由于《新译》对《老子》进行了没落贵族阶级立场的定位，所以认为《老子》的“无为”思想是为统治阶级谋求安定，因此具有消极意义。修订版只是不提阶级立场，但对“无为”的政治思想仍持否定态度。

在古文今译上，“以正治国”一句，任继愈先生作“以正规的政策治国”。因为国都是诸侯的私人领地，所以诸侯在治国时往往随意性特别强，故而常常让老百姓感到措手不及。所以先生把“正”译作“正规的政策”，强化了《老子》对“随意性”的批评。联系上下文，“正”又与“奇”相对，“奇”强调的是用兵的非常规性。所以将“正”译作“正规的政策”，有多方位的考量。

陈鼓应先生将“以正治国”译作“以清净之道治国”（《老子译注与评介》五十七章），这是根据释德清“天下国家者，常以清净无欲为正”而来的。联系上下文，《老子》的确是在批评统治者的多欲给老百姓带来了灾祸。但是“清净无欲”却无法与“以奇用兵”形成语义上的对举，故有一定的瑕疵。而高亨先生作“用正常平易的方法来治国”（《老子注译》五十七章），不进行太多的延伸，因此也好些。

“以无事取天下”一句中，前三版将“无事”译作“无所作为”，而《绎读》译作“无为”。之所以《绎读》的翻译更准确，是因为“无为”更契合《老子》本意。《老子》在政治上主张“无为”，但不是“无所作为”，而是带着公心的为，符合道的为。因为道是日用而不知的，所以符合道的治理方式，给人的感觉就好像是主宰者缺位了。其反义词“有为”，便指带着私心的为，与“无为”形成一对矛盾。陈鼓应先生作“以不搅扰人民来治理天下”（同上），是把“无为”的具体内容补充完整了。鉴于“无为”本身已是《老子》哲学通用之专名，所以不特别补充亦可。

第五十八章

原文	译文
《今译》：	
其政闷闷，其民淳淳。	政治宽闳，人们就纯厚忠诚。
其政察察，其民缺缺。	政治严苛，人民就缩手缩脚。
祸兮，福之所倚，	灾祸啊，幸福紧靠在它旁边，
福兮，祸之所伏。	幸福啊，灾祸埋伏在它里面。
孰知其极？	谁知道它最后的道理？
其无正。	实在没有主宰者。
正复为奇，	正常随时可变为反常，
善复为妖，	善良随时可变为妖孽，
人之迷，其日固久！	人们的迷惑，由来已久了！
是以圣人	因此，“圣人”
方而不割，	方正而不显得生硬勉强，
廉而不刿，	有棱边而不至于把人划伤，
直而不肆，	正直而不至于无所顾忌，
光而不耀。	明亮而没有刺眼的光芒。

续表

《新译》： 其政闷闷，其民淳淳。 其政察察，其民缺缺。 祸兮，福之所倚， 福兮，祸之所伏。 孰知其极？ 其无正。 正复为奇， 善复为妖， 人之迷，其日固久！ 是以圣人 方而不割， 廉而不刿， 直而不肆， 光而不耀。	 政治宽闳，人民就纯厚忠诚。 政治严苛，人民就抱怨不满。 灾祸啊，幸福紧靠在它旁边， 幸福啊，灾祸埋藏在它里面。 谁知道它最后的道理？ 实在没有主宰者。 正常随时可变为反常， 善良随时可变为妖孽， 人们的迷惑，由来已久了！ 因此，“圣人” 方正而不显得生硬勉强， 有棱边而不至于把人划伤， 正直而不至于无所顾忌， 明亮而没有刺眼的光芒。
《全译》： 其政闷闷，其民淳淳。 其政察察，其民缺缺。 祸兮，福之所倚， 福兮，祸之所伏。 孰知其极？ 其无正。 正复为奇， 善复为妖， 人之迷，其日固久！ 是以圣人 方而不割， 廉而不刿， 直而不肆， 光而不耀。	 政治宽闳，人民就纯厚忠诚。 政治严苛，人民就抱怨不满。 灾祸啊，幸福紧靠在它旁边， 幸福啊，灾祸埋藏在它里面。 谁知道它最后的结局？ 实在没有主宰者。 正常随时可变为反常， 善良随时可变为妖孽， 人们的迷惑，由来已久了！ 因此，“圣人” 方正而不显得生硬勉强， 有棱边而不至于把人划伤， 正直而不至于无所顾忌， 明亮而没有刺眼的光芒。

续表

《绎读》： 其政闷闷， 其民淳淳。 其政察察， 其民缺缺。 祸兮，福之所倚， 福兮，祸之所伏。 孰知其极？ 其无正。 正复为奇， 善复为妖， 人之迷， 其日固久！ 是以圣人 方而不割， 廉而不刿， 直而不肆， 光而不耀。	 政策无为宽闳， 百姓纯厚忠诚。 政策琐细严苛， 百姓牢骚抱怨。 灾祸啊，幸福靠在它旁边， 幸福啊，灾祸藏在它里面。 谁知道它最后的结局？ 【根本】没有主宰者。 正常随时可变为反常， 善良随时可变为妖孽， 人们的迷惑， 由来已久了！ 因此，“圣人” 方正而不显得生硬勉强， 有棱边而不会把人划伤， 正直而不至于无所顾忌， 明亮而没有刺眼的光芒。

本章主要是《老子》的辩证法思想，强调了事物始终处在转变的过程中。当然，《老子》是从政治的角度上来认识转化问题的，它认为政治越严苛，人民的反抗就会越激烈，反之，老百姓的不满情绪就越小。同样，有时候表面看起来是福的，有可能是祸，有时候表面看来是祸的，却反而是福。所以，正因为事物始终处在转化的过程中，所以要尽量避免转化，意即做事要适可而止，此为《绎读》对本章的理解。《新译》及修订版与《全译》则认为，《老子》虽然看到了转化的必然性，却把事物向对立面的转化看作是无条件的，

是盲目的，是无法控制的。因此，由于把向对立面转化看作是绝对的，所以也就无法理解从胜利走向胜利以及没落阶级的一败涂地了。《新译》进一步认为，这种绝对的转化观“陷入了形而上学的泥坑”。

在古文今译上，“其政察察，其民缺缺”，统治者过于精明，老百姓会如何反应？任继愈先生将“缺缺”译作“牢骚抱怨”。蒋锡昌先生作“‘缺缺’，机诈满面貌”（《老子校诂》五十八章）。陈鼓应先生从蒋锡昌先生的看法。高亨先生认为，“缺”是“狭”的假借字，“狭”与“狯”都是狡诈的意思。的确，在严苛的政治环境下，老百姓表现是会多样的，既有牢骚不断，也有狡诈奸险。很难讲哪一种解释更加准确。

“孰知其极”一句，《今译》与《新译》译作“谁知道它最后的道理”，《全译》与《绎读》译作“谁知道它最后的结局”。这句话承接了上文祸福相倚的说法，因为祸福是相互依存的，按照《老子》所强调的辩证与转化，灾祸之后必有幸福，而幸福之中也隐藏着祸患。正因为这样的转化不断地在上演，所以没人知道一事一物最后的结局会是怎样的。由此看来，《全译》与《绎读》的译法更好。

“其无正”一句，前三版译作“实在没有主宰者”，《绎读》则作“【根本】没有主宰者”。这两种翻译，主要是语气上的不同。仍然是承接上文，《老子》说祸福相倚，也就是告诫人们幸福的时候不要忘了隐患的存在，受灾的时候仍要抱有重获幸福的希望，并且两者的转化有其必然性，既然是必然的，是不为任何意志左右的，那么就可以看作是没有主宰的。“实在没有主宰者”的表述，虽然是事实陈述，但在语气上显得无奈，觉得不一定能得到读者认可；

而“【根本】没有主宰者”的表述则显得斩钉截铁，给人的感觉是，按照祸福相倚的规律，“没有主宰者”这一事实是不可置疑的。

“孰知其极，其无正”一句，陈鼓应先生译作“谁知道它的究竟，没一个定准”（《老子注译与评介》五十八章）。用这个表述来理解这句话的，有范应元、朱谦之、冯友兰等。冯友兰由此得出结论，“因此很难确定哪一方面是正，哪一方面是负。这样的‘其无正’的思想，就为相对主义开了一个大门”。[①] 的确，没有确定性，便可能给相对主义埋下隐患。

但是，任继愈先生此处译作“根本没有主宰者”，表面的意思同“没一个定准”是一样的，但内在意涵却完全不同。“对主宰者的否定”，强调的是开放性、自主性，与强调不确定性，意涵迥异。同时，强调“对主宰者的否定”也是先生对他坚持的《老子》是理性主义者、无神论者的观点的贯彻。

本章中，任继愈先生前后四版的变化，主要在翻译语气上有所不同。而翻译语气的改变，其实也是思想观念的反映。众所周知，先生自始至终坚持科学无神论的立场，1978 年先生创立并主导了中国无神论学会。然当时的社会风气却是有神论占了上风，以至于到了 20 世纪 80 年代初形成了“有神论有人讲，无神论无人讲”的局面，中国无神论学会也因此在举办过几次年会后便处于长时间的停滞状态。先生面对当时的情况，心中应该是无奈的，然而我们也知道，先生是不会屈服的，他的科学无神论立场不但从未动摇，还越挫越勇。步入晚年的他，不但重振中国无神论学会，还主办《科学与无神论》

① 冯友兰：《中国哲学史新编》，人民出版社，1982年，第272页。

期刊，誓与愚昧迷信斗争到底。“【根本】没有主宰者”一句的语气，就是这种坚定意志的体现。可以说，前后翻译上的改变，正体现了任继愈先生始终在字斟句酌地述说着内心深处的声音。

第五十九章

原文	译文
《今译》：	
治人、事天莫若啬。	管理国家、应付自然没有比爱惜精神，积蓄力量——啬——的原则更好的。
夫唯啬，是谓早服。	由于爱惜精神，积蓄力量，才能遇事从容，早作准备。
早服谓之重积德，	遇事从容、早作准备，也就是“啬”的“德”不断的积累。
重积德则无不克，	“啬”的“德”不断的积累，可无往而不胜利。无往而不胜利，这力量是无法估计的。
无不克则莫知其极。	这种无法估计的力量，即可以管理国家政治。
莫知其极，可以有国。	有了治国的根本，统治可以长久维持。
有国之母，可以长久。	这就叫做
是谓 深根、固柢、长生、久视之道。	根扎得深、柢生得牢、延长生命、持久统治的原则。
《新译》：	
治人、事天莫若啬。	统治人、事奉天，没有比吝啬的原则更好的。
夫唯啬，是谓早服。	由于“啬”，才能遇事从容，早作准备。
早服谓之重积德，	遇事从容、早作准备，也就是“啬”的“德”不断的积累。
重积德则无不克， 无不克则莫知其极。	“啬”的“德”不断的积累，可无往而不胜利。无往而不胜利，这力量是无法估计的。

续表

莫知其极，可以有国。	这种无法估计的力量，即可以管理国家政治。
有国之母，可以长久。	有了治国的根本，统治可以长久维持。
是谓	这就叫做
深根、固柢、长生、久视之道。	根扎得深、柢生得牢、延长生命的原则。
《全译》：	
治人、事天莫若啬。	统治人、事奉天，没有比吝啬的原则更好的。
夫唯啬，是谓早服。	由于“啬”，才能遇事从容，早作准备。
早服谓之重积德，	遇事从容、早作准备，也就是“啬”的“德”不断的积累。
重积德则无不克，	“啬”的“德”不断的积累，可无往而不胜利。 无往而不胜利，这力量是无法估计的。
无不克则莫知其极。	
莫知其极，可以有国。	这种无法估计的力量，即可以管理国家政治。
有国之母，可以长久。	有了治国的根本，统治可以长久维持。
是谓	这就叫做
深根、固柢、	根扎得深、柢生得牢、
长生、久视之道。	长寿之道。
《绎读》：	
治人、事天	统治人、事奉天
莫若啬。	没有比“啬”的原则更好的了。
夫唯啬，	由于“啬”，
是谓早服。	才能遇事从容，早作准备。
早服谓之重积德，	早作准备，就是“啬”的“德”不断的积累。
重积德则无不克，	“啬”的“德”不断的积累，可无往而不胜利。
无不克则莫知其极。	无往而不胜利，这力量是不可限量的。
莫知其极，可以有国。	不可限量的力量，即可以管理国家。
有国之母，可以长久。	有了治国的根本，可以长治久安。
是谓	这就叫做
深根、固柢，	根扎得深、柢生得牢，
长生、久视之道。	永远是治人、事天的原则。

本章提出了一个治人事天的基本原则——啬。啬的意思是，爱惜精神，积蓄力量，不该做的事尽量不要做，从个人的保全到国家的治理，都离不开这条原则。《新译》《全译》与《绎读》对本章的理解是一致的。而《新译》及其修订版对其进行了价值判断，认为“这是一种‘无为’、消极、退守的政治倾向”。

古文今译上，“治人、事天莫若啬”一句是本章的中心，《今译》译作“管理国家、应付自然没有比爱惜精神，积蓄力量——啬——的原则更好的”，《新译》与《全译》作“统治人、事奉天，没有比吝啬的原则更好的”，《绎读》作“统治人、事奉天没有比‘啬’的原则更好的了”。这句话前后翻译的不同可分两点。

其一，对“事天”的理解。《今译》中，“天”被理解为“自然”，所以“事天”就翻译为“应付自然”。这种对传统“天”的理解方式虽已普及开来，但其实和传统思想中的“天”的本意相去甚远。任继愈先生在深入研究宋明理学以及结合生平经历的基础上，认为古人思想中的“天”自始至终都是一尊至上神。而《老子》的主要贡献在于，为一切，包括“天”的发展变化找到一个总的根据，这就是“道”的提出；然而，“天”作为人格神的传统观念与之并不矛盾，也没有被否认，这是历史本身决定的。况且在古代本没有人与自然对立的问题，因此也不会有我们所认为的“自然”的存在。所以在后三版中，“事天”就翻译作“事奉天”，把“天”理解为被“事奉”的人格神，从而修正了“应付自然”这一说法。

河上公对“事天”的注是，“治身者当爱精气不放逸”。（《老子河上公注》五十九章）把事天理解为修身、养生的，还有王纯甫、严灵峰、林希逸等。陈鼓应先生从修养说。其实，把“天”解释为“身”，源于高诱注《吕氏春秋·本生篇》：“天，身也。”而河上公的注释本来就是以养生为主旨的，以这两点为基础，而把“修养说”迁移到《老子》，是否合适，是需要质疑的。高亨先生作“遵循天道”（《老子注译》五十九章），则是比较折中的理解。

其二，对“啬”的翻译。《今译》中把“啬”的具体意涵解释在翻译中，意为“爱惜精神，积蓄力量”，《新译》与《全译》则作“吝啬”，而《绎读》对“啬”不进行解释。“啬”本是《老子》提出的治国事天的原则，其具体意涵就是“爱惜精神，积蓄力量”。然而，翻译的原则应该是尽可能地保留专有名词，所以《今译》的译法过于烦琐。而“吝啬”一词虽有爱惜的意思，但不免含有贬义色彩。所以，最好的译法是《绎读》对“啬”字原文的保留，并在注释里对它的内涵进行解释，这样做既表达了自己的观点，也确保了原文的开放性。

“深根、固柢，长生、久视之道”一句，《今译》译作“根扎得深、柢生得牢、延长生命、持久统治的原则”，《新译》作“根扎得深、柢生得牢、延长生命的原则”，《全译》作“根扎得深、柢生得牢、长寿之道”，《绎读》作“根扎得深、柢生得牢，永远是治人、事天的原则”。从翻译的文义上来讲，《今译》与《绎读》是一样的，《新译》与《全译》是一样的。其实，《老子》所讲“长生久视之道”并不是我们后世所理解的长寿理论，而是教导统治者应当通过“啬”的原则，从而保证他永久地稳固其统治地位，也就是保证永远地能“治人事天”。要知道，《老子》文本的创作本身也是出于政治的需要，这是该书的根本目的。至于“延长生命”或是“长寿之道”的理解，是后世道教徒为自己的长生理论找寻经典根据而附会上去的。所以任继愈先生在《绎读》的本章题解中也说到，长生理论的理解并不符合《老子》的本意。所以，通过对这句话翻译的前后变化可知，先生曾有一个反复琢磨的过程。

第六十章

原文	译文
《今译》： 治大国若烹小鲜。 以道莅天下，其鬼不神。 非其鬼不神，其神不伤人。 非其神不伤人，圣人亦不伤人， 夫两不相伤，故德交归焉。	 治理大国，要像煎小鱼【不要常常扰动它】。 用“道”这个原则来面临天下，就可以使鬼不起作用。 并不是鬼不起作用，而是鬼的作用不能害人。 并不是鬼的作用不能害人，而是由于“圣人”根本不害人， 这样，人与鬼互不伤害，所以互相得到好处。
《新译》： 治大国若烹小鲜。 以道莅天下，其鬼不神。 非其鬼不神，其神不伤人。 非其神不伤人，圣人亦不伤人。 夫两不相伤，故德交归焉。	 治理大国，要象 * 煎小鱼那样【不要常常扰动它】。 用“道”这个原则来面临天下，就可以使鬼不起作用。 并不是鬼不起作用，而是它起的作用不能害人。 并不是它起的作用（神）不能害人，而是由于“圣人”根本不害人， 这样，人与鬼互不伤害，所以【人与鬼】都【互相】称赞“圣人”的德。 *《新译》（修订版）：“象”作“像”。

续表

《全译》： 治大国若烹小鲜。 以道莅天下，其鬼不神。 非其鬼不神，其神不伤人。 非其神不伤人，圣人亦不伤人， 夫两不相伤，故德交归焉。	 治理大国，要像煎小鱼那样【不要常常扰动它】。 用“道”【这个原则】来统治天下，就可以使鬼不起作用。 并不是鬼不起作用，而是它起的作用不能害人。 并不是它起的作用（神）不能害人，而是由于“圣人”根本不害人， 这样，人与鬼互不伤害，所以【人与鬼】都【互相】称赞“圣人”的德。
《绎读》： 治大国若烹小鲜。 以道莅天下， 其鬼不神。 非其鬼不神， 其神不伤人。 非其神不伤人， 圣人亦不伤人， 夫两不相伤， 故德交归焉。	 治理大国，要像煎小鱼那样【不要常常扰动它】。 用“道”来治天下， 就可以不受异常事变的干扰。 并不是异常事变不起作用， 而是它起的作用不能害人。 并不是它起的作用对人无害， 而是由于“圣人”根本不理会这类事变， 这样，异常事变与正常秩序互不相干， 所以都感佩“圣人”的德。

本章也强调了《老子》“无为”的政治思想，具体操作就是“治大国若烹小鲜”，呼吁统治者不要扰民，不要生事。《绎读》比较积极地肯定这一治国方略，认为曹参继承萧何的“无为”方针是其典型，其结果是老百姓得利。《新译》及其修订版与《全译》将此理解为，是宣扬多一事不如少一事的消极的世界观，这是因为把《老子》的立场摆错了。

本章中的“鬼”“神”均不是超自然意义上的鬼神，其中将

“神”译作“作用”并无疑义；而“鬼”字，任继愈先生则赞同章太炎的考据，即通“夔”字，指上古似人而非人的怪兽，并且引申为异类，包括称外国为“鬼方”等等。再进一步，就指的是一切异常事物。在《绎读》里，任继愈先生直接用“异常事变”来翻译“鬼”。这么翻译，既建立在考据的基础上，又可以突出《老子》的理性主义色彩。车载说：“这一段话就是治国为政说，从‘无为而治’的道理里面，提出无神论倾向的见解。”（《老子注译及评介》六十章引）认为《老子》具有强烈无神论倾向，这与任继愈先生的看法是一致的。所以，这章的重点不在讲宗教意义上的鬼神是否灵验或伤人，而在于否定异常事物的神秘性，还原大道无隐的自然而然。

高亨先生认为，“神”是“魋”之借，“盖鬼灵曰魋。其鬼不魋，犹言鬼不灵耳”。（《老子正诂》六十章）陈鼓应先生将“其鬼不神”译作“鬼怪起不了作用”（《老子注译及评介》六十章）。他们将焦点放在了“神”字上，对“鬼”字则仅作字面的解释，这是比较主流的看法。章太炎对“鬼”字的解释超乎主流，极具创造性。任继愈先生不以为章氏故作怪论，反以为有益，也是先生的智慧使然。

“圣人亦不伤人”一句，前三版译作“由于‘圣人’根本不害人”，《绎读》译作“由于‘圣人’根本不理会这类事变”。这一修正是有道理的。首先，《老子》并不主张圣人具有伦理意义，因为它在哲学史上本来就是以反对儒家仁义道德的立场出现的。其次，按照前三版翻译的理解是，鬼神不伤人，是因为圣人不伤人，但既已是圣人了，又何以会行伤人之事呢？所以，这里的“伤人”恐不能简单理解为“害人”。

其实，“圣人”的概念，重点要突出的是“无为”的内涵。之所以《绎读》作“‘圣人’根本不理会这类事变”更为确切，是因为“圣人”的治国方式，就应该是超脱的，尤其是超脱善恶伦理的。另一方面讲，本章强调“治大国若烹小鲜”，意即要求统治者少干预民事，不理会那些无关的东西，尤其是妨碍民事、引起混乱的异常事变更应弃若敝屣。

“夫两不相伤，故德交归焉”一句，前三版解释为，鬼神与人互不伤害，互相称赞圣人的德。这是从字面上的解读，是远远不够的。因为无法回答何以用大道治理天下时，鬼神会与人互不伤害。《绎读》作“异常事变与正常秩序互不相干，所以都感佩‘圣人’的德”。意思是，圣人用道治理天下时，那些神秘的异常事变将会被排挤否定，剔除无关的、易引起混乱的因素，这就是“治大国若烹小鲜”，这就讲清楚了“两不相伤”的意思。

陈鼓应先生作“鬼神和有道者都不侵越人，所以彼此能相安无事”（同上）。这也是字面上的解释，没有讲清楚用大道治国与人鬼不相侵犯的关系。也就是说，只有从对神秘主义否定的意义上来理解本章，才能明白鬼神、圣人不伤人的意思。当然，要做出这样的理解，与对《老子》无神论立场的认识有密切的关系。

第六十一章

原文	译文
《今译》：	
大国者下流。	大国居于下流【像百川归附江海那样】，
天下之交，	【它】为天下所归附，
天下之牝。	【它】自居于天下柔雌的地位。
牝常以静胜牡，以静为下。	柔雌经常以安静战胜雄强，就在于它安静而谦下。
故大国以下小国，则取小国。	所以大国对小国谦下，即可取得小国的信赖，
小国以下大国，则取大国。	小国对大国谦下，才能取得大国的信任。
故	所以
或下以取，	有时大国以谦下取得小国的信赖，
或下而取。	有时小国以谦下才能取得大国的信任。
大国不过欲兼畜人，	大国不过要求领道小国，
小国不过欲入事人，	小国不过要求奉承大国。
夫两者各得其所欲，大者宜为下。	那么大国小国都满足了要求，大国应该特别注意谦下。
《新译》：	
大国者下流。	大国居于下流【象*百川归附江海那样】，
天下之交，	【它】为天下所归附，
天下之牝。	【它】自居于天下雌性的地位。
牝常以静胜牡，以静为下。	雌性所以经常以安静战胜雄性，就在于它安静而居下。
故大国以下小国，则取小国。	所以大国对小国谦下，即可取得小国的信赖，
小国以下大国，则取大国。	小国对大国谦下，才能取得大国的信任。
故	所以
或下以取，	有时大国以谦下取得小国的信赖，
或下而取。	有时小国以谦下才能取得大国的信任。

续表

大国不过欲兼畜人， 小国不过欲入事人， 夫两者各得其所欲， 大者宜为下。	大国不过要求领导小国， 小国不过要求奉承大国。 那么大国小国都满足了要求， 大国应该特别注意谦下。 *《新译》（修订版）：“象”作“像”。
《全译》： 大国者下流。 天下之交， 天下之牝。 牝常以静胜牡，以静为下。 故大国以下小国，则取小国。 小国以下大国，则取大国。 故 或下以取， 或下而取。 大国不过欲兼畜人， 小国不过欲入事人， 夫两者各得其所欲， 大者宜为下。	 大国居于下流【像百川归附江海那样】， 【它】为天下所归附， 【它】自居于天下雌性的地位。 雌性所以经常以安静战胜雄性，就在于它安静而居下。 所以大国对小国谦下，即可取得小国的信赖， 小国对大国谦下，才能取得大国的信任。 所以 有时大国以谦下取得小国的信赖， 有时小国以谦下才能取得大国的信任。 大国不过要求领导小国， 小国不过要求奉承大国。 那么大国小国都满足了要求， 大国应该特别注意谦下。
《绎读》： 大国者下流。 天下之交， 天下之牝。 牝常以静胜牡， 以静为下。 故大国以下小国， 则取小国。 小国以下大国， 则取大国。 故	 大国居于下流【像百川归附江海那样】， 【它】为天下所归附， 【它】自居于天下雌性的地位。 雌性所以经常以安静战胜雄性， 就在于它安静而居下。 所以大国要对小国谦下， 即可取得小国的信赖， 小国要对大国谦下， 就能取得大国的信任。 所以

续表

或下以取， 或下而取。 大国不过欲兼畜人， 小国不过欲入事人， 夫两者各得其所欲， 大者宜为下。	作为大国要以谦下取得小国的信赖， 作为小国要以谦下取得大国的信任。 大国无非要领导小国， 小国无非要求奉承大国。 那么大小国都满足了要求， 大国应该谦下。

本章是《老子》关于如何处理大国与小国的关系问题，它主张大国与小国都要树立柔弱谦下的精神，这样就能避免战争，减少农民百姓的伤亡。《老子》所处的时代，从列国并为七国，之后又从七国归为一国。列国终归为一国，从负的角度上讲是兼并，而从正的角度上讲是统一，但无论如何，在当时，走向战争是一个历史趋势与历史事实。《老子》主张不要打仗，小国让大国领导，而大国蓄养小国，这样天下太平不是很好吗？这就是《老子》的安于现状。《新译》及其修订版与《全译》认为，兼并战争促使统一，本来是具有进步性的，但《老子》却反对，它不关心统一，而只关心不要打仗，这种安于分散割据的思想是与历史发展背道而驰的。《绎读》则认为，《老子》的安于现状主要是站在农民立场上的反战，其实是有价值的，并非出于倒退的历史观，不是简单地反对统一。所以说，不论《老子》是否能预测到当时战争的最终结果，它看到的首先是残酷的战争本身，清楚民不聊生局面的可怕。因此，反战，才是本章的主题，《绎读》的理解更贴近《老子》本意。

当然，《绎读》也指出了《老子》理想主义的问题。《老子》认为“大国不过欲兼畜人”，所以主张小国主动让权于大国就好了。但事实不会这么简单，大国不可能仅仅满足于领导小国，而是要夺取小国的一切，甚至灭其族灭其国。而小国也不可能甘心被大国领导，历史与现实也都证明，但凡有一丁点利益，即使弹丸之地也在谋求独立。所以想通过“谦下”的品质来创造稳定局面是不可能有结果的，战争不发展到最后一刻是不可能止息的，因此《老子》单纯的反战不啻为一种理想主义。

古文今译上，“牝常以静胜牡”一句，“牝”与“牡”在《今译》中，译作“柔雌”与“雄强”，在后三版中译作“雌性”与“雄性”。《老子》此句本是要用生物界中的雌雄各自按照本性的生活而获得和谐共存做比喻，从而强调“谦下”的重要性。前者的译法作形容词用，后者译法作名词，所以两者的区别也不是翻译的对错，而是后者的译法更为精确。

“以静为下”一句，《今译》作“就在于它安静而谦下”，后三版改“谦下”为“居下”。之所以需要改为“居下”，是因为本句是对生物界中雌性相对卑下地位的描述，“居下”就是一种客观描述，而“谦下”则是其引申的意思。所以，本句中的“下”还不适合被直接译作“谦下”。

“故大国以下小国，则取小国”一句，任继愈先生采用意译，“大国要对小国谦下，就能取得小国的信任”。陈鼓应先生根据顾欢本、开元本、敦煌本等，认为“‘取’借为‘聚’”“‘以取’，以聚人；‘而取’，聚于人”（《老子注译及评介》六十一章）。所以，大国谦下就能会聚小国，小国谦下就能被大国容忍。任继愈先生与陈鼓应先生的两种理解没有对错之别，只是任继愈先生的解释，更希望突出《老子》对和平相处的期待。“信任”可为和平的前提，但“聚”仍有兼并的意思。王弼本的“取”或许是“聚”之讹，但影响已经形成，且“取”字意义丰富，其“取信”的含义在上下文中内涵也更深刻。

“小国不过欲入事人”一句，高亨先生认为，“入”当作“不”，是俗儒的妄改。他认为，国再小，也希望独立自主，因此小国的最大愿望就是不事奉人。所以，小国谦下，是为了不被兼并。（《老子注译》六十一章）这么理解虽能说通，但并无文本依据，只能备为一说。

第六十二章

原文	译文
《今译》：	
道者，万物之奥，	“道”，它是万物深藏的地方，
善人之宝，	【它是】善人的法宝，
不善人之所保。	也是恶人所要保持的。
美言可以市尊，	有漂亮的言词的人能换取别人的尊仰，
美行可以加人。	有漂亮的行为的人能骑在别人的头上。
人之不善，何弃之有！	【即使】人的为恶，哪有把他舍弃的道理？
故	所以
立天子，	天子即位，
置三公，	大臣就职，
虽有拱璧	虽有拱璧在先
以先驷马，	驷马随后【这样隆重】的仪式，
不如坐进此道。	还不如【不用仪式】单把“道”作为献礼。
古之所以贵此道者何？	从古以来为什么对“道”这样重视？
不曰	岂不是说，【利用它】
以求得，	有求即能获得，
有罪以免邪？	有罪就可免去？
故为天下贵。	所以取得天下人的重视。

续表

《新译》： 道者，万物之奥， 善人之宝， 不善人之所保。 美言可以市尊， 美行可以加人。 人之不善，何弃之有？ 故 立天子， 置三公， 虽有拱璧 以先驷马， 不如坐进此道。 古之所以贵此道者何？ 不曰 以求得， 有罪以免邪？ 故为天下贵。	 “道”，它是万物深藏的地方， 【它是】善人的法宝， 也是恶人所要保持的。 有漂亮的言词的人能换取别人的尊仰， 有漂亮的行为的人能骑在别人的头上。 【即使】人的为恶，哪有把它（道）舍弃的道理？ 所以 天子即位， 大臣就职， 虽有拱璧在先 驷马随后【这样隆重】的仪式， 还不如【不用仪式】单把“道”作为献礼。 从古以来为什么对“道”这样重视？ 岂不是说，【利用它】 有求即能获得， 有罪就可免去？ 所以被天下所重视。
《全译》： 道者，万物之奥， 善人之宝， 不善人之所保。 美言可以市尊， 美行可以加人。 人之不善，何弃之有？ 故 立天子， 置三公， 虽有拱璧 以先驷马，	 “道”，它是万物深藏的地方， 【它是】善人的法宝， 也是恶人所要保持的。 能说会道能换取别人的尊仰， 伪貌饰情能骑在别人的头上。 【即使】人的为恶，哪有把它（道）舍弃的道理？ 所以 天子即位， 大臣就职， 虽有拱璧先导 驷马随后【这样隆重】的仪式，

续表

不如坐进此道。 古之所以贵此道者何？ 不曰 以求得， 有罪以免邪？ 故为天下贵。	还不如【不用仪式】单把“道”作为献礼。 从古以来为什么对“道”这样重视？ 岂不是说【利用它】 有求即得， 有罪可免？ 所以被天下所重视。
《绎读》： 道者，万物之奥， 善人之宝， 不善人之所保。 美言可以市尊， 美行可以加人。 人之不善， 何弃之有？ 故 立天子， 置三公， 虽有拱璧 以先驷马， 不如坐进此道。 古之所以贵此道者何？ 不曰 以求得， 有罪以免邪？ 故为天下贵。	 “道”是万物深藏的地方， 【它是】善人的法宝， 不善人所要保持的。 漂亮的言词能换取别人的敬仰， 漂亮行为能高居人上。 【即使】人不善的行为， 哪有把它（道）舍弃？ 所以 天子即位， 大臣就职， 虽有拱璧在先 驷马随后【这样隆重】的仪式， 还不如【不用仪式】单把“道”作为赠礼。 从古以来为什么对“道”这样重视？ 岂不是说，【有了道】 有求即能得到， 有过失就可避免吗？ 所以被天下所重视。

本章强调了“道”的好处与用处，不论好人还是坏人，都离不开“道”。所以，如果“道”是一个物件的话，那么它将是特别贵重的东西。而且有了“道”，就能有求必得，消灾避祸，所以被天下人重视。因为《老子》说到，有了“道”甚至可以躲避灾祸，所

以《新译》及其修订版与《全译》认为，《老子》是想利用“道”达到一切目的。而《新译》更强调说，“这里透露了老子剥削阶级的自私自利的本质”。《绎读》更正了这层意思，从正面理解《老子》所谓“得道”的积极意义。

原文校正上，“美言可以市尊，美行可以加人”一句，王弼本与河上公本作“美言可以市，尊行可以加人”，后一个“美”字，任继愈先生根据《淮南子·道应训》及《人间训》补上。陈鼓应先生在本句翻译前还加了主语“得道的善人”（《老子注译及评介》六十二章），任继愈先生与高亨先生则没加。其实，美好的语言可以获得尊敬，这个意思应该是在一般意义上讲的，不特指得道之人的“美言”。下文“人之不善，何弃之有”，是说，即使不善之人也不会丢弃美言。因此，反过来也说明，前一句是在普遍意义层面上说的，不加主语更好。

古文今译上，“不曰以求得，有罪以免邪？”一句，《今译》与《新译》作“岂不是说，【利用它】有求即能获得，有罪就可免去”？《全译》作“岂不是说【利用它】有求即得，有罪可免”？《绎读》作“岂不是说，【有了道】有求即能得到，有过失就可避免吗”？前两种翻译，意思一致，而《绎读》的译法之语意与之前的译法有明显的区别。前三版中，先生是站在批判的立场上，认为本章《老子》对“道”的好处与用处的表述是带着自私自利之心态的，认为《老子》把“道”看作是趋利避害的法宝。所以前三版的翻译，意思是只要拥有了“道”，即使有罪有过错也可以得到赦免，显然这样的“道”是消极的。而《绎读》改变了对“道”的看法，认为拥有了“道”就能在事前避免过失或者灾祸的发生，这样的“道”是积极的。可见前后翻译的不同，体现了先生对《老子》哲学态度的转变。

但是陈鼓应先生对本句译作“岂不是说有求的就可以得到，有罪的就可以免除吗”？（同上）与任继愈先生早年的意思是一样的。如果接着这个意思往下看，“故为天下贵”，那么将显得天下人太过现实，而《老子》也太过功利主义了。从另一个角度讲，“罪”也不全是“犯法”的意思，古代很多情况下都作“过错”使用。如“万方有罪，罪在朕躬”（《论语·尧曰》）、“赤子匍匐将入井，非赤子之罪”（《孟子·滕文公上》）、“夫残朴以为器，工匠之罪也”（《庄子·马蹄》）等。《老子》此处作“过错”使用，理解为“避免过错”应该会更合适一些。

第六十三章

原文	译文
《今译》：	
为无为，	把无为当作为，
事无事，	把无事当作事，
味无味。	把无味当作味。
大小多少，报怨以德。	不管人家对我仇恨有多大，我总是以“德”报答他。
图难于其易；	计划克服困难，要在它还容易的时候；
为大于其细。	实现远大的事业，要在它还微细的时候。

续表

天下难事，必作于易； 天下大事，必作于细。 是以圣人终不为大，故能成其大。 夫轻诺必寡信， 多易必多难。 是以圣人犹难之， 故终无难矣。	天下的难事，一定开始于简易； 天下的大事，一定开始于微细。 因此“圣人”始终不做大事，所以才能完成大事。 随便允许别人的要求，势必使信用破产， 把事情看的简单，势必遭到困难， 因此，以“圣人”的聪明还重视困难， 所以他终于免于困难。
《新译》： 为无为， 事无事， 味无味。 大小多少，报怨以德。 图难于其易； 为大于其细。 天下难事，必作于易； 天下大事，必作于细。 是以圣人终不为大，故能成其大。 夫轻诺必寡信， 多易必多难。 是以圣人犹难之， 故终无难矣。	 把无为当作为， 把无事当作事， 把无味当作味。 不管人家对我仇恨有多大，我总是以“德”报答他。 计划克服困难，要在它还容易的时候【着手】； 实现远大的事业，要在它还微细的时候【开始】。 天下的难事，一定开始于简易； 天下的大事，一定开始于微细。 因此“圣人”始终不做大事，所以才能完成大事。 随便允许别人的要求，势必使信用破产， 把事情看得容易，势必遭到困难， 因此，以“圣人”的聪明还重视困难， 所以他终于免于困难。
《全译》： 为无为， 事无事， 味无味。 大小多少，报怨以德。 图难于其易； 为大于其细。	 把无为当作为， 把无事当作事， 把无味当作味。 不管人家对我恩怨大小，我总是以“德”回报。 计划克服困难，要在它还容易的时候【着手】； 实现远大的事业，要在它还微细的时候【开始】。

续表

天下难事，必作于易； 天下大事，必作于细。 是以圣人终不为大，故能成其大。 夫轻诺必寡信， 多易必多难。 是以圣人犹难之， 故终无难矣。	天下的难事，一定开始于简易； 天下的大事，一定开始于微细。 因此“圣人”始终不做大事，所以才能完成大事。 随便允许别人的要求，势必使信用破产， 把事情看得容易，势必遭到困难， 因此，以“圣人”的聪明还重视困难， 所以他终于免于困难。
《绎读》： 为无为， 事无事， 味无味。 大小多少， 报怨以德。 图难于其易； 为大于其细。 天下难事， 必作于易； 天下大事， 必作于细。 是以圣人终不为大， 故能成其大。 夫轻诺必寡信， 多易必多难。 是以圣人犹难之， 故终无难矣。	 把无为当作为， 把无事当作事， 把无味当作味。 不计较人家对我恩怨多少， 我总是以“德”相报。 克服困难，要从容易时着手； 干大事业，要从细微处开始。 天下的难事， 一定开始于容易； 天下的大事， 一定开始于微细。 因此“圣人”做事总是不从大处入手， 所以能办成大事。 允诺的太随便，势必使信用破产， 把事情看得太容易，必遇到更大困难， 因此，连“圣人”还不敢轻视困难， 所以他不会有困难。

本章讲了行无为之事，以德报怨的宽容精神，以及难易多寡的相互转化，看似不连贯，其实是从三个角度讲转化的问题，讲的是国家治理的方法。《老子》强调，要做大事必从小事、易事做起，

从细微入手，最终可以完成大事，这里充分体现了《老子》的辩证法思想，且作为方法论，也无疑是进步的。《新译》及其修订版、《全译》《绎读》对本章的理解是一致的。

“味无味”一句，任继愈先生、陈鼓应先生都主张王弼的注解，“以恬淡为味，治之极也”。但高亨先生认为，“味”是“咊”的讹误，而“咊”又通“知”，所以应是“知无知”。（《老子正诂》六十三章）他认为，《文子·道原篇》《后汉书·荀爽传》都有“知不知”的提法，而且这么理解，与《老子》绝圣弃智的思想也有契合处，如此可备一说。

“小大多少，报怨以德”一句，看似是讲伦理问题，其实讲的是怨与德的转化问题。任继愈先生说：“不计较人家对我恩怨多少，我总是以‘德’相报。”本章重点是转化，“报怨以德”，就是主动寻求转化的意思，主动把恶向善的一面推。先生的重点在于，把这两句作为整体来理解。

陈鼓应先生从马叙伦与严灵峰的看法，认为“报怨以德”一句是错简，当在七十九章。所以他说：“大生于小，多起于少，【用德来报答恩怨】。”（《老子注译及评介》六十三章）把“大小多少”与“报怨以德”分开解释。高亨先生也是把“大小多少”与“报怨以德”分开解释，但认为前者是大小多少的转化，后者是怨与德的转化。其实，从行文思路上看，把两句作为整体更好。如果割裂解释的话，“小大”“多少”的转化是两件事，“报怨以德”是一件事，在格律上显得很不对称。

当然，姚鼐、蒋锡昌等认为，“小大多少”下或许有脱字，故难于解释。但与认为“报怨以德”是错简一样，缺少文本证据。所以，如果不得不在通行本基础上对该句进行理解时，最好的方法还是将这两句看作整体。

“是以圣人终不为大，故能成其大”一句，前三版译作“因此‘圣人’始终不做大事，所以才能完成大事”，《绎读》作“因此‘圣人’做事总是不从大处入手”。前三版的翻译虽然符合了原文的字面意思，但其实忽视了上下文的连贯性。本章强调的是《老子》的辩证思想，克服困难要从容易处着手，干大事业要从细微处开始。所以“圣人终不为大”，不是圣人不做大事，是圣人不从大处入手，而从细微处开始，逐渐成就大事业，这才是本句的原意。所以《绎读》对本句翻译的更正，使上下文的连贯性得到了更好的体现。

陈鼓应先生的理解是，“所以有道的人始终不自以为大，因此能成就大事情”。（同上）这么理解，在字面上并没有问题，但如果从上下文来理解，或许还有可精益求精的地方。本章的重点是说，治国要从小处着手，其语境在实践层面上。如果理解为“不自以为大”，就转向了伦理层面。所以，强调“不从大处入手”更能使原文本意明晰。

第六十四章

原文	译文
《今译》：	
其安易持；	事物还稳定时，它的稳定容易维持；
其未兆易谋；	事物还没有显出变化的迹象时，容易打主意；
其脆易泮；	事物还脆弱时，容易消融；
其微易散。	事物还微细时，容易打散。
为之于未有，	要在事物还未发生前先把它办完，
治之于未乱。	要在事物还未混乱之前先把它理好。
合抱之木，生于毫末；	合抱的大树，由细小的萌芽产生；
九层之台，起于累土；	九层的高台，从一堆泥土筑起；
千里之行，始于足下。	千里的远行，在脚下第一步开始。
为者败之；	谁勉强去做，谁就把事情搞坏；
执者失之。	谁把持，谁就遭到损失。
是以圣人	因此，“圣人”
无为，故无败；	“无为”所以不会把事情搞坏；
无执，故无失。	不把持，所以不会遭到损失。
民之从事，常于几成而败之。	人们所做的事，经常是在快成功的时候失败的。
慎终如始，则无败事。	若结束时的慎重能像开始，就不会坏事。
是以圣人	因此，“圣人”
欲不欲，	的欲望就是不欲，
不贵难得之货；	不重视希有的货品；
学不学，	【圣人】的学问就是不学，
复众人之所过。	不犯众人所犯的过错。
以辅万物之自然而不敢为。	【圣人】辅助万物自然发展，不敢勉强去做。

续表

《新译》：	
其安易持；	事物还稳定时，它的稳定容易维持；
其未兆易谋；	事物还没有显出变化的迹象时，容易打主意；
其脆易泮；	事物还脆弱时，容易消融；
其微易散。	事物还微细时，容易打散。
为之于未有，	要在事物还未发生前先把它办完，
治之于未乱。	要在事物还未混乱之前先把它理好。
合抱之木，生于毫末；	合抱的大树，由细小的萌芽产生；
九层之台，起于累土；	九层的高台，从一堆泥土筑起；
千里之行，始于足下。	千里的远行，在脚下第一步开始。
为者败之；	谁去做，谁就把事情搞坏；
执者失之。	谁把持，谁就遭到损失。
是以，圣人	因此，“圣人”
无为，故无败；	“无为”，所以不会把事情搞坏；
无执，故无失。	不把持，所以不会遭到损失。
民之从事，常于幾成而败之。	人们所做的事，总是在快成功的时候失败的。
慎终如始，则无败事。	若结束时的慎重能象①开始，就不会把事情搞坏。
是以圣人	因此，“圣人”
欲不欲，	的欲望就是不欲，
不贵难得之货；	不重视希②有的商品；
学不学，	【圣人】的学问就是不学，
复众人之所过。	以补救众人所经常犯的过错。
以辅万物之自然而不敢为。	【用上述原则去】辅助万物自然发展，不敢勉强去做。
	《新译》（修订版）： ①“象”作“像”。 ②“希”作“稀”。

续表

《全译》:	
其安易持;	事物还稳定时，它的稳定容易维持;
其未兆易谋;	事物还没有显出变化的迹象时，容易打主意;
其脆易泮;	事物还脆弱时，容易消融;
其微易散。	事物还微细时，容易打散。
为之于未有，	要在事物还未发生前先把它办完，
治之于未乱。	要在事物还未混乱之前先把它理顺。
合抱之木，生于毫末;	合抱的大树，由细小的萌芽产生;
九层之台，起于累土;	九层的高台，从一堆泥土筑起;
千里之行，始于足下。	千里的远行，在脚下第一步开始。
为者败之;	谁去治理谁就把事情搞坏;
执者失之。	谁把持，谁就遭到损失。
是以圣人	因此，“圣人”
无为，故无败;	“无为”，所以不会把事情搞坏;
无执，故无失。	不掌握所以不会遭到损失。
民之从事，常于几成而败之。	人们所做的事，总是在快成功的时候失败的。
慎终如始，则无败事。	若结束时的慎重能像开始，就不会把事情搞坏。
是以圣人	因此，“圣人”
欲不欲，	的欲望就是不欲，
不贵难得之货;	不重视稀有的商品;
学不学，	“圣人”的学问就是不学，
复众人之所过。	以补救众人所经常犯的过错。
以辅万物之自然而不敢为。	【用上述原则去】辅助万物自然发展，不敢勉强去做。
《绎读》:	
其安易持;	当事物还稳定时，它的稳定容易维持;
其未兆易谋;	当事物变化迹象不明显时，容易打主意;
其脆易泮;	当事物还脆弱时，容易消融;
其微易散。	当事物还微弱时，容易打散。
为之于未有，	要在事变还未发生前先把它办妥，

续表

治之于未乱。 合抱之木， 生于毫末； 九层之台， 起于累土； 千里之行， 始于足下。 为者败之； 执者失之。 是以圣人 无为，故无败； 无执，故无失。 民之从事， 常于几成而败之。 慎终如始， 则无败事。 是以圣人欲不欲， 不贵难得之货； 学不学， 复众人之所过。 以辅万物之自然， 而不敢为。	要在事物还未混乱之前先把它理顺。 合抱的大树， 产生于细小的萌芽； 九层的高台， 从一堆泥土筑起； 千里的远行， 在脚下第一步开始。 谁有为做，谁就失败； 谁要把持，谁就丧失。 因此，“圣人” 能“无为”，就不会失败； 不把持，就不会丧失。 人们所做的事， 总是失败于快成功的时候。 若结束时能像开始那样慎重， 就不会把事情搞坏。 因此，“圣人”的欲望就是无欲， 不看重稀有的物品； 【圣人的】学问就是不学， 以纠正众人所经常犯的过错。 辅助万物自然发展， 不敢勉强去做。

本章也是《老子》的辩证法思想，强调了万事万物总是处在变化发展的过程中，大的东西都是从细小的东西发展而来，并且是长期作用的结果。正因为此，《老子》提出了防微杜渐的思想。然而，《老子》把防微杜渐继续推广到了事情发生的源头，便说“无为故无败，无执故无失”，于是就形成两种不同的看法。《新

译》、修订版与《全译》认为，这是说为了避免工作失败就不要工作，为了避免损失就不要占有，最终为了避免错误，最好什么都不要学习，所以“活生生的辩证法，在老子的保守、倒退的体系里，被扼杀了”。然而，《绎读》因为把《老子》定位在了弱势的农民立场上，所以认为，《老子》强调防微杜渐以至于“无为”在一定程度上是出于保护弱势农民仅有的利益，教人不要轻举妄动，在事情的萌发阶段要有预判，免得遭受严重的损失。但矫枉过正的思想，也不可避免地反映了古代小农意识的局限性。

“为者败之；执者失之”一句，在二十九章有重出。陈鼓应先生根据奚侗与马叙伦的看法主张，“为者败之；执者失之。是以圣人无为，故无败；无执，故无失”整个一句当移入二十九章。奚侗认为：“四句（句读与任继愈先生不同）与上下文谊不相属，此第二十九章中文，彼章捝下二句，误羼于此。”（《老子注译及评介》六十四章）二十九章主要讲“无为”，本章则主要讲质量互变，视之为错简，是有道理的。

与此同时，“是以圣人欲不欲，不贵难得之货；学不学，复众人之所过，以辅万物之自然而不敢为”一句，陈鼓应先生也认为是错简。原因也是这句话的主题，因讲的是“无为”，与本章主体部分质量互变的主题不相符合。

仅就古文今译上说，“学不学，复众人之所过”一句，《今译》作“【圣人】的学问就是不学，不犯众人所犯的过错”，《新译》与《全译》作“【圣人】的学问就是不学，以补救众人所经常犯的过错”，《绎读》作“【圣人】的学问就是不学，以纠正众人所经常犯的过错”。《老子》认为，在事物发生变化前就要先把潜在的问题解决好，它非常重视端倪、萌芽，这是积极的。但他进一步又认为，要想完全不犯错，最好的办法就是摈弃欲望，甚至学都不要学，这就是消极了。然而，古代的圣人不仅仅是自身完善的人，更有作为统治者的身份存在，因此圣人不但自己不会犯错，他更要补救或纠正被统治者的错误，这就是“复众人之所过”的意思。按照《今译》的译法，圣人通过不学习以达到不犯错的目的，其实这只是第一层面的，而后三版的修正更贴近原文本意。

第六十五章

原文	译文
《今译》：	
古之善为道者，非以明民，将以愚之。	从来善于为“道”的人，不是用“道”来教人聪明，而是用“道”来教人愚朴。
民之难治，以其智多。	人民所以难统治，因为他们知识太多。
故以智治国，国之贼；	所以用智治国，是国家的灾害；
不以智治国，国之福。	不用智治国，是国家的福气。
知此两者亦稽式。	认识这两者（用智和不用智）也还是一个原则。
常知稽式，	经常认识这一原则，
是谓玄德。	就叫做深远的“德”。
玄德深矣，远矣，与物反矣。	这深远的“德”，又深，又远，与具体的事物的性质相反，
然后乃至大顺。	然后得到最大的通顺。

续表

《新译》： 古之善为道者，非以明民，将以愚之。 民之难治，以其智多。 故以智治国，国之贼； 不以智治国，国之福。 知此两者亦稽式。 常知稽式， 是谓玄德。 玄德深矣，远矣，与物反矣。 然后乃至大顺。	从来善于为“道”①的人，不是用“道”来教人民聪明，而是用“道”来教人民愚昧。 人民所以难统治，由于他们知识太多。 所以用智治国，是国家的灾害； 不用智治国，是国家的福气。 认识这两者（用智和不用智）也还是一个原则。 经常认识②这一原则， 就叫做深远的“德”。 这深远的“德”，又深，又远，与具体的事物的性质相反， 然后得到最大的通顺。 《新译》（修订版）： ①“善于为‘道’”作“贯彻‘道’的原则”。 ②“经常认识”作“永远贯彻”。
《全译》： 古之善为道者，非以明民，将以愚之。 民之难治，以其智多。 故以智治国，国之贼； 不以智治国，国之福。 知此两者亦稽式。 常知稽式， 是谓玄德。 玄德深矣，远矣，与物反矣。 然后乃至大顺。	从来贯彻“道”的原则的人，不是用“道”来教人民聪明，而是用“道”来教人民愚昧。 人民所以难统治，由于他们知识太多。 所以用智治国，是国家的灾害； 不用智治国，是国家的福气。 认识这两者（用智和不用智）也还是一个原则。 永远贯彻这一原则， 就叫做深远的“德”。 这深远的“德”，又深，又远，与具体的事物的性质相反， 然后得到最大的通顺。

续表

《绎读》：	
古之善为道者，	古时有“道”的人，
非以明民，	不是用“道”教人聪明，
将以愚之。	而是用“道”教人愚昧。
民之难治，	百姓所以难统治，
以其智多。	由于他们知识多。
故以智治国，	所以用智治国，
国之贼；	是国家的灾害；
不以智治国，	不用智治国，
国之福。	是国家的福气。
知此两者亦稽式。	认识这两者（用智和不用智）原则还是一个。
常知稽式，	永远贯彻这一原则，
是谓玄德。	就叫做“玄德”。
玄德深矣，远矣，	“玄德”深奥啊，久远啊，
与物反矣。	与世俗经验相反啊，
然后乃至大顺。	然后得到最大的通顺。

本章表述的是《老子》的“愚民”思想，因为《老子》明确讲“非以明民，将以愚之”，要老百姓知道得越少越好，第三章讲“虚其心，实其腹，弱其志，强其骨”也是这个意思。《新译》及其修订版、《全译》与《绎读》皆认为，《老子》的这个主张深得历代统治者的欣赏且被贯彻得很好。

然而，这个主张其实可从两个角度来认识。一方面，《老子》从农民百姓的立场出发，也希望老百姓知道得越少越好，因为机巧之心越少，纷争也就越少，生活也就越稳定；另一方面，统治者也需要统治上的稳定，所以也希望老百姓知道得越少越好，于是主动封闭老百姓的耳目，禁锢老百姓的思想，愚民政治的结论也就水到渠成了，而专制国家的基本治国手段也就形成了。《新译》抓住这一思想不好的一面，认为《老子》的这一政策是敌视人民的，是反动的；修订版与《全译》认为，这是剥削阶级的南面之术，所以这一思想很值得深究。因为本章的确是愚民政治的主张，但是从不同立场切入，可以分析出两种不同的动机。应该说，出于为农民太平生活考虑的动机是比较贴近《老子》原始本意的。

古文今译上，“常知稽式”一句，《今译》与《新译》作“经常认识这一原则”，《全译》与《绎读》作“永远贯彻这一原则”。前者是直译，后者是意译。“这一原则”指的是“是否要用智慧治理国家”，显然《老子》的思想是讲给统治者听的，所以对于这一原则，统治者不仅要知道，更要永远贯彻。在这个角度上讲，对该句的意译更有道理。

“玄德深矣，远矣，与物反矣”一句，前三版译作“这深远的‘德’，又深，又远，与具体的事物的性质相反”，《绎读》作“‘玄德’深奥啊，久远啊，与世俗经验相反啊”。与前文一样，“玄德”作为专有名词在翻译中保留原文更好，如果直译，反而会破坏翻译语言的韵味。另一方面，“与物反矣”的“物”在前三版译作“具体的事物的性质”，虽然意思是对的，但不够通俗。《绎读》作“世俗经验”，则更好地对应了“玄德”这一抽象概念。

陈鼓应先生认为，“与物相反”当译作“和事物复归到真朴”（《老子注译及评介》六十五章）。这是意译，但似乎把“反”的意思变得隐晦了。“复归真朴”是《老子》的一个主要目标，但属于理想中的事，现实中的目标则必须和政治运作相联系。本章就是要讲政治运作中如何实现“复归真朴”的目标，也就是“非以明民，将以愚之”，老百姓尽量少动脑筋。其时，倡导开民智的正是儒家，孔子开私学之风气，让最底层的老百姓，如颜氏父子等，得到知识教育，“明民”已蔚为成风。《老子》却看到其中夹杂着的机巧与诡诈，期望返璞归真，所以特别主张要在政治上反其道而行，以“愚民”的方式实现纯朴的回归。职是之故，这里“与物相反”，直译为“与世俗经验相反”，更能突出《老子》明确的目的性。

第六十六章

原文	译文
《今译》：	
江海所以能为百谷王者，以其善下之，故能为百谷王。	江海所以能成为一切小河流的领袖，由于它善于处在一切小河流的下游，所以能做一切小河流的领袖。
是以	因此，
欲上民，必以言下之；	要统治人民，必先用言辞，对人民表示谦虚；
欲先民，必以身后之。	要领导人民，必把自己的利益放在人民的利益之后。
是以圣人处上而民不重，处前而民不害，	因此，“圣人”在人民之上统治，而人民不感到有负担；在人民之前领导，而人民不认为有妨碍。
是以天下乐推而不厌。	因此，天下人民对他爱戴而不厌弃。
以其不争，	因为他不跟人争，
故天下莫能与之争。	所以天下没有人能争得赢他。

续表

《新译》：	
江海所以能为百谷王者，以其善下之，故能为百谷王。	江海所以能成为一切小河流的领袖，由于它善于处在一切小河流的下游，所以能做一切小河流的领袖。
是以	因此，
欲上民，必以言下之；	要统治人民*，必先用言辞，对人民表示谦虚；
欲先民，必以身后之。	要领导人民，必把自己放在人民之后。
是以圣人处上而民不重，处前而民不害，	因此，“圣人”在人民之上【统治】，而人民不感到有负担；在人民之前【领导】，而人民不认为有妨碍。
是以天下乐推而不厌。	因此，天下人民对他爱戴而不厌弃。
以其不争，	因为他不跟人争，
故天下莫能与之争。	所以天下没有人能争得赢他。 *《新译》（修订版）：补充主语“【统治者】”。
《全译》：	
江海所以能为百谷王者，以其善下之，故能为百谷王。	江海所以能成为众多河流的领袖，由于它善于处在众多河流的下游，所以能做河流的领袖。
是以	因此，
欲上民，必以言下之；	【统治者】要统治人民，必先用言辞，对人民表示谦虚；
欲先民，必以身后之。	要领导人民，必把自己放在人民之后。
是以圣人处上而民不重，处前而民不害，	因此，“圣人”在人民之上【统治】，而人民不感到有负担；在人民之前【领导】，而人民不认为有妨碍。
是以天下乐推而不厌。	因此，天下人民对他爱戴而不厌弃。
以其不争，	因为他不跟人争，
故天下莫能与之争。	所以天下没有人能争得赢他。

续表

《绎读》： 江海所以 能为百谷王者， 以其善下之， 故能为百谷王。 是以 欲上民， 必以言下之； 欲先民， 必以身后之。 是以圣人 处上而民不重， 处前而民不害。 是以天下乐推而不厌。 以其不争， 故天下莫能与之争。	 江海之所以 能成为一切小河流的领袖， 由于它安于处在众多小河流的下游， 所以能做众多小河流的领袖。 因此， 要统治百姓， 必先用言辞，对百姓表示谦虚； 要领导百姓， 必把自己放在百姓之后。 因此“圣人” 在百姓之上【统治】，而百姓不感到有负担； 在百姓之前【领导】，而百姓不认为有妨碍。 因此，天下百姓对他爱戴而不厌弃。 因为他不跟人争， 所以天下没有人敢和他争输赢。

本章也是《老子》的统治之术，是对君王的教导，它要求君王在统治时，言辞上保持谦逊，行动上退居后位，与人无所争夺。《新译》《全译》《绎读》对本章的理解是一致的。

《老子》说“以其不争，故天下莫能与之争”，好像是说，通过“不争”这种手段，方能达到最终目的，似乎是在帮助统治者谋利。其实，《老子》的言说对象毕竟是君王，尽管站在农民的立场上，但也必须讲对君王有利的话，才能使人接受。因此，号召君王“莫能与之争”，其实是要让百姓在君王的“不争”中获得太平的生活，其积极意义还是比较明确的。

在古文今译与现代文翻译方面，四个版本没有太大的差别。

“江海之所以能为百谷王”一句中，任继愈先生把“王”字直译为领袖。而陈鼓应先生则引《说文》的解释，“王，天下所归往也”，将“百谷王”译作“许多河流所汇往的地方”。从单句的理解上看，这么译并没有错。但置入上下文中，可能不妥。其一，《说文》本意是要对通行概念的一般理解进行内涵式的解释，而我们在日常使用中，则无须再把内涵拿出来替换对通行概念的一般理解。“王”的一般理解就是“领袖”，若追问其内涵，则是“天下所归往”，作为日常使用，无须特别替换。其二，江海在形式上是百川（百谷）的汇聚，但在象征上则是领袖。此章中的“江海”就是对君王的比喻，是为引出下文君王当效仿江海谦虚、不争才能稳固他君王的地位。因此，“王”字不必意译，只需按照字面理解即可。

第六十七章

原文	译文
《今译》：	
天下皆谓我道大，似不肖。	天下人都说我的“道”广大，不像任何具体的东西。
夫唯大，故似不肖。	正因为它广大，所以不像任何具体的东西。
若肖，久矣其细也夫！	若它像什么具体的东西，它早就渺小得很了！
我有三宝，持而保之：	我有三种法宝，我掌握着并保存着它：
一曰慈，	第一是“柔慈”，
二曰俭，	第二是“啬俭”，
三曰不敢为天下先。	第三是“不敢走在天下人的前面”。

续表

慈，故能勇； 俭，故能广； 不敢为天下先，故能成器长。 今舍慈且勇，舍俭且广，舍后且先，死矣。 夫慈， 以战则胜， 以守则固。 天将救之，以慈卫之。	柔慈，所以能勇敢， 啬俭，所以能宽广， 不敢走在天下人前面，所以能做事物的首长。 现在舍去柔慈，只求勇敢；舍去啬俭，只求宽广；舍去退让，只求抢先，结果只有死亡。 柔慈， 把它用于战争、就能胜利， 把它用于守卫、就能巩固。 天要拯救谁，就用柔慈来保卫谁。
《新译》： 天下皆谓我道大，似不肖。 夫唯大，故似不肖。 若肖，久矣其细也夫！ 我有三宝，持而保之： 一曰慈， 二曰俭， 三曰不敢为天下先。 慈，故能勇； 俭，故能广； 不敢为天下先，故能成器长。 今舍慈且勇，舍俭且广，舍后且先，死矣。 夫慈， 以战则胜， 以守则固。 天将救之，以慈卫之。	 天下人都说我的“道”广大，不象①任何具体的东西。 正因为它广大，所以不象任何具体的东西。 若它象什么具体的东西，它早就渺小得很了！ 我有三种法宝，我掌握着并保存着它： 第一是“柔慈②”， 第二是“啬俭”， 第三是“不敢走在天下人的前面”。 柔慈③，所以能勇敢， 啬俭④，所以能宽广， 不敢走在天下人前面⑤，所以能做事物的首长。 现在舍去柔慈，只⑥求勇敢；舍去啬俭，只求宽广；舍去退让⑦，只求抢先，结果只有死亡。 柔慈， 把它用于战争就能胜利， 把它用于守卫就能巩固。 天要拯救谁，就用柔慈来保卫谁。 《新译》（修订版）： ①本章“象”皆作“像”。②本章“柔慈”皆作“宽容”。③④⑤句首皆补充“【能】”。⑥本章“只”皆作“而”。⑦“退让”作“后退”。

续表

《全译》： 天下皆谓我道大，似不肖。 夫唯大，故似不肖。 若肖，久矣其细也夫！ 我有三宝，持而保之： 一曰慈， 二曰俭， 三曰不敢为天下先。 慈，故能勇； 俭，故能广； 不敢为天下先，故能成器长。 今舍慈且勇，舍俭且广，舍后且先，死矣。 夫慈， 以战则胜， 以守则固。 天将救之，以慈卫之。	天下人都说我的“道”广大，不像任何具体的东西。 正因为它广大，所以不像任何具体的东西。 若它像什么具体的东西，它早就渺小得很了！ 我有三种法宝，我掌握着并保存着它： 第一是“宽容”， 第二是“啬俭”， 第三是“不敢抢在天下人的前面”。 宽容，所以能勇敢， 啬俭，所以能宽广， 不敢抢在天下人前面，所以能做事物的首长。 现在舍去宽容而求勇敢，舍去啬俭而求宽广，舍去退让而求抢先，结果只有死亡。 宽容， 把它用于战争就能胜利， 把它用于守卫就能巩固。 天要拯救谁，就用宽容来保卫谁。
《绎读》： 天下皆谓我道大， 似不肖。 夫唯大，故似不肖。 若肖， 久矣其细也夫！ 我有三宝， 持而保之： 一曰慈， 二曰俭， 三曰不敢为天下先。	天下人都说我的“道”广大， 不像任何具体的东西。 正因为它广大，所以不像任何具体的东西。 若它像什么具体的东西， 它早就渺小得很了！ 我有三种法宝， 我运用并保有它： 第一是“宽容”， 第二是“啬俭”， 第三是“不敢走在天下人的前面”。

续表

慈，故能勇； 俭，故能广； 不敢为天下先， 故能成器长。 今 舍慈且勇， 舍俭且广， 舍后且先， 死矣。 夫慈， 以战则胜， 以守则固。 天将救之， 以慈卫之。	【能】宽容，所以能勇敢， 【能】啬俭，所以能宽广， 【能】不敢走在天下人前面，所以能做事物的首长。 现在【有些人】 舍去宽容，只求勇敢， 舍去啬俭，只求宽广， 舍去退让，只求抢先， 死定了！ 宽容， 用于战争就能胜利， 用于守卫就能巩固。 天要拯救谁， 就用宽容来保卫谁。

本章是《老子》把“道”的辩证性放在政治、军事中的具体运用，提出了慈、俭、不敢为天下先的“三宝”，其根本精神是以退为进、不出头、不抢先，基本贯彻了柔弱、谦退的基本原则。然而，本章中《老子》又进一步强调了“慈，故能勇；俭，故能广”，直接把原本辩证的两端等同起来，也就是把辩证的转化过程抛弃了，只强调了一方的绝对性，因此对辩证法有所损害。对于这一点，《新译》及其修订版、《全译》《绎读》的看法是一致的。

在古文今译上，四个版本基本是一致的。

值得指出的是，本章特别强调了“慈”这个概念，因为“慈”而能勇敢，也因为“慈”而能在战争中取胜，在防守中巩固。任继愈先生将“慈”理解为“宽容”，但高亨、陈鼓应二先生皆将之理解为“慈爱”。陈鼓应先生说，“慈”是“爱心加上同情感，这是人类友好相处的基本动力”（《老子注译及评介》六十七章）。若从单个字的理解上看，似乎没有错，但如果放入上下文，好像会有些不妥。

首先，本章强调的是矛盾的转化，即柔弱变刚强、后退变前进，所以“夫慈，以战则胜”中，具有进攻性的“战”对应的应是“谦退”。将“慈爱”译作“宽容”，与战争有相反的意思，但“慈爱”则不必然包含谦退的意思，倒是有很多以爱的名义发起战争的实例。其次，因为“慈”有“仁慈”的含义，而《老子》对“仁慈”是持否定态度的。所谓“失道而后德，失德而后仁”“六亲不和有孝慈”，所以“仁慈”是道的丧失，是被否定的，故译作“慈爱”也有所不妥。

第六十八章

原文	译文
《今译》：	
善为士者不武；	善于作“士”的，不逞他的勇武；
善战者不怒；	善于作战的，不靠他的忿怒；
善胜敌者不与；	善于战胜敌人的，不在于跟敌人对付；
善用人者为之下。	善于用人的，态度对人谦虚。
是谓不争之德，	这叫做不与人争的“德”，
是谓用人之力，	这叫做利用别人的能力，
是谓配天，古之极。	这叫做与天道符合，从来就有的真理。
《新译》：	
善为士者不武；	善于作“士”的，不逞他的勇武；
善战者不怒；	善于作战的，不靠他的忿怒；
善胜敌者不与；	善于战胜敌人的，不在于跟敌人应付；
善用人者为之下。	善于用人的，对人态度谦虚。
是谓不争之德，	这叫做不与人争的“德”，
是谓用人之力，	这叫做利用别人的力量，
是谓配天，古之极。	这叫做与天道符合，这是从来就有的准则。

续表

《全译》： 善为士者不武； 善战者不怒； 善胜敌者不与； 善用人者为之下。 是谓不争之德， 是谓用人之力， 是谓配天，古之极。	 善于作“士”的，不逞他的勇武； 善于作战的，不靠他的忿怒； 善于战胜敌人的，不在于跟敌人应付； 善于用人的，对人态度谦虚。 这叫做不与人争的“德”， 这叫做利用别人的力量， 这叫做与天道符合，这是从来就有的准则。
《绎读》： 善为士者不武； 善战者不怒； 善胜敌者不与； 善用人者为之下。 是谓不争之德， 是谓用人之力， 是谓配天， 古之极。	 高明的“士”，不逞勇武； 善战的人，不靠忿怒； 善胜敌者，不被敌人缠住； 善用人者，对下谦虚。 这叫做不争的“德”， 这叫做四两拨千斤， 这叫做与天道符合， 这是从来就有的准则。

本章继续讲述以退为进的战略与用人原则。《老子》教人要懂得借势，避免与敌人发生正面冲突，用不争达到争的目的。《新译》及其修订版、《全译》《绎读》对本章的理解是一致的。《绎读》尤其认为，主张退守，对于弱势群体尤其重要。弱势群体由于缺乏足够力量，难以在强势敌人面前获取平等的利益，因此如果能通过不争的方法达到目的的话，那么这个原则就很有价值了。

在古文今译上，特别是语言风格上，本章从前三版到《绎读》呈现了简洁明了的转变。比如，“善为士者不武”一句，前三版译作“善于作‘士’的，不逞他的勇武”，《绎读》译作“高明的‘士’，不逞勇武”，后者在翻译语言上能省则省，且读来朗朗上口。“善用人者为之下”一句，前三版译作“善于用人的，对人态度谦虚”，《绎读》作“善用人者，对下谦虚”。修改后，不但省略了多余的字词，还突出了谦虚品质的所属，即统治者需要谦虚，既简洁又明确。“是谓用人之力”一句，前三版译作“这叫做利用别人的能力/力量”，《绎读》译作“这叫做四两拨千斤”。这里用一句俗语概括了“用人之力”，不仅把上文所描述的高明的用人能力点明清楚，而且显得更通俗易懂，且前者可能会造成理解上的歧义，而后者则更为准确。

“善为士者不武”中，“士”的具体意思任继愈先生没有翻译，仅做了保留。王弼说：“‘士’，卒之帅也。”王弼将“士”解释为“帅”，陈鼓应先生在今译中遵从了这个说法（《老子注译及评介》六十八章），高亨先生在《老子注译》中也用“将帅”来今译“士”。其实，王弼对“士”的解释，是出于注释的需要，但若在今译上把内涵直接呈现出来，就会造成上下文的语义重复。“将帅”是参与战斗的，下文“善战者”也是参与战斗的，原文既已重复了，今译时避免重复解释或许会稍好一些。

“善胜者不与”一句，“不与”的解释比较多样，任继愈先生解释为“不被敌人缠住”，王弼解释为“不与争也”，高亨先生说：“‘与’犹‘斗’也，古谓对斗为‘与’。”（《老子正诂》六十八章）按照王弼、高亨的理解，这句话可译作“善于战胜敌人的，不用与之争斗”，这叫“不战而胜”。但是任继愈先生的解释显得非常有趣，“缠住”一词把“与”的二人争斗的意思形象化了。再仔细琢磨上下文，“善为士者”“善战者”讲的还是近距离的战斗，所以“善胜者”应该也是近距离战斗中的胜利者，因为到底还是参与争斗了，那么胜利者的高明处便不是体现在“不战而胜”，而是体现在尽可能少的缠斗上，所以“不被敌人缠住”的说法，有他的道理。

第六十九章

原文	译文
《今译》：	
用兵有言：	用兵的说得好：
“吾不敢为主而为客，不敢进寸而退尺。”	“我不敢取攻势而要取守势，不敢前进一寸而后退一尺。”
是谓	就叫做
行无行，	没有阵势可以摆，
攘无臂，	没有胳臂可以举，
扔无敌，	没有敌人可以对，
执无兵。	没有兵器可以执，
祸莫大于轻敌，	祸害之大莫过于低估了敌人的力量，
轻敌几丧吾宝。	低估了敌人的力量，几乎丧失了我的“三宝”。
故抗兵相加，	所以两军势力相当时，
哀者胜矣。	悲愤的一方获得胜利。
《新译》：	
用兵有言：	用兵的说得好：
“吾不敢为主而为客，不敢进寸而退尺。”	“我不敢取攻势而要取守势，不敢前进一寸却要后退一尺。”
是谓	这就叫做
行无行，	没有阵势可以摆，
攘无臂，	没有胳臂可以举，
扔无敌，	没有敌人可以对，

续表

执无兵。 祸莫大于轻敌， 轻敌幾丧吾宝。 故抗兵相加， 哀者胜矣。	没有兵器可以执， 祸害之大莫过于低估了敌人的力量， 低估了敌人的力量，几乎丧失了我的“三宝”。 所以两军势力相当时， 悲愤的一方获得胜利。
《全译》： 用兵有言： “吾不敢为主而为客，不敢进寸而退尺。” 是谓 行无行， 攘无臂， 扔无敌， 执无兵。 祸莫大于轻敌， 轻敌几丧吾宝。 故抗兵相加， 哀者胜矣。	 用兵的说得好： “我不敢取攻势而要取守势，不敢前进一寸宁要后退一尺。” 这就叫做 没有阵势可以摆， 没有膊臂可以举， 没有敌人可以对， 没有兵器可以执， 祸害之大莫过于低估了敌人的力量， 低估了敌人的力量，几乎丧失了我的“三宝”。 所以两军势力相当时， 悲愤的一方会获得胜利。
《绎读》： 用兵有言： “吾不敢为主，而为客， 不敢进寸，而退尺。” 是谓 行无行， 攘无臂， 扔无敌， 执无兵。 祸莫大于轻敌， 轻敌几丧吾宝。 故抗兵相加， 哀者胜矣。	 用兵的说得好： “我不敢取攻势而取守势， 不敢前进一寸，宁可后退一尺。” 这就叫做 没有阵势可以摆， 没有膊臂可以举， 没有敌人可以对， 没有兵器可以执， 危害莫大于轻敌人， 轻敌要丧失了我的“三宝”。 双方军力相当时， 悲愤的一方必胜。

本章延续了上一章的退守思想，强调了以守为主、以退为进，继续主张“无为而无不为”的观点。本章总结了两军对阵时，不可轻敌，悲愤的一方便能够获胜，由此形成了“哀兵必胜”的成语，集中于讲退守原则在军事上的意义。《新译》及其修订版、《全译》与《绎读》对本章的理解是一致的。

古文今译上，“不敢进寸而退尺”一句，《今译》译作“不敢前进一寸而后退一尺”，《新译》译作“不敢前进一寸却要后退一尺”，《全译》译作“不敢前进一寸宁要后退一尺”，《绎读》译作“不敢前进一寸，宁可后退一尺”。这句话中，“而”是一个表示转折的连词，《今译》在翻译时没有突出“而”的转折含义来；《新译》则将它译作“却要”，虽突出了转折，但似乎有种被动的意味；而《全译》与《绎读》则译作“宁要”“宁可”，不但突出了转折性，更强调了战略退守的主动性，对《老子》以退为进的一贯宗旨体现得更准确。

“哀者胜”中的“哀”，任继愈先生解释为“悲愤”。《说文》解释为“闵”，陈鼓应先生引申为“慈悲”（《老子注译及评介》六十九章），但问题是，“慈悲”不是《老子》肯定的概念，《老子》主张“天地不仁”，“慈”也是失道、失德的结果；其次，“慈悲”也无法成为战争并且取胜的条件，因为与事实不符。高亨先生说：“哀者胜，受侵略的国家，人们怀着悲痛的心情，与敌人作拼死的战斗，则必战胜。”（《老子注译》六十九章）这和任继愈先生的“悲愤”是一个意思，人在悲愤的情况下能激发出巨大的潜能来，从而在战场上获胜，这算是一种常识了。所以，将

“哀”解释为“悲愤”应该更准确些。

第七十章

原文	译文
《今译》： 吾言甚易知，甚易行。 天下莫能知，莫能行。 言有宗， 事有君。 夫惟无知， 是以不我知。 知我者希， 则我者贵， 是以圣人被褐怀玉。	 我的话很容易听懂，很容易实行。 天下没有人能听懂，没有人能实行。 议论要有纲领， 做事要有主宰。 由于人们的无知， 他们不能懂得我。 能懂得我的稀少， 能效法我的难得， 因此，“圣人”的不被认识，恰似外面穿着粗衣，怀内揣着美玉。
《新译》： 吾言甚易知，甚易行。 天下莫能知，莫能行。 言有宗， 事有君， 夫唯无知， 是以不我知。 知我者希， 则我者贵， 是以圣人被褐怀玉。	 我的话很容易了解，很容易实行。 天下竟没有人能了解，竟没有人能实行。 议论要有纲领， 做事要有主宰。 由于人们的无知， 他们不能了解我。 能了解我的希*少， 能效法我的难得遇到， 因此，“圣人”【的不被了解】，恰似外面穿着粗衣，怀内揣着美玉。 *《新译》（修订版）：“希”作“稀”。

续表

《全译》： 吾言甚易知，甚易行。 天下莫能知，莫能行。 言有宗， 事有君。 夫唯无知， 是以不我知。 知我者希， 则我者贵， 是以圣人被褐怀玉。	 我的话很容易了解，很容易实行。 天下竟没有人能了解，竟没有人能实行。 议论要有纲领， 做事要有主宰。 由于人们的无知， 他们不能了解我。 能了解我的稀少， 能效法我的难得遇到， 因此，“圣人”【的不被了解】，恰似外面穿着粗衣，怀内揣着美玉。
《绎读》： 吾言甚易知， 甚易行。 天下莫能知， 莫能行！ 言有宗， 事有君。 夫唯无知， 是以不我知。 知我者希， 则我者贵， 是以圣人 被褐怀玉。	 我的话很容易理解， 很容易实行。 全国竟没有人能理解， 竟没有人能实行！ 议论要有纲领， 做事要分主从。 由于人们的无知， 彼此难以沟通。 能理解我者稀少， 能效法我者难逢， 因此，“圣人”【不被理解】， 【恰似】粗衣罩在外，美玉揣怀中。

本章反映的是老子内心深处因曲高和寡而感到苦闷的心境。他说“天下莫能知”“是以不我知”“知我者希”，以及感叹“被褐怀玉”的不遇之心绪。《绎读》认为，这是古今哲人普遍会有的孤愤心态，因为思想超越了当时人的认识，所以很难得到当时人的认

可。中国的孔子、墨子、王充，西方的有斯宾诺莎，他们要么在当时不顺，要么生前籍籍无名，总之这种曲高和寡的苦闷境遇在古今哲人那里都是一样的。

四个版本对《老子》感慨的理解是不同的。《新译》由于立场的原因，认为《老子》的苦闷是自以为曲高和寡，其实是因为为没落阶级高唱挽歌而被历史所抛弃，这个理解当然是有历史局限性的。修订版也认为，老子讲的道理与历史前进的方向相反，因此不被人理睬，故而感到苦闷。《全译》不再认为老子讲的道理本质上是错的，而仅仅指出老子只是曲高和寡而已。到了《绎读》，任继愈先生则从肯定的方面认可老子的思想。

在古文今译方面，《今译》《新译》及其修订版、《全译》与《绎读》是一致的。

“夫唯无知，是以不我知”一句，任继愈先生作“由于人们的无知，彼此难以沟通”。陈鼓应先生解释为，“正由于不了解这个道理，所以不了解我”。（《老子注译及评介》七十章）高亨先生《老子注译》中的解释和陈鼓应先生是一样的。高亨先生与陈鼓应先生的解释，会让人觉得《老子》是把重点落在了“我”上，统治者最终是要了解“我”。但是任继愈先生把“不我知”解释为“彼此难以沟通”，把重点落在“沟通”上，也就是“我”的主张无法被人接纳，更不要说被人效法实践了，这就是下文“则我者贵”。任继愈先生采用的是意译，高亨、陈鼓应二先生采用的是直译，直译虽然没有错，但似乎没有达意，《老子》感慨的是主张出不去，所以“彼此难以沟通”的解释更合适些。

第七十一章

原文	译文
《今译》： 知不知上， 不知知病， 夫惟病病，是以不病。 圣人不病， 以其病病，是以不病。	 知道自己不知道，最好， 不知道，而自以为知道，就是病， 正因为把这种毛病当作病，所以不病。 “圣人”是不病的， 因为他把这种毛病当作病，所以他不病。
《新译》： 知不知上， 不知知病， 夫唯病病，是以不病。 圣人不病， 以其病病，是以不病。	 知道自己不知道，最好， 不知道，而自以为知道，就是病， 正因为把这种毛病当作病，所以不病。 “圣人”是不病的， 因为他把这种毛病当作病，所以他不病。
《全译》： 知不知上， 不知知病， 夫唯病病，是以不病。 圣人不病， 以其病病，是以不病。	 意识到自己的无知，最好， 不知道自己的无知，就是病， 正因为把这种毛病当作病，所以能免于病。 “圣人”是不病的， 因为他把这种毛病当作病，所以能免于病。
《绎读》： 知不知上， 不知知病， 夫唯病病， 是以不病。	 意识到自己的无知，最好， 无知而自以为有知，就是病， 能把这种【无知自以为有知】的病当作病， 所以不病。

续表

圣人不病， 以其病病， 是以不病。	“圣人”【之所以】不病， 因为他把这种【无知以为有知】病当作病【对待】， 所以他不病。

本章的重点在于强调人要有自知之明，要认识到自己的无知，这个道理大约同时期的希腊先哲也已经认识到了。任继愈先生认为，这是人类自我意识发现的普遍经历，是东西方人类认识进程深化的标志。

在《新译》及其修订版与《全译》中，任继愈先生认为，《老子》所谓的“自知”，是要教人接受他“无为”“无知”的消极保守思想，认为这种自知之明不是真正的自知。《老子》对知识的态度的确是消极的，但本章其实并没有强调知的内容，而是对自以为是的态度的批判。之所以《新译》与《全译》会强调知的内容是教人接受“无为”“无知”，是时代的原因造成的。所以，《绎读》在重释本章时，着重强调了自知之明的态度问题，而避开了对知的内容的讨论，去掉了时代了痕迹。

在古文今译上，《今译》《新译》及其修订版、《全译》与《绎读》是一致的。

第七十二章

原文	译文
《今译》：	
民不畏威，则大威至。	人民不怕【统治者的】威力的时候，更可怕的事就要发生了。
无狎其所居，	不要逼迫得人民不得安居，
无厌其所生。	不要阻塞了人民谋生的道路。
夫唯不厌，	只有对人民不压迫，
是以不厌。	人民才会不感到压迫。
是以圣人	因此，“圣人”
自知不自见，	但求自知，而不自求表现，
自爱不自贵。	但求自爱，而不自居高贵。
故去彼取此。	所以要舍弃后者而保持前者。
《新译》：	
民不畏威，则大威至。	人民不怕【统治者的】威力的时候，那么可怕的事就要发生了。
无狎其所居，	不要逼迫得人民不得安居，
无厌其所生。	不要阻塞了人民谋生的道路。
夫唯不厌，	只有【对人民】不压迫，
是以不厌。	【人民】才会不感到压迫。
是以圣人	因此，“圣人”
自知不自见，	但求自知，而不自求表现，
自爱不自贵。	但求自爱，而不自居高贵。
故去彼取此。	所以要舍弃后者（自见、自贵）而保持前者（自知、自爱）。

续表

《全译》： 民不畏威，则大威至。 无狎其所居， 无厌其所生。 夫唯不厌， 是以不厌。 是以圣人 自知不自见， 自爱不自贵。 故去彼取此。	 人民不怕【统治者的】威力的时候，那么可怕的事就要发生了。 不要逼迫得人民不得安居， 不要阻塞了人民谋生的道路。 只有【对人民】不压迫， 【人民】才会不感到压迫。 因此，“圣人” 但求自知，而不自求表现， 但求自爱，而不自居高贵。 所以要舍弃后者（自见、自贵）而保持前者（自知、自爱）。
《绎读》： 民不畏威， 则大威至。 无狎其所居， 无厌其所生。 夫唯不厌， 是以不厌。 是以圣人 自知不自见， 自爱不自贵。 故去彼取此。	 百姓不怕【统治者的】威力的时候， 那么可怕的事就要发生了。 不要逼迫得百姓不得安居， 不要阻塞百姓谋生的道路。 只有【对百姓】不压迫， 【百姓】才会不感到压迫。 因此，“圣人” 但求自知，而不自求表现， 但求自爱，而不自居高贵。 所以要舍弃后者（自见、自贵）而保持前者（自知、自爱）。

本章强调的是统治者不应该对老百姓施行高压，而应该对老百姓谦虚。高压过了头，老百姓就会反抗，那个时候老百姓反而不再惧怕统治者的威力，诸如战争这样更为可怕的事就发生了。出于这个原因，也是出于维护自己已有之地位，统治者应该对老百姓好一些，避免因为自见自贵而造成老百姓的不满，甚至反抗。当然，另一方面，《老子》反对统治者的高压政策，而呼吁统治者自知、自

爱，其实也只是宏观地反对战争，替老百姓呼告，贯彻维持现状的主张。总之，老百姓是无力的，但水能载舟亦能覆舟，因此统治者应该做到自知与自爱，在某种层面上避免激怒老百姓，这样才能有效地维持长久稳定的局面。

《新译》对本章的理解带有较强的历史痕迹，认为本章反映了《老子》对人民反压迫斗争的敌视，认为老子和孔子一样，也主张政治上的软硬兼施。而《全译》说“老子主张对人民不能只用镇压，要给人民留下生路，希望统治者态度谦虚，不要表现自己”。去掉了“对人民反压迫斗争的敌视”的说法，对《老子》的主张开始有比较客观的认识。但仍然认为，在统治术上，《老子》主张镇压与怀柔两套手段，只是更强调了后者。而《绎读》说“老子反对统治者对老百姓施行高压，以威力相胁迫。同时提出不要阻塞老百姓的生路。统治者即使做出成绩也要谦虚，不能沾沾自喜表现自己”。此时，任继愈先生不再认为《老子》在统治术上主张软硬兼施，而是成为高压政策的反对者，并规劝统治者能谦虚谨慎。所以，《绎读》对《老子》的理解更为积极与正面。

在古文今译上，《今译》《新译》及其修订版、《全译》与《绎读》是一致的。

“夫唯不厌，是以不厌”一句，前后两个“厌”究竟一不一样，每位学者的解释是不同的。任继愈先生译作“只有【对百姓】不压迫，【百姓】才会不感到压迫”，字面上看，好像没有错，但似乎有些同语反复。高亨先生将上一个“厌”字解作“压迫”，下一个“厌”字解作“厌恶”，译为“夫唯君不压迫其民，是以民不厌恶其君也”（《老子正诂》七十二章）。两个“厌”字构成压迫与厌恶的因果关系，这样的解释可能更通顺一些。

第七十三章

原文	译文
《今译》：	
勇于敢，则杀，	勇敢到一切不顾，就会死。
勇于不敢，则活。	勇敢到“不敢”，就会活。
此两者或利或害。	这两种勇敢的结果，有的得利，有的受害。
天之所恶，	天所厌恶的，
孰知其故？	谁知道它的原故？
“是以圣人犹难之。”	【因此“圣人”也难于说得明白。】
天之道	天的“道”
不争而善胜，	不斗争而善于获胜，
不言而善应，	不说话而善于回答，
不召而自来，	不召唤而自动到来，
繟然而善谋。	虽迟缓而善于谋划。
天网恢恢，疏而不失。	天网极为广大，网孔虽希，而从没有漏失。
《新译》：	
勇于敢，则杀，	勇于一切不顾，就会死。
勇于不敢，则活。	勇于“不敢”，就会活。
此两者或利或害。	这两种勇敢的结果，有的得利，有的受害。
天之所恶，	天所厌恶的，
孰知其故？	谁知道它的原故？
“是以圣人犹难之。”	因此“圣人”也难于说得明白。
天之道	大的“道”
不争而善胜，	不斗争而善于获胜，

续表

不言而善应， 不召而自来， 繟然而善谋。 天网恢恢， 疏而不失。	不说话而善于回答， 不召唤而自动到来， 虽迟缓而善于谋划。 天网极为广大， 网孔虽稀，而从没有漏失。
《全译》： 勇于敢，则杀， 勇于不敢，则活。 此两者或利或害。 天之所恶， 孰知其故？ “是以圣人犹难之。” 天之道 不争而善胜， 不言而善应， 不召而自来， 繟然而善谋。 天网恢恢， 疏而不失。	 勇于一切不顾，就会死。 勇于“不敢”，就会活。 这两种勇敢的结果，有的得利，有的受害。 天所厌恶的， 谁知道它的缘故？ 因此“圣人”也难于说得明白。 天的“道” 不斗争而善于获胜， 不说话而善于回答， 不召唤而自动到来， 虽迟缓而善于谋划。 天网极为广大， 网孔虽稀，却从没有漏失。
《绎读》： 勇于敢，则杀， 勇于不敢，则活。 此两者或利或害。 天之所恶， 孰知其故？ “是以圣人犹难之。” 天之道 不争而善胜， 不言而善应， 不召而自来， 繟然而善谋。 天网恢恢， 疏而不失。	 勇敢到一切不怕，是找死。 勇敢到有所“不敢”，就有活路。 这两种勇敢【的结果】，有的得利，有的受害。 天所厌恶的， 谁知道它的缘故？ 因此“圣人”也难说得明白。 天的“道” 不争而善于获胜， 不说而善于回应， 不召而自动到来， 谋划迟缓而周密。 天网广大， 网孔稀疏，却没有漏网者。

本章的主旨仍是阐明贵柔雌的思想。《老子》认为，一切都是上天安排好的，所以不需要争、不需要说，教人要效法天的无为，这样就有“活路”。

《新译》对本章基本思想的理解是比较符合《老子》原意的，但同时表达了对这一思想的否定态度，认为“这一章宣扬退缩、胆小怕事的生活态度和命定思想”。《老子》的确主张命定思想，但未必是“胆小怕事”的。修订版去掉了“胆小怕事”一词，只是描述性地说明本章是倡导无为而反对有为的处世态度。《全译》在解读本章时有所修改，认为“这一章宣扬保守的生活态度和命定论的思想”。把“退缩”改成“保守”，语义上更为平实，不完全是批判的意思。而《绎读》则把这一句解读删掉了，只是说“这一章阐明贵柔雌的思想。老子认为一切都是自然安排好的，人只能随顺自然，不要去争什么，也不要说什么，这样不会吃亏。有所作为倒会招来不利的后果”。可见，《绎读》的阐释去掉了过于激烈的批判，更为客观。

其实，《老子》主张柔雌，本出于反战的需要，认为只要众人都能“有所不敢”，那么就有可能保证社会稳定。这一点认识，即使在今天也是有现实价值的，比如现代国家应该对战争与核武器的使用“有所不敢”，这不是退缩、胆小与保守，而是顾全大局。另外，站在农民立场上，教导统治者学会柔雌，也是为农民在说话。所以，虽然《老子》的思想里会有些过度强调无为与命定的地方，但“有所不敢”的基本主张还是可以找到正面性的。

在原文校正上，任继愈先生认为，“是以圣人犹难之”一句可能是在流行中羼入正文的古代的注解，原因是易州龙兴碑和敦煌卷子本都没有这一句，这是任继愈先生的一个看法。陈鼓应先生也认为，该句在六十三章有重出，应当是羼入本章的句子，并非《老子》原文。

在古文今译上，前后数版基本是一致的。

第七十四章

原文	译文
《今译》： 民不畏死， 奈何以死惧之？ 若使民常畏死， 而为奇者， 吾得执而杀之。 孰敢？ 常有司杀者杀。 夫代司杀者杀，是谓代大匠斫。 夫代大匠斫， 希有不伤其手者矣。	 人民不怕死， 为什么用死来威吓他？ 如果人民果真怕死， 对那些捣乱的人， 我把他们抓来杀掉。 谁还敢再捣乱？ 经常有专管杀人的去杀。 代替专管杀人的去杀，正如同代替木匠砍木头。 代替木匠砍木头， 很少不砍伤自己的手的。
《新译》： 民不畏死， 奈何以死惧之？ 若使民常畏死， 而为奇者， 吾得执而杀之。	 人民不怕死， 为什么用死来吓唬他们？ 如果人民果真怕死， 对那些捣乱的人， 我把他们抓来杀掉。

续表

孰敢？ 常有司杀者杀。 夫代司杀者杀，是谓代大匠斫。 夫代大匠斫， 希有不伤其手者矣。	谁还敢再捣乱？ 经常有专管杀人的去杀。 代替专管杀人的去杀，正如同代替木匠砍木头。 代替木匠砍木头， 很少不砍伤自己的手的。
《全译》： 民不畏死， 奈何以死惧之？ 若使民常畏死， 而为奇者， 吾得执而杀之。 孰敢？ 常有司杀者杀。 夫代司杀者杀，是谓代大匠斫。 夫代大匠斫， 希有不伤其手者矣。	 人民【本来】不怕死， 为什么用死来吓唬他们？ 如果人民果真怕死， 对那些捣乱的人， 我把他们抓来杀掉。 谁还敢再捣乱？ 经常有专管杀人的去杀。 代替专管杀人的去杀，正如同代替熟练匠人砍木头。 代替熟练匠人砍木头， 很少不砍伤自己的手的。
《绎读》： 民不畏死， 奈何以死惧之？ 若使民常畏死， 而为奇者， 吾得执而杀之。 孰敢？ 常有司杀者杀。 夫代司杀者杀， 是谓代大匠斫。 夫代大匠斫， 希有不伤其手者矣。	 人民不怕死， 为什么用死来吓唬他们？ 如果人民果真怕死， 对那些捣乱的人， 我把他们抓来杀掉。 谁还敢再捣乱？ 经常有专管杀人的去杀。 取代专业司法人员管刑法， 正如同代替专业建筑师砍建房的木材。 代替专业建筑师（木匠）砍木材， 很少不砍伤自己的手的啦。

本章认为内行的治国方法是使百姓信服，外行的治国方法是用死来吓唬百姓。《老子》旗帜鲜明地反对用武力镇压的方式来恐吓老百姓以达到暂时稳定的局面，老百姓其实并不怕死，所以武力镇压只能导致反反复复的武力反抗，到头来还是老百姓遭受痛苦。

《新译》在解释本章时，认为“老子并不是不想杀人，这是剥削阶级的本性所决定的。只是因为杀人并不能真正达到统治人民的目的，所以才提出不要光用死来对付老百姓”。修订版与《全译》基本继承了《新译》的说法，也认为老子并不否定杀人是一种治国方法，只是这种方法无效，故转而主张退守、柔顺、不敢为天下先的方法。

其实，《老子》所谓杀人如果有用，那我就把捣乱的人杀了之类的话，其实是反语，旨在强调武力镇压是无效的，必须反对武力镇压，并未把武力镇压作为一种治国的方法来看待。所以《新译》与《全译》的理解有一定的历史性。《绎读》在理解本章时，去掉了那些不准确的表述，转而客观地、正面地阐明《老子》反对武力镇压的意思。

在古文今译上，“夫代司杀者杀，是谓代大匠斫”一句，《今译》与《新译》译作“代替专管杀人的去杀，正如同代替木匠砍木头”；《全译》译作“代替专管杀人的去杀，正如同代替熟练匠人砍木头”，重点在突出“熟练”一词；《绎读》译作“取代专业司法人员管刑法，正如同代替专业建筑师砍建房的木材”。《绎读》的译文用“司法人员”来对应“司杀者”，用“建筑师”对应“大匠”，使用了较为现代化的语词，意在突出司杀者与大匠不仅是各自行业中的老手，更是本行业里的专家，这样便能更为鲜明地体现外行替内行做事只能导致失败的结果这一隐喻。

陈鼓应先生引张默生语，“‘代司杀者’，指伪托天道”；又引蒋锡昌语，“人君不能清净，专赖刑罚，是代天杀”。（《老子注译及评介》七十四章）高亨先生说：“司杀者，指天。”（《老子注译》七十四章）他们的意思是，人的生命由天管理，人君杀人，是越俎代庖的行为，最后是害了自己。诸先生的说法可能是对的，但这里的司杀者是谁，其实并不重要。这里的司杀者与大匠可能很大程度上只是举例，强调职责不同的人不应该越位。所以，保留“司杀者”原意，可能会更合适些。

第七十五章

原文	译文
《今译》：	
民之饥，以其上食税之多，是以饥。	人民所以遭到饥荒，由于统治者吞食的租税太多，因而陷于饥荒。
民之难治，以其上之有为，是以难治。	人民所以难以统治，由于统治者喜欢有为，因而难以统治。
民之轻死，以其上[①]求生之厚，是以轻死。	人民所以用生命去冒险，由于统治者拼命地保养他们自己的生命，因而用生命去冒险。
夫唯无以生为者，是贤于贵生。	不过分看重生命的人，比过分看重生命的人高明。

续表

《新译》： 民之饥，以其上食税之多，是以饥。 民之难治，以其上之有为，是以难治。 民之轻死，以其上求生之厚，是以轻死。 夫唯无以生为者，是贤于贵生。	 人民所以陷于饥荒，是由于统治者吞食的租税太多，因而陷于饥荒。 人民所以难以统治，是由于统治者喜欢有为，因而难以统治。 人民所以用生命去冒险，是由于统治者拼命地保养他们自己的生命，所以逼得人民用生命去冒险。 不看重生命的人，比过分看重生命的人高明。
《全译》： 民之饥，以其上食税之多，是以饥。 民之难治，以其上之有为，是以难治。 民之轻死，以其上求生之厚，是以轻死。 夫唯无以生为者，是贤于贵生。	 人民所以陷入饥荒，是由于统治者吞食的租税太多，因而陷于饥荒。 人民所以难以统治，是由于统治者喜欢有为，因而难以统治。 人民所以用生命去冒险，是由于统治者拼命地保养他们自己的生命，所以逼得人民用生命去冒险。 不看重生命的人，比过分看重生命的人高明。
《绎读》： 民之饥， 以其上食税之多， 是以饥。 民之难治， 以其上之有为， 是以难治。 民之轻死， 以其上求生之厚， 是以轻死。 夫唯无以生为者， 是贤于贵生。	 人民之所以陷于饥荒， 由于统治者租税太重， 才陷于饥荒。 百姓之所以不服管理， 是由于统治者喜欢有为， 因而不服管理。 百姓之所以敢犯法， 是由于统治者只顾奢华享受， 才逼得百姓铤而走险。 不看重厚于保养生命的人， 比看重厚于保养生命的人要高明。

本章主要强调了统治者不应该剥削过重，否则老百姓必然会造反，同时警告统治者不要只顾厚养自己的生命，而不管百姓的死活，认为不厚养自身的统治者更为高明。

《新译》对本章的解读认为，《老子》是站在统治者的立场上，为确保统治者的长久利益，故而劝说统治者不要剥削过重，只顾自己生命的保养，而不管百姓的死活。且认为《老子》的主张和孔孟的“仁政”“爱民”都是骗人的。修订版、《全译》对本章的解读不再突出《老子》的立场，而是比较中性地阐释《老子》对统治者的劝说。在《绎读》中，任继愈先生则肯定了《老子》是站在农民的立场，他说：“先秦诸子中，只有老子对农民生活最关心，批评当时的统治者最激烈。”认为《老子》劝统治者减少剥削，顾养老百姓的生命，本质上是替老百姓说话。由此可见，任继愈先生对《老子》立场的看法前后发生重大变化，体现了他对《老子》思想的本质有着长期深入的研究，并且是一种自我革命式的研究。

在古文今译上，原文中“难治”一句，前三版译作人民/百姓“难以统治”，而《绎读》译作百姓“不服管理”。这里的区别在于，前者是站在统治者的角度看，故有统治上的难易与否，后者是站在百姓的角度看，故而有服不服的问题。前后角度的切换，体现了任继愈先生对《老子》立场看法的改变。陈鼓应先生的今译采用直译，说：“人民所以难治，是由于统治者强作妄为，因此难以管治。”（《老子注译及评介》七十五章）意思是对的，但是没有突显《老子》的立场。可以这么说，陈鼓应先生更多的是保持原貌，而任继愈先生更多的是突出价值。

“民之轻死，以其上求生之厚，是以轻死”一句，前三版译作“人民所以用生命去冒险，由于统治者拼命地保养他们自己的生命，所以逼得人民用生命去冒险”，《绎读》译作“百姓之所以敢犯法，是由于统治者只顾奢华享受，才逼得百姓铤而走险”。其实，老百姓“轻死”不是简单地用生命冒险，《绎读》将之译作“敢犯法”与“铤而走险”，则突显了老百姓用生命冒险的具体性与无奈性，让读者能对现实政治的腐朽堕落有真切的干涉，对当时民不聊生的时局有深切的同情。

第七十六章

原文	译文
《今译》： 人之生也柔弱，其死也坚强。 万物草木之生也柔脆，其死也枯槁。 故 坚强者死之徒， 柔弱者生之徒。 是以 兵强则灭， 木强则折。 坚强处下， 柔弱处上。	 人活着时柔弱，他死了时变得坚强。 万物草木活着时柔软，它死了时变得枯槁。 所以 坚强的东西应属于死亡一类， 柔弱的东西应属于生存一类。 因此 军队强大了就会破灭， 树木强大了就会摧折。 坚强的地位在下， 柔弱的地位在上。
《新译》： 人之生也柔弱，其死也坚强。 万物草木之生也柔脆，其死也枯槁。 故	 人活着时身体是柔弱的，他死后身体变得僵硬。 万物草木活着时枝干柔软，它死后枝干变得枯槁。 所以

续表

坚强者死之徒， 柔弱者生之徒。 是以 兵强则灭， 木强则折。 坚强处下， 柔弱处上。	坚强的东西应属于死亡一类， 柔弱的东西应属于生存一类。 因此 军队强大了就会破灭， 树木强大了就会摧折。 坚强处于劣势， 柔弱处于优势。
《全译》： 人之生也柔弱，其死也坚强。 万物草木之生也柔脆，其死也枯槁。 故 坚强者死之徒， 柔弱者生之徒。 是以 兵强则灭， 木强则折。 坚强处下， 柔弱处上。	 人活着时身体柔弱，死后身体变得僵硬。 草木活着时枝干柔软，死后枝干变得枯槁。 所以 坚强的东西应属于死亡一类， 柔弱的东西应属于生存一类。 因此 军队强大了就会破灭， 树木强大了就会摧折。 坚强处于劣势， 柔弱处于优势。
《绎读》： 人之生也柔弱， 其死也坚强。 万物草木之生也柔脆， 其死也枯槁。 故 坚强者死之徒， 柔弱者生之徒。 是以 兵强则灭， 木强则折。 坚强处下， 柔弱处上。	 人活着时身体是柔软的， 他死后身体变得僵硬。 万物草木活着时枝干柔软， 它死后枝干变得枯槁。 所以 坚强的东西归于死亡一类， 柔弱的东西归于生存一类。 因此 军队强大了必将失败， 树木强大了必将摧折。 坚强占劣势， 柔弱占优势。

本章继续强调了《老子》的贵柔原则，认为柔弱的东西最强大，强硬的东西则最脆弱，且接近死亡。《老子》的主张有其深刻性，比如婴儿，即使在当前是柔弱的，但以后必将强大。但如果是腐朽的事物，最终只有死亡一途，那么这种“柔弱”就不值得提倡。所以把柔弱的力量绝对化，片面地强调柔弱的潜在力量是不正确的。《新译》及其修订版与《全译》在理解本章时，因为“贵柔”思想有缺陷，而认为《老子》的这一原则是错误的，但《绎读》则较辩证地认为这一原则既有深刻性又有片面性。

在古文今译上，前后数版是一致的。

“兵强则灭，木强则折”一句，任继愈先生译作“军队强大了必将失败，树木强大了必将摧折”，陈鼓应先生译作“用兵逞强就会遭受灭亡，树木强大就会遭受砍伐”（《老子注译及评介》七十六章）。任继愈先生作“强大—失败”，是从客观角度出发的；陈鼓应先生作“逞强—灭亡”，是从主观角度出发的。“逞强”是一种心态，常为我们批判，所以主张逞强会导致灭亡，这是很合理的；而因为“强大”所以导致失败，则似乎没有必然性的。但为什么任继愈先生会这么今译，是有道理的。任继愈先生一贯强调，《老子》的辩证法有缺陷，缺陷就在于不讲条件的转化。强弱正反若要转化，必须有条件作为中介，否则其转化是不成立的。本章中，《老子》的辩证法仍然有这个问题，即无条件地强调柔弱胜刚强（三十六章、四十三章、七十八章），“强大处上，柔弱处下”。所以他在今译“兵强则灭”时，故意不用主观上的“逞强”

导致失败，而用客观上的“强大”导致失败，既忠实了原文，也突出了《老子》辩证法的缺陷。

第七十七章

原文	译文
《今译》：	
天之道，其犹张弓欤！	天的“道”不很像张开弓【射箭】吗？
高者抑之，	高的就把它压低，
下者举之，	低的就把它升起，
有余者损之，	过的就把它减少，
不足者补之。	少的就把它补足。
天之道	天的“道”
损有余而补不足，	减少有余，用来补给不足，
人之道则不然——	人的“道”就不是这样的——
损不足以奉有余。	偏要减少不足，用来供给有余。
孰能有余以奉天下？	谁能把有余来供给天下，
唯有道者。	只有有“道”的人能如此。
是以圣人	因此，“圣人”
为而不恃，	推动了万物而不自以为尽了力，
功成而不处，	功成而不自己居功，
其不欲见贤。	不愿表现自己的聪明才干。
《新译》：	
天之道，其犹张弓与？	天的“道”，不很像拉开弓【射箭瞄准】吗？
高者抑之，	高了就把它压低一些，
下者举之，	低了就把它升高一些，
有余者损之，	过满了就减少 些，
不足者补之。	不够满就补足一些。

续表

天之道 损有余而补不足， 人之道则不然—— 损不足以奉有余。 孰能有余以奉天下？ 唯有道者。 是以圣人 为而不恃， 功成而不处， 其不欲见贤。	天的“道” 减少有余，用来补给不足， 人的“道”却不是这样的—— 偏要减少不足的，用来供给有余的人。 谁能把有余来供给天下？ 只有有“道”的人能如此。 因此，“圣人” 推动了万物而不自以为尽了力， 功成而不自己居功， 不愿表现自己的聪明才干。
《全译》： 天之道，其犹张弓与！ 高者抑之， 下者举之， 有余者损之， 不足者补之。 天之道 损有余而补不足， 人之道则不然—— 损不足以奉有余。 孰能有余以奉天下？ 唯有道者。 是以圣人 为而不恃， 功成而不处， 其不欲见贤。	 天的“道”，不很像拉开弓【射箭瞄准】吗？ 高了就把它压低， 低了就把它升起， 过满了就把它减少， 不够满就把它补足。 天的“道” 减少有余的，用来补给不足的， 人的“道”却不是这样的—— 【偏要】减少不足的，用来供给有余的。 谁能减损有余补给天下的不足？ 只有有“道”的人做得到。 因此，“圣人” 推动了万物而不自以为尽了力， 功成而不自己居功， 不愿表现自己的才干和聪明。
《绎读》： 天之道， 其犹张弓欤！ 高者抑之， 下者举之， 有余者损之，	 天的“道”， 不很像【射箭瞄准】拉开的弓吗？ 高了就把它压低， 低了就把它上举， 过满了就减些力，

续表

不足者补之。	不满时就加些力。
天之道	天的“道”
损有余而补不足，	减少有余的一方，用来补给不足的一方，
人之道则不然，	人的“道”却不是这样的，
损不足以奉有余。	偏要减少不足的一方，用来供给有余的一方。
孰能有余以奉天下？	谁能把有余来供养全国？
唯有道者。	只有有“道”的人。
是以圣人	因此，“圣人”
为而不恃，	推动了万物而不自以为尽了力，
功成而不处，	功成而不自己居功，
其不欲见贤。	不愿表现自己的贤能。

本章是《老子》用天道与人类社会进行的对比，认为天道始终能做到取长补短，是最公平的，而人类社会则不公平。所以《老子》提出的解决方法是“无为”，教统治者不要居功、不要自我表现，效法天的“谦下”“柔弱”，这样人类社会也能够变得公平公正了。

《新译》及其修订版与《全译》只是对本章内容进行了解释，而没有对本章的主旨作价值评判。《绎读》则认为天道源于自然现象的规律，具有经常性，而社会现象是人群活动的反映，有大量的偶然性，不能当作规律看待，因此两者的类比是不成立的。诚然如此，但古人由于尚未建立起人与自然相互对待的概念，所以把人看作是天的一部分，甚至社会规律也被纳入自然规律中，这也是情有可原的。

在古文今译上，前后数版基本是一致的。

本章中的“道”，任继愈先生都保留了原文，未进行现代文翻译。陈鼓应先生皆译作“自然的规律”（《老子注译及评介》七十七章），高亨先生亦然。今译成现代文的好处是，能使语义明确。然而，“道”

有规律的意思，又不限于规律的意思。比如，《老子》的“道”在很大程度上也是一个对象性的存在，它可以通过“玄览”的神秘主义方法被感通到。本章中的“天之道”与“人之道”有天的行为方式与人的行为方式的意思，行为方式不一定是规律性的，而是有意志主宰的。《老子》所批判的人的损不足而奉有余，乃是人“有欲”的表现，是人通过选择以后的行为方式。规律是客观的存在，行为方式则是主观的存在。所以说，把“天之道”“人之道”译作“天的规律”与“人的规律”会有所缺憾，本章里保留原文是比较妥当的。

第七十八章

原文	译文
《今译》：	
天下莫柔弱于水，	天下没有比水更柔弱的东西，
而攻坚强者莫之能胜，	而攻击坚强的力量没有能胜过它的，
其无以易之。	因为没有什么能代替它。
弱之胜强，	弱之所以能胜强，
柔之胜刚，	柔之所以能胜刚，
天下莫不知，	天下人没有人不懂，
莫能行。	没有人能行。
是以圣人云：	而此，“圣人”说：
受国之垢，是谓社稷主。	“承担全国的屈辱，才算得国家的君主。
受国不祥，是为天下王。	承担全国的不祥，才算得天下的君王。”
正言若反。	正面的话恰好是反面的。

续表

《新译》： 天下莫柔弱于水， 而攻坚强者莫之能胜， 其无以易之。 弱之胜强， 柔之胜刚， 天下莫不知， 莫能行。 是以圣人云： 受国之垢，是谓社稷主。 受国不祥，是为天下王。 正言若反。	天下没有比水更柔弱的东西， 而攻击坚强的力量没有能胜过它的， 因为没有什么能代替它。 弱之所以能胜强， 柔之所以能胜刚， 天下人没有人不懂， 【就是】没有人肯照着做。 因此，“圣人”说： “承担全国的屈辱，才算得国家的君主。 承担全国的灾殃，才算得天下的君王。” 正面的话恰象*是反面的。 *《新译》（修订版）：“象”作“像”。
《全译》： 天下莫柔弱于水， 而攻坚强者莫之能胜， 其无以易之。 弱之胜强， 柔之胜刚， 天下莫不知， 莫能行。 是以圣人云： 受国之垢，是谓社稷主。 受国不祥，是为天下王。 正言若反。	天下没有比水更柔弱的东西， 而攻击坚强的力量没有能胜过它的， 因为没有什么能代替它。 弱之所以能胜强， 柔之所以能胜刚， 天下人没有人不懂， 【就是】没有人能做到。 因此，“圣人”说： “承担全国的屈辱，才算得国家的君主。 承担全国的灾殃，才算得天下的君王。” 正面的话恰像是反面的。
《绎读》： 天下莫柔弱于水， 而攻坚强者莫之能胜， 其无以易之。 弱之胜强， 柔之胜刚， 天下莫不知，	天下没有比水更柔弱的， 而攻击坚强的力量没有能胜过水的， 因为没有什么能代替它。 弱能胜强， 柔能胜刚， 天下人没有人不知道，

续表

莫能行。 是以圣人云： 受国之垢， 是谓社稷主； 受国不祥， 是为天下王。 正言若反。	【就是】没有人照着做。 因此，“圣人”说： 承担全国的屈辱， 才算得国家的君主； 承担全国的灾殃， 才算得天下的君王。 正话反说。

本章再一次以水做比喻，强调了柔弱胜刚强的道理。与此同时，《老子》也再次引申到政治上，主张君王是要受尽各种屈辱与灾祸的，但实际上却拥有至高无上的地位。这种表象与本质相反的情形，《老子》归结为“正言若反”。《老子》认为这也是一种处世之道，其实每个人都懂，要想高高在上，就要谦卑恭敬，可惜的是人们都不愿意这么做。所以由此推论，那些自命不凡，发动战争的人，由于自以为是，必将会从高位上跌落下来。《新译》及其修订版、《全译》与《绎读》对本章的理解基本保持一致。

在古文今译上，“莫能行”一句，《今译》译作“没有人能行”，《新译》译作“没有人肯照着做”，《全译》译作“没有人能做到”，《绎读》译作“没有人照着做”。大体上，《今译》《新译》与《绎读》的意思是一致的，也就是说道理人人都懂，但是愿意实践的人少。而《全译》可能会理解为，虽然做了，但能力有限而没有成功，和另三版的意思有些差别。

第七十九章

原文	译文
《今译》： 和大怨，必有余怨， 安可以为善？ 是以圣人执左契而不责于人。 有德司契， 无德司彻。 天道无亲，常与善人。	 企图和解重大的仇怨，必然有保留的仇怨， 这样怎能算作善？ 因此，“圣人”虽握有借据的存根，而不强迫人家偿还。 有“德”的人，就像经管借据的人那样从容， 无“德”的人，就像经管租税的人那样计较。 天道对人无所偏爱，经常帮助善人。
《新译》： 和大怨，必有余怨， 安可以为善？ 是以圣人执左契而不责于人。 有德司契， 无德司彻。 天道无亲，常与善人。	 企图和解重大的仇怨，必然有保留的仇怨， 这样怎能算作善？ 因此，“圣人”虽握有借据的存根，而不强迫人家偿还。 有“德”的人，就象*经管借据的人那样从容， 无“德”的人，就象经管租税的人【收租时】那样计较。 天道对人无所偏爱，永远帮助善人。 *《新译》（修订版）：本章“象”皆作“像”。
《全译》： 和大怨，必有余怨， 安可以为善？ 是以圣人执左契而不责于人。 有德司契， 无德司彻。 天道无亲，常与善人。	 企图和解重大的仇怨，必然有保留的仇怨， 这样怎能算作善？ 因此，“圣人”虽握有借据的存根，而不强迫人家偿还。 有“德”的人，就像经管借据的人那样从容， 无“德”的人，就像经管租税的人【收租时】那样计较。 天道对人无所偏爱，永远帮助善人。

续表

《绎读》：	
和大怨，必有余怨， 安可以为善？ 是以圣人执左契， 而不责于人。 有德司契， 无德司彻。	和解大仇怨，必然有保留的仇怨， 怎能称得善？ 因此，“圣人”虽握有借据的存根， 而不强迫人家偿还。 有“德”的人，就像经管借据的人那样从容， 无“德”的人，就像经管租税的人【收租时】那样计较。
天道无亲， 常与善人。	天道无偏爱， 永助善行人。

本章讲的是要用“无为”的原则处理人事纠纷，要从容，不能急躁。《老子》认为，和解大仇怨也算不上善行，因为大仇怨是弥补不了的，最好的方法就是不要结仇。效法天道的“无为”，就能不结仇。所以，《老子》认为为人处世要符合天道，这样才会有好的结果，这就是“天道无亲，常与善人”，这是从自然规律上说的，不是从上天的赏善罚恶上说的。

《新译》认为司契与司彻是为贵族办事的人，《老子》以他们做比喻，体现了《老子》剥削立场的根深蒂固。在“天道无亲”的理解上，《新译》认为《老子》的“天”有明显的赏善罚恶的人格意志。修订版、《全译》与《新译》也基本一致地认为，《老子》其实尚有一些有神论思想的残余。

而《绎读》在肯定本章宣传“无为”思想的同时，重新理解了“有德司契，无德司彻”一句，认为该句的本意是“有德者，有理让三分；无德者，得理不让人”。认为《老子》只是拿司契与司彻的工作方式做了一个比喻，并非要把司契和司彻与是否有德联系起来。

在“天道无亲”的理解上，《绎读》不认为《老子》此处的“天”具有人格意志，而应该把“天道无亲，常与善人”理解为按照自然规律办事，方能有好结果。陈鼓应先生也认为，“‘天道无亲，常与善人’，并不是说有一个人格化的‘天道’去帮助人，而是指善人之所以得助，乃是他自为的结果”（《老子注译及评介》七十九章）。可以说，对此处的“天”去人格化的理解，保持了任继愈先生对《老子》文本一以贯之的态度。

在古文今译上，前后数版基本一致。

第八十章

原文	译文
《今译》:	
小国寡民，	国家要小，人民要少。
使有什伯之器而不用，	即使有各种器具，也不使用，
使民重死而不远徙，	使人民不用生命去冒险，不向远方迁移。
虽有舟舆，无所乘之。	虽有船和车，没有地方乘坐它。
虽有甲兵，无所陈之。	虽有武器装备，没有地方陈列它。
使人复结绳而用之。	使人民再用古代结绳记事的办法。
	【使人民】
甘其食，	吃得香甜，
美其服，	穿得漂亮，
安其居，	住得安适，
乐其俗。	过得习惯，
邻国相望，	邻国互相望得见，
鸡犬之声相闻，	鸡鸣犬吠的声音互相听得见，
民至老死，不相往来。	而人民直到老死，不相往来。

续表

《新译》： 小国寡民， 使有什伯之器而不用， 使民重死而不远徙， 虽有舟舆，无所乘之。 虽有甲兵，无所陈之。 使人复结绳而用之。 甘其食， 美其服， 安其居， 乐其俗。 邻国相望， 鸡犬之声相闻， 民至老死，不相往来。	 国家要小，人民要少。 即使有各种器具，也不使用， 使人民不用生命去冒险，不向远方迁移。 虽有船和车，没有地方乘坐它。 虽有武器装备，没有地方陈列它。 使人民再用古代结绳记事的办法。 【使人民】吃得香甜， 穿得漂亮， 住得安适， 过得习惯， 邻国互相望得见， 鸡鸣犬吠的声音互相听得见， 而人民直到老死，不相往来。
《全译》： 小国寡民， 使有什伯之器而不用， 使民重死而不远徙， 虽有舟舆，无所乘之。 虽有甲兵，无所陈之。 使人复结绳而用之。 甘其食， 美其服， 安其居， 乐其俗。 邻国相望， 鸡犬之声相闻， 民至老死，不相往来。	 国家要小，人民要少。 即使有各种器具，也不使用， 使人民不用生命去冒险，不向远方迁移。 虽有船和车，没有地方乘坐它。 虽有武器装备，没有地方陈列它。 使人民再用古代结绳记事的办法。 【使人民】吃得香甜， 穿得漂亮， 住得安适， 过得习惯， 邻国互相望得见， 鸡鸣犬吠的声音互相听得见， 而人民直到老死，不相往来。
《绎读》： 小国寡民， 使有什伯之器而不用， 使民重死而不远徙，	 城镇要小，居民要少。 即使有各种器具，并不使用， 使居民不用生命去冒险，不向远方迁移。

续表

虽有舟舆，	虽有舟船车马，
无所乘之；	没有地方乘坐它；
虽有甲兵，	虽有武器装备，
无所陈之。	没有地方显示它。
使人复结绳而用之。	使百姓回到结绳记事的生活。
甘其食，	吃得香甜，
美其服，	穿得漂亮，
安其居，	住得安适，
乐其俗。	过得习惯，
邻国相望，	城镇之间互相望得见，
鸡犬之声相闻，	鸡鸣犬吠互相听得见，
民至老死不相往来。	百姓直到老死不相往来。

本章勾画的是《老子》所设想的小国寡民的社会，之所以《老子》向往上古质朴简单的生活，是因为他深感当时繁荣的文明表象下，伴随着各种欺诈与不安。然而，原始社会未必是完美的，由于生产力低下，物质生活匮乏，争名逐利的现象自然而然地就少了。《老子》对小国寡民的向往与美化显然具有片面性，但它的积极意义则在于批判当时社会的败坏风气，这是它的价值所在。

《新译》认为这一章主要表达的是《老子》倒退、复古的社会历史观。认为《老子》只是表达了对文明发达的不满，用美化上古的方法攻击新兴封建的上层建筑，是一种反动思想。修订版与《全译》修正了《新译》里具有历史局限性的理解，肯定《老子》对上古的美化，不是简单地攻击当时社会文明的发展，而是批判当时社会的种种弊端。

《绎读》除了对《老子》崇尚小国寡民有辩证的认识外，还结合了最新的考古发现理解《老子》的理想。2005年在河南内黄县三杨庄，考古学家发现了一片两千年前的完整村落遗址。这篇遗址完整地呈现了西汉时期小自耕农的生活方式，任继愈先生据此推测，春秋战国时期的农村生活当相差不远。所以《老子》所描绘的小国寡民不见得是追怀远古，而是当时现实的农村生活。而《老子》所谓的“国”，先生认为，不过是比村更大一些的“城镇”。也只有这么理解，“鸡犬之声相闻”才有可能。所以说，对“国”的认识，先生是比较独特的。

任继愈先生认为，《老子》的理想社会就是以城镇为基础的，“老死不相往来”也只是城镇间的不相往来。但当时大型城市出现了，文明虽然发达了，却与当时传统的农村、城镇生活形成了强烈的反差，《老子》看不惯的就是这种对现存秩序的打破，他希望重建并维持过去的那种地域平衡，这就是《老子》真正的理想。相较之下，陈鼓应、高亨等先生把“国”的原文都保留下来，或译作“国家”，字面意思虽没错，但是对内涵的揭示有所不足。

第八十一章

原文	译文
《今译》：	
信言不美，	真话不漂亮，
美言不信。	漂亮的话不是真话。
善者不辩，	善人不巧说，

续表

辩者不善。 知者不博， 博者不知。 圣人不积， 既以为人己愈有， 既以与人己愈多。 天之道，利而不害。 圣人之道，为而不争。	巧说的不是善人。 真懂的不卖弄， 卖弄的不是真懂。 “圣人”没有什么保留， 尽全力帮助人，他自己反更充足， 把一切给与人，他自己反更丰富。 天的“道”，利万物而不害。 “圣人”的“道”，做什么也不跟人家争夺。
《新译》： 信言不美， 美言不信。 善者不辩， 辩者不善。 知者不博， 博者不知。 圣人不积， 既以为人己愈有， 既以与人己愈多。 天之道，利而不害。 圣人之道，为而不争。	 真话不漂亮， 漂亮的不是真话。 善人不巧说， 巧说的不是善人。 真懂的不卖弄， 卖弄的不是真懂。 “圣人”没有什么保留， 尽全力帮助人，他自己反更充足， 把一切给与人，他自己反更丰富。 天的“道”，利万物而不害。 “圣人”的“道”，做什么从不跟人家竞争。
《全译》： 信言不美， 美言不信。 善者不辩， 辩者不善。 知者不博， 博者不知。 圣人不积， 既以为人己愈有， 既以与人己愈多。 天之道，利而不害。 圣人之道，为而不争。	 真话不漂亮， 漂亮的不是真话。 善人不巧说， 巧说的不是善人。 真懂的不卖弄， 卖弄的不真懂。 “圣人”没有什么保留， 尽全力帮助人，他自己反更充实， 把一切给与人，他自己反更丰富。 天的“道”，利万物而不害。 “圣人”的“道”，做什么从不跟人家竞争。

续表

《绎读》：	
信言不美，	真话不漂亮，
美言不信。	漂亮的不是真话。
善者不辩，	善人不巧说，
辩者不善。	巧说的不是善人。
知者不博，	真懂的不卖弄，
博者不知。	卖弄的不真懂。
圣人不积，	“圣人”没有什么保留，
既以为人己愈有，	尽量助人，他自己反更充足，
既以与人己愈多。	把一切给了人，他自己反更丰足。
天之道，	天的“道”，
利而不害。	利物而不害物。
圣人之道，	“圣人”的“道”，
为而不争。	做了而不争功。

本章仍然是《老子》的朴素辩证法思想。《老子》提出了真假、美丑、善恶等矛盾对立的社会现象，强调了表面和实际情况的不一致。然而问题是，《老子》把这种表象与实质的反差推到了极致，认为所有的“信言”都是“不美”的，“美言”都是“不信”的，这就陷入了片面性。所以，任继愈先生认为，《老子》虽有丰富的辩证法思想，但没有处理好对立统一的关系问题。这一点上，《新译》及其修订版、《全译》《绎读》对本章的理解是一致的。

在古文今译上，前后数版基本一致。对“道”的今译也保持与上一章一致，保留了原文，没有译作“规律”，这是经过深思熟虑的。

此外，“圣人之道”一句，帛书本原作“人之道”，陈鼓应先生据帛书而删去了“圣”字，将该句译作“人间的法则”（《老子注译及评介》八十一章）。其实，参照古本是必要的，但是并非全盘复古就是妥当的。七十七章说，“人之道则不然——损不足而奉有余”，显然“人之道”的用法与本章“为而不争”的“圣人之道”有别，出于文本内在一致性的考虑，保证同一个概念在同一文本中不出现歧义，因此通行本中的“圣”字虽属添改，却仍有其必要性，不应简单否定。

附 录：四译《老子》中的绪论或附录*

《老子今译》（1956年）没有绪论，直接就从第一章的翻译开始，但书后辑录了两篇关于老子基本思想的文章，于1954年与1956年分别发表在《光明日报》上。《老子新译》（1978年）及其修订版（1985年），《老子全译》（1992年）、《老子绎读》（2006年）都做了序言或绪论，这几篇序言的时间跨度相当大，而且都作于特定的时代背景之下。可以说，每篇文章都反映了任继愈先生当时的思想意识。现在将他们串联起来，可以完整地看到任继愈先生关于老子思想的认识的转变过程。

一般来说，关于任继愈先生思想的转变可以从他的传统文化观、历史观、哲学观几个方面来思考。关于先生的哲学观，前半部分已经谈了不少，是先生哲学思想的重要内容。然而，在研读先生四译《老子》的序言或附录时，值得进一步关注的，就是他的传统文化观与历史观的转变。传统文化观与历史观是哲学思想的物质载体，是思想家哲学观念形成的先决条件，所以对这个问题的研究同样至关重要。但是传统文化观与历史观是需要阐述的，我们从古文今译中或许能获得一部分认识，但毕竟是有限的，所以要清晰地认

* 附录部分，四译《老子》中的绪论或附录收入本书时，略做改动。

识先生的传统文化观与历史观，便只能从他的专文入手，因此四译《老子》的序言与附录就显得极为重要了。

任继愈先生关于传统文化观与历史观的转变，主要聚焦在一个问题的探讨上，即对老子的阶级性问题的讨论。《今译》中，先生肯定老子是替农民说话的哲学家，但在专门讨论老子阶级性的一节中认为，“老子是由贵族下降的隐士”。也就是说，先生主张老子的阶级性属于没落贵族，但他的这个身份并没有妨碍他的农民立场。所以，先生不能认同老子的教人无知无欲是在愚民，而是认为，那是老子对朴素的崇拜，他说：“老子歌颂素朴，赞扬无知，他并没有标明他的政策是愚民政策，但是后来统治者的愚民政策却是从老子得到启发的。”可以说，1956年前后，任继愈先生以强调老子的农民立场为主，以肯定老子为主，把立场看得比阶级重要。所以他虽然会以阶级斗争的方法去衡量历史，却不主要强调历史人物的阶级属性。如果以小见大的话，可以说，此时先生对传统文化是报以“同情的理解”的。

《新译》作于“文化大革命”刚结束后，故不免带着较重的时代痕迹。该版序言对老子主要持否定态度，认为老子“不是站在人民这一边根本反对剥削和压迫，而是站在下台的没落阶级的立场上对新的封建制度发泄不满。至于对待人民群众，老子同样是要对他们实行专政的，只是他采取另一种手段，更强调利用愚民政策，对人民加强其思想麻醉而已”。这版主要强调老子的阶级属性，认为没落贵族阶级就一定会站在贵族阶级立场上，从而轻视人民、鱼肉人民。所以该版认为老子“小国寡民”的倡议是反动的，倒退的。

此时，先生对传统文化是失去信心的。

20世纪80年代中期，《新译》（修订版）彻底修正了对老子的看法。虽然这版序言里仍着重讨论了老子的阶级属性问题，但任继愈先生对老子的阶级属性认识明显发生了动摇。他说："老子本人的阶级出身可能是没落贵族，但老子书中说到'损有余以补不足'，对剥削者憎恨，反对政治压迫，主张让百姓自化、自正、自朴，描绘了小国寡民农村公社的蓝图，看来又不像是没落贵族。""把老子的思想完全说成没落贵族（出身可以是没落的）的没落思想，这是有困难的。"这句话在某种程度上，其实是尝试着回到1956年时，把阶级与立场分开的思路上来了。这一转变似乎带有试探性，但更深层次的含义是，我们不能把这次转变仅仅看作是对老子的认识的转变，更应该看到，这是一次对时代的认识的转变，是对非此即彼的是非判断的时代的挣脱。

此后，20世纪90年代作《全译》和21世纪作《绎读》的前言时，任继愈先生不再讨论阶级问题了。当我们关注一位思想家说了什么的同时，我也应该关注这位哲学家不说什么，尤其是他之前着墨甚多，之后却只字不提的那些问题。这一前后反差，正说明他关于此问题看法的强烈转变与深度思考。可以说，《全译》与《绎读》两版是先生对文化与历史经过了深刻反思的结果，于是彻底清洗了那个时代遗留的学术传统。在这两版序言中，先生对老子的肯定的态度，用相当清晰的语言表达了出来，可以说是对老子的认识进入了一个全新的境界。

《全译》的前言在删去了阶级属性的讨论后，大体与《新译》

（修订版）相同。然而，《全译》前言在最后补充了一段别有深意的话，任继愈先生说："从总体来看，老子探求天地万物的总根源，老子的辩证法构成了中国古代辩证法的一个核心部分。老子哲学是中华民族深沉的智慧的结晶。不懂得孔子就不懂得中国文化，这一点被中外有识之士所公认；不懂得老子同样不可能懂得中国文化，人们对这一点注意得还不够。中华民族有孔子、老子这样的代表人物，值得自豪。"这段话意味着，任继愈先生不仅对老子做了彻底的拨乱反正，甚至对中国文化的认识也发生了全新的改变。

如果《全译》的前言对老子的褒扬还只是点题的话，那么在《绎读》的前言中，任继愈先生则无处不表露出他对老子的仰慕。他从认识史的角度高度赞扬了老子的哲学发现，他说："'道'是精神性的还是物质性的，老子本身没有深说。老子的认识已经是处在当时中国古代人类认识的最前沿。"他又从思想史的角度肯定老子的发现，他说："老子的哲学，使人从宗教、神学中初步摆脱出来，在当时是了不起的贡献。"他还从本体论的角度赞扬老子的哲学贡献，他说："老子另一个贡献是第一个提出了'无'的概念，这是中国哲学史第一座里程碑。"我们可以发现，先生用"最前沿""了不起的贡献""第一座里程碑"这样的字眼来肯定老子在哲学史上的价值，真可谓是对老子正面评价中的最高褒奖，同样也是对中国文化做了最高的褒奖。

总的来说，《新译》（修订版）、《全译》与《绎读》对老子的基本认识是对《今译》的螺旋式上升的回归。《今译》中，任继愈先生认为虽然老子替农民说话，但到底还是没落阶级，所以还是有不少保守与反动，但这不是主要的地方。他说："老子书中责骂统治者，表现了反压迫、反剥削、爱自由的进步要求。但这种进步，由于它的阶级的局限性，不能不停留在一定限度以内。所以在社会观、历史观方面，他又是保守的，甚至有些是反动的。"《新译》（修订版）是经历了"文化大革命"后的大反思的结果，对待老子的态度还是较为谨慎的，然而还是做了拨乱反正，重新肯定老子的农民立场。《全译》与《绎读》则不但肯定老子的农民立场，而且不再使用阶级分析的方法，并且高度赞扬老子思想的进步性，这就是螺旋式上升的回归。

当然，任继愈先生虽高度褒扬老子，却仍不失理性，他坚持老子终究还是历史人物，我们"不能替古人讲清楚"。所以他在《绎读》的前言中说："后人可以用现代人的认识来解释老子，代替老子做进一步的阐发。当年老子自己没讲清楚的问题，后代研究者注释者替老子讲得再清楚，也不能认为是老子的思想。"可以看到，即使对老子思想表现出了高度的认同与倾慕，但先生仍坚守实事求是的原则，这正是老一辈思想家的独立性的表现，也是严谨的学者对自身民族文化传统负责的表现。

再回过头来讲，人都是一定社会背景下的人，学者也是。今天我们比照任继愈先生五版《老子》前后序言或附录，可以知道，先生对老子的反思，其实就是对传统与文化的反思；而先生的数次转变，又反映了整个时代的历史变迁。因此，今天我们辑录这几篇文章，实在是有重要的思想史意义。

一、《老子今译》附录一

（一）老子年代及其著作

关于老子的年代问题，争论已久，到今天可归结为两种不同的意见：一，老子略早于孔子，老子即老聃，现存老子书就是老聃亲手所著的；二，老子其人与《老子》这部书没有关系，老子书的著作在庄子以前，在孔墨以后。双方的所提出的"证据"，很难找到新的材料作为补充。老子的年代问题，在目前中国学术界远没有取得完全一致的结论。

老子年代在孔子前或在孔子后，双方的所持理由不必在这里重复。本文只提出两个基本的观点，以说明老子在孔子以前；今存的老子书并非老子亲手所著，其中的主要思想却是老聃的基本思想（参看郭沫若《青铜时代》，人民出版社，1954年，236页）。

首先必须依照历史的实际情况去了解。先秦的典籍很少由一个人执笔写成，而是由各学派的信奉者不断地补充、发展，经过若干年代才成为"定本"的。这一补充和发展的时间可以从一两百年以至几百年以上。像《易经》这部书，从它的形成到写成今天的《易经》的样子，至少经过五百年甚至更长的时间；《墨子》中的《墨经》与墨翟的时代也有一百年以上的间隔；《管子》一书，包括了从春秋到汉初的法家思想；《孙子兵法》也是长期结集成书的。此外，大家认为很少值得怀疑的《论语》《荀子》《韩非子》，其中也都夹杂着汉儒所增补的材料。研究先秦思想，必须打破先秦思想家“亲笔著述”的错误观念（参看郭沫若《青铜时代》，235页）。

先秦诸子的书都是作为代表一家一派的学说而出现的，都是在他们的学派的创始人的思想基础上得到补充和发展的。老、庄、孔、墨、管、商、韩非这些哲学家，都是他们的“书”的基本思想的奠基人。我们不能因为在老子书中发现个别的地方有战国时期思想的迹象，就把全书的整个的时代移到最后。这一点，郭沫若先生的《老聃、关尹、环渊》一文中所讲的老子书的问题是有充分理由的。

哲学思想发生和发展的历史是一定社会历史条件下的产物。研究哲学思想不能脱离了它的思想产生的具体社会。社会是发展的，春秋战国之际，虽然只有两三百年，但变化极大。哲学史工作者必须密切注视当时社会的阶级分化和其他历史的变革。如果作为一个版本学家，他可以根据《老子》这部书写成“定本”的年代判断《老子》一书的年代，版本学家的立场允许他这样做。哲学史家所研究的既然是哲学思想发生和发展的历史，就不能把哲学著作写成“定本”的时代当作思想发生的时代。如果这样做，必致搞乱了历史的事实，混淆了思想发展的先后。过去不少的资产阶级学者采取这种非历史的态度，因而把一些很有价值的唯物论的哲学思想生硬地割弃了。比如《管子》一书，起源于春秋，中经战国法家的添补，最后还附入了一些汉初的材料。于是资产阶级的哲学史家就把它当作“伪书”，讲春秋时代的思想，认为它有战国时代的思想而不讲它；讲战国时代的思想，认为它有汉初的思想，也不讲它；讲汉初的思想，又以为它是先秦的思想而不讲它。这样，具有丰富唯物论思想的《管子》一书竟遭到“无法投递”的信件的命运！我们要以负责的态度对待这些文化遗产。

老子是中国的，也是全世界上最早的自发的辩证法、素朴的唯物论的哲学家，我们就应当实事求是地把真相昭示于全世界人民的面前。

在先秦的典籍中，如《庄子》《荀子》《韩非子》《吕氏春秋》以及《墨子》佚文中都不会怀疑过老子这个人和他的学说的关系。以上这些不同的学派都从不同的角度描绘着一个大致轮廓相同的思想面貌的老子。他们所描绘的老聃的学说与《老子》书的基本思想相符合。到了汉初，才开始把老聃、李耳、太史儋三人的关系弄混了，以致时代先后相差两百多年，连老子这个人是否存在也变得模糊起来了。

古代的传说是极有价值的历史材料。如果没有充分证据，我们不能轻易地用推测来推翻传说，更不能采取推迟的办法，无端地把老子的时代拉后。从地下发掘出来的残简片瓦的零星材料我们还十分珍视，何况古代具有群众基础的传说和文字记载？

因此，我们断定：老子就是楚人老聃，出生在孔子前，他是中国道家唯物论的创始人。《老子》一书虽经增订补充，但是“道”的观念——确实是老聃本人的思想中的主要部分。老子曾做过周的史官，后来隐于楚，他的思想经过庄子的阐扬才成为显学。他本人在当时是隐者，不大注意宣传，和后来孔、墨学派汲汲宣传的态度不同。《老子》书中有些思想远在老子以前就已相当流行。如“无为”“贵柔”、不信“天命”的思想在春秋初期早已具有雏形，只是还没有概括为哲学的普遍原则。老子的“道”的概念，恰恰是老子的时代以及老子所代表的阶级的思想的反映。

现在要说明老子的哲学思想是春秋时期社会历史条件下的产物。

（二）老子学说产生的社会历史条件

春秋末期，在文化、政治、宗法制度各方面都起了显著的变化，而变化最大并促成整个社会变革的，就是土地所有制的变化。

这时开始有不贵而富的地主阶级出现，这与过去世袭贵族制不同。世袭贵族的统治势力，由于当时生产的变革而逐渐衰落，其中有很大数量的贵族下降为自由农民；也有些解放了的农奴上升为自由农民。新起的地主阶级开始长成。东周后半期正是这种变化的开始。

商周以来的世袭贵族的统治阶级，不仅定出一些法令制度来保障他们的统治秩序，他们还用宗教、迷信、礼法来麻痹人民的反抗意志。周代的敬天保民的思想比殷代的尊天事鬼的思想在程度上虽然不同，而在本质上、在实际的作用上都同样是麻醉人民的。这并不是说宗教思想和信奉天帝的思想完全是由统治者强迫灌输到被统治者的信仰中去的，也不是说当时的统治者自己已经知道天帝是假的，有意识地用它来欺骗人民。而是说，敬天、畏天的思想，相信天命有是非，能分别善恶这种学说，它的本身就帮了统治者的忙，在客观上麻痹了人民的反抗意志。如果人们相信“天是公平的”“天是有是非的”，个人的不幸、苦难是“天命”所决定的，于是只好“素富贵行乎富贵，素贫贱行乎贫贱”，这种信念，显然是对统治者有利的。

春秋以来阶级斗争的实践教育了人民，也教育了当时统治阶级当中一些有清醒头脑的人。有些人逐渐认识到人民的力量好像水一样，它能载舟，也能覆舟；“防民之口，甚于防川”，仅仅靠消极压迫是不行的，这就迫使他们不得不注意民心的向背。所以春秋时代，“天”的存在虽然还没有人怀疑过，而“天”对人民统治的威力却大大地减低了。“天”也要照顾一下人民的要求了。于是对“天”“命”“鬼”“神”有了分歧的解释。如“夫民，神之主也，是以圣王先成民而后致力于神”（《左传》桓公六年）；“鬼神非人实亲，惟德是依。故《周书》曰‘皇天无亲，惟德是辅’”（《左传》僖公五年）；“国将兴，听于民；将亡，听于神。神聪明正直而壹者也，依人而行”（《左传》庄公三十二年）；“民之所欲，天必从之”（《左传》襄公三十一年）；“祸福无门，唯人所召”（《左传》襄公二十三年）；“善之代不善，天命也”（《左传》襄公二十九年）；“天生民而立之君，使司牧之，勿使失性……天之爱民甚矣，岂使一人肆于民上，以纵其淫，而弃天地之性，必不然矣”（《左传》襄公十四年）。

当时的统治者又从过去的历史兴亡的教训中看出了“社稷无常奉，君臣无常位，自古已然。故诗曰‘高岸为谷，深谷为陵’。三后之姓，于今为庶民”（《左传》昭公二十四年）。

当时统治阶级中有些思想清醒的人士已经初步感觉出人民的力量不可忽视，人民的要求不能完全不管，但最后还是承认天道是决定历史的最后的力量。

根据先秦的记载，当时的历法已有充分的条件使科学家和哲学家认识天道的运行是自然的，是有客观规律可循的。也就是说，即使“天”也有它的一定的运行的轨道，天也不能任意运行。周朝历学家用土圭测日影长短；观测黄道赤道附近的星座，区分为二十八宿；知道冬至、夏至的周期，又发现岁星（木星）十二年一循环的规律，定出十二年为一周天的岁星纪年法。鲁宣公（公元前608—599年）以后，朔日可以推算得大体不误。这些在过去以为天道运行的高远莫测的秘密，逐渐被人类揭发出来。因之，“天道”或“道”的观念在人们的心中逐渐具有科学的意义。

中国古代天文学这一门科学本来是为农业生产服务的。中国古代黄河流域的农业生产相当发达，农民长期积累的生产斗争的知识，在春秋末年，甚至在更古的时代，已经有相当丰富的经验。中国古代的医学也有了很大的发展，出现了名医医缓、医和、扁鹊等著名的医学家。自然科学的发展，使人们对于天道、人事、人的生死等等过去无法解释的秘密有了新的认识。这时开始有人企图从事物的内部联系中去找出它的存亡变化的原因。

天道日月运行的推算，岁历的安排，周而复始的循环往复的天文学的科学知识，对于当时的哲学思想不能不产生重大的影响；历史上由治到乱，由强盛到衰亡，对于当时的社会历史的认识更不能不有极严重的影响作用。老子所讲的“道”，像“大曰逝，逝曰远，远曰反”这种事物变化运动的规律固然不限于天道，而他所用的形容词，却正是与当时的天文学密切联系着的。当时一般的隐士通常多具有农业生产实践的知识，因而他们也就有机会认识到植物发生、生长、成熟、死亡的规律，人的意志不能左右它。植物不到时候不生，不到时候不长，只能为它的生长创造条件，却不能去有意地“帮忙”；这也就是说，对于自然不能“有为”，要善于观察和等待。

从天文学和农业生产认识中，从历史的教训中，产生《老子》这部书中所代表的思想，这是完全可以理解的。这是完全有条件产生他的自发的辩证法和素朴唯物论的哲学思想的，而老子的思想也恰好反映出这些思想来源的痕迹。

（三）老子学说的阶级本质

春秋后半期世袭贵族制逐渐破坏，多数小国被大国吞并。这些小国的贵族，一部分降为皂隶，大部分变为大国的庶民，取得自由民的身份。再加上原有的自由农民及小生产者，以及从农奴解放出来的一部分自耕农，因此这个阶层逐渐在扩大，成为社会上一个相当巨大的阶级力量。既然社会上出现了广大的从事农业生产的小私有者这一阶层，就不可避免地要产生反映这一阶层的利益的思想。

像《老子》这部书的思想就部分地反映了农民和小私有者的要求。由于小生产者的经济特点，使他们“不敢为天下先”；他们贵柔，不与人争强斗胜，不冒险。他们有自己的独立的经济，他们希望政府对他们不干涉或少干涉。他们过着自给自足的生活，他们反对工商业者对他们的剥削，所以“不贵难得之货”。因为他们还是直接参加生产者，他们也是被剥削的对象，因此，他们不相信统治阶级对人民进行的唯心论的欺骗宣传。当时一般农奴、佃农是不可能学到文化知识的，像老子这些由贵族下降的隐士，在文化上却有条件说出自己的要求和希望。在他们的要求和希望中也反映出广大农民（包括农奴、佃农在内）的要求。

同时，像老子这一阶层的隐士，并不是自愿地下降为农民的身份的，而是历史的规律强迫他们走他们所不愿走的道路的。老子以及和老子的情况相类的这些隐士，与当时真正的农民之间还有着一定程度的差别。老子不主张过分的剥削，他把改革社会的希望寄托在“圣人”的身上。老子书中的“圣人”，就是他理想的统治者。他希望当时的统治者依照他的理想来“取（治）天下”。他的书反映了当时小自耕农的愿望，也反映了广大农民一般的要求。像老子这些人，从当时的科学知识中，从自己的阶级所以没落的切身经验中体会到一些辩证法的原则。他希望统治者根据这些原则办事，这才可以“富贵长保”。因此，老子书中责骂统治者，表现了反压迫、反剥削、爱自由的进步要求。但这种进步，由于它的阶级的局限性，不能不停留在一定限度以内。所以在社会观、历史观方面，他又是保守的，甚至有些是反动的。

在春秋的末期，农民阶级中，小自耕农在历史进程中是一个开始壮大的而又不得不日趋分化的阶层。当时的社会发展是向着以新兴地主及新兴工商业阶级所要求的大一统的中央集权的封建制度前进，因而像老子所代表的农民阶级中小自耕农这一阶层，并不是新的生产关系的体现者。历史的发展向着老子所最不愿走的一条道路进行着。这是老子思想的悲剧。他幻想的“小国寡民”的原始社会是根本不会实现的。

《老子》书中初步提出了朴素的唯物论和自发的辩证法的法

则，建立了“道”的观念。这种哲学思想反映了当时科学总结中的最高成就，打击了传统的“天命”的观念，贬低了“神”的地位，向传统礼教进行抨击，从而奠定了中国哲学中唯物论的基础。

正因为《老子》书中反映了一部分农民的要求，有一定的反抗性，历史上农民起义，多打出“替天行道”“打富济贫”的口号，这些思想的根据都多少与老子的理论有些关系。“天之道其犹张弓欤……天之道，损有余以补不足；人之道，损不足以奉有余。”农民思想中“替天行道”的“道”，也就是老子的公平的天道，“损有余以补不足”的天道。中国历代的农民起义是推动中国封建社会前进的力量之一，农民起义常常与道教有关，而道教与老子的思想有关，这一现象是颇值得注意的。

（四）老子的政治思想及其哲学根据

老子理想的社会是：

> 小国寡民，使有什伯之器而不用，使民重死而不远徙。虽有舟舆无所乘之，虽有甲兵无所陈之。使民复结绳而用之。甘其食，美其服，安其居，乐其俗，邻国相望，鸡犬之声相闻，民至老死不相往来。

他追慕没有剥削、没有战争的原始公社时代，这是老子的空想。但是从这些不合实际的希望中反映出当时像老子这一阶层以及农民中大多数的小自耕农合理的要求。他们不要周代的文化，不要战争，他们只要吃得好、穿得暖，能够安静地生沽下去，过他们最低限度的简单素朴的生活。

老子反对以兵强取天下（“以道佐人主者不以兵强天下，其事好还：师之所处，荆棘生焉。大军之后，必有凶年”），反对以法治国（“法令滋彰，盗贼多有”），反对以刑治国（“民不畏死，奈何以死惧之”），反对以礼治国（“大道废，有仁义”），反对以智治国（“以智治国国之贼”“爱民治国能无智乎”），反对重税（“民之饥，以其上食税之多，是以饥”①），反对工商业（“不贵难得之货，使民不为盗”），反对文化与过分享受（“不见可欲，使民心不乱”“五色令人目盲，五音令人耳聋”“朝甚除，田甚芜，仓甚虚。服文采，带利剑，厌饮食，财货有余，是谓盗竽”）。

老子的政治主张中，如“绝仁弃义”“不尚贤，使民不争”，应当是战国时期老子学派的政治思想。很多认为《老子》书中全部的思想是战国时期的产物，也是以这几条材料为证据的。这几条应该认为是战国时期增补到老子书中的。至于老子的政治主张的哲学根据，却仍然是从老子的基本思想产生的。隐士和小生产者这一广大阶层既然早已存在，土地所有制的变化必然要影响到这一阶层的利益。所以，《老子》书中所反映的问题，是春秋以来早已存在的社会问题。

春秋战国之际，原有的农业方面小私有者这个阶层成为广大的社会力量，因而必然有他们自己的政治要求。如果仅有当时自然科学的成就，而没有广大的小自耕农所形成的阶级力量，那么，像老子的哲

① 王弼本无“上”，任继愈先生据傅奕本补，原书未做说明，四版皆同。

学思想就不可能产生；产生了，也不会引起广泛的社会影响。

老子在政治上提出了“无为”的原则。老子告诉统治者：必须“无为”才可以“无不为”；应严格遵守“无为而无不为”的原则。“侯王若能守之，万物将自宾”“天下神器，不可为也，为者败之，执者失之”。

为什么不能“有为”？农业小生产的经济的特点及其阶级利益规定了像《老子》书中所表现的政治思想及其哲学。这些小生产者是被剥削的。剥削者用天命来麻醉人民，叫人安于天命，而老子恰恰举出“天道”的“公平”来反对当时“人道”的不公平，用天道的“无为”来反对当时剥削阶级的“有为”。因为剥削阶级的任何“有为”，都是要小百姓出钱出力。小生产者有自己的一小部分私有财产，希望能安安静静地生活下去，希望统治者不要多干涉他们。

老子认为“天之道”本来就是听任万物自生自长，不干涉，不强制的（“天地不仁，以万物为刍狗”），所以统治者（圣人）也应当仿照自然界那样的不干涉，不强制（“圣人不仁，以百姓为刍狗”）。“圣人”治天下，最好的办法就是采取无为而治的放任政策。统治者放任，少干涉，被统治者自然也就不会跟他“捣乱”。

老子认为“天道”本来是“无为”的，勉强去“为”，一定遭到失败。只有无为的政治才能使老百姓过得安静，严苛的干涉必然使老百姓感到不满足（“其政闷闷，其民淳淳。其政察察，其民缺缺”）。老子不止一次地提到“我无为而民自化，我好静而民自正，我无事而民自富，我无欲而民自朴”。他强调不干涉的政治原则，使民“自化”“自正”“自富”“自朴”。君主只要为民之长，而不要去干涉人民（“长而不宰”）。

所谓礼乐、文化、兵刑、重税等等措施都是有为的政治。老子认为这些政治制度虽然应该有，却不能过分地强调这些统治工具的作用（“虽有甲兵，无所陈之”）。用这些工具统治人民，它所起的作用实在有限。所以老子反对“有为”，而主张“无为”。老子的“无为”，是要尽量对人民少干涉。老子要人“见素抱朴，少私寡欲”，无为而治。

至于“圣人”——老子理想的统治者——统治国家的方法，最好以“无事”“柔弱”为原则。“上善若水，水善利万物而不争。”水最柔弱，而克服坚强的正是它的柔弱的力量。因此，圣王治国也要以柔弱为主；“是以欲上民必以言下之，欲先民必以身后之”。这样的统治者，他虽然位在民上，而民不会感到是负担；虽然处在民前，而民不会感到对他有危害。倘若统治者不照无为的规律办事，只看见眼前的剥削得来的小利益，而一味剥削，那就会出乱子。自然界的规律是公平的，是“损有余以补不足”的，而当时的社会现象（“人之道”）刚好与天之道相反，却在“损不足以奉有余”，这样的统治怎能长久呢?

老子思想的进步的一面，在于他认为历史发展不是“上帝”安排的，而是有它的规律的；这种规律也是客观的，不受人的主观意志支配的。对于当时占统治地位的宗教迷信的思想起着破坏作用。《老子》一书的贡献即在此。老子的思想也还有着严重的缺点。老子把社会现象与自然现象一律看待，忽略了，甚至抹杀了人类社会现象与自然现象之间的差异。老子只看到天道的运行，四时寒暑的推移，植物的生长，当时的人力对它无法控制；老子却没有认识到社会是由人所构成的，“自然”的社会是没有的。老子只看到自然界的现象是自生自灭，有它自己的规律，它自己会过渡到它的反面；老子没有看到不合理的社会，不合理的制度显然也会过渡到它的反面，这却非要人民起来推动它不可。老子把社会现象看作自然现象的一种，所以他以静观天道的态度来静观社会，以等待植物自然成长那样的心情来等待着社会自己变化。照“道理”讲，固然“强梁者不得其死”；但是“强梁者”若不自死，怎样办？老子以为只有等待。老子讲到自然、天道的时候，它的理论是生气勃勃的，会有力地打击当时的传统信仰，动摇人们心中的迷信和偶像，他的思想表现在社会政治方面却就显得软弱无力了。由此可见，老子的政治思想虽然反映了一些农民的要求，虽然为农民呼吁；但他的政治主张，在客观上却也可以被统治者所利用。

只有马克思主义才把社会历史的知识第一次使它成为科学。这是经过人类长期的阶级斗争积累下来的丰富的经验的总结。在老子时代，自然还不可能有科学的社会历史知识。老子只能把自然科学方面的规律机械地应用到社会历史方面，因此也就不可避免地要产生困难，而且会产生反动的作用。

西周以来，用来维持上下尊卑之分的礼教已失去作用，当时的统治阶级不得不另想办法。当时主要的矛盾是农民受不了过重的剥削，有的逃亡，有的做“强盗”。当时的历史条件还不可能发生自觉的农民暴动，但仅仅农民的逃亡和为“盗”，已经足够打击当时的剥削阶级，使他们的经济收入和政治力量大大减弱。像老子这一派的思想毕竟与那些完全脱离生产，“四体不勤，五谷不分”的知识分子有所不同。他们知道劳动人民的甘苦（“民之饥，以其上食税之多”），他们也比较了解劳动人民的性格和特点（“民不畏死，奈何以死惧之”）。因此，老子对待农民的态度，与完全站在统治阶级立场的儒家有所不同。他并不责骂那些“犯上作乱”的行为，他却比较深入地理解“民之难治”的原因。因此，他指出“以智治国国之贼”，他警告那些自以为聪明的统治者，不要一厢情愿地只顾自己的利益。只顾自己的利益的人是得不到自己的利益的；不要认为农民可以欺侮，农民是不怕死的。同时，老子也深深知道农民的弱点，他为统治者着想，如果要统治得安稳，最好让农民吃得饱，而不要给农民以文化知识。有了知识，就有欲望，这对统治者是很危险的。因此，历代的“聪明”的统治者，学了老子的一套办法对付农民，常常收到奇效；而那些剑拔弩张，镇压农民的王朝，就常常遭到颠覆。这也可以说明，老子书中对统治者的指摘虽然是那样激烈，而中国历代的统治者却并不排斥老子的学说，主要的原因，就是历代的统治者知道发展了老子的思想中的消极因素，是对自己的统治有利的。

老子也不是主张绝对的愚昧，因为老子心目中的“圣人”并不是愚昧的，而是体现了“道”的最大智慧的人。老子要人不要沾染上那些足以毁坏了人们淳朴性格的文化，怕人见了“可欲”而“心乱”，因此他反对过分的享受，所以说“五色令人目盲，五味令人口爽”。老子反对当时世袭贵族制度下所制定的压迫人民、欺骗人民的文化，这是老子思想中的进步因素。但是老子因此不加区别地反对一切文化，把不合理的制度带给人民的痛苦说成是由文化带来的。这种看法是错误的。老子却反复教人认识“道”的原则，要人“尊道而贵德”“明白皿达”，有“自知”之“明”；说“大巧若拙”“大辩若讷”；要人明白“知和曰常”“知常曰明”。

老子所提倡的比较高一级的知识，并不只是对统治者的“圣人”说的，老子还希望统治阶级以外的比较广大的群众也相信他的主张。老子说：“吾言甚易知，甚易行”，但是使他认为遗憾的是“天下莫能知，莫能行”！

老子本人是受过旧文化的洗染并看清了其中的弱点。老子歌颂那种原始的素朴和原始的愚拙，他怀恋着原始公社的古代社会。在事实上，人民越无知，对于统治者就越有利。老子歌颂素朴，赞扬无知，他并没有标明他的政策是愚民政策，但是后来统治者的愚民政策却是从老子得到启发的。

中国历史上，“英明”的、善于防止农民起义的统治者，固然必须服膺孔孟之道，他们同时也都是精通老子之术的。

道家教会了处在暴力统治下的农民怎样保存自己，逃避压迫的方法。道家的爱自由、重自然科学规律的进步因素不断在农民运动中起着鼓动作用，历代的中国唯物论思想家多半是受老子思想的影响的，这是值得特别指出的。

（五）素朴的唯物论、自发的辩证法

古代“道”字只是指人所通过的道路，从道路的意义引申出轨道的意义。《书·汤诰》：“天道福善祸淫。”《易·谦卦》：“天道亏盈而益谦。”《国语·周语》：“吾非瞽史，焉知天

道。”郑子产说：“天道远，人道迩。”古代史官根据天文学的知识，从日月的运行中来占验人事的吉凶。春秋以来，人民的力量逐渐迫使一部分统治者不得不让步，天的地位开始由独一无二、至高无上的地位动摇了。虽然“天道远，人道迩”，却还没有人根本怀疑过天的存在。当时的史官，也逐渐有可能把天文学从占星术中解脱出来，使它具有科学的性质。

老子在传统的天道信仰业已发生动摇的基础上，发展了对于天道的认识。他虽然还有一些过去的残余意识（“天道无亲，常与善人”），但这不是他的思想的主要方面。老子深刻地观察了天道自然的变化，人事的因革，植物（特别是农作物）生长的过程，他从这些科学的基础上建立了他的素朴的唯物论和自发的辩证法。

要了解老子的唯物论，首先必须了解他所讲的“道”的含义。道，它是物质性的最先存在的实体（“有物混成，先天地生”）。这个存在是肉眼看不见的（“寂兮寥兮”），它却无始无终，离开人的意识自己在循环运动着（“独立不改，周行而不殆”），它是一切有名称的东西的产生的根源（“可以为天下母”）。道，是物质世界的始基，它无所不包，因此不知道叫它什么好（“不知其名”），给他起个名字叫作“道”，或者勉强叫它做“大”。

“道”是最根本的物质存在，虽然不能具体指出它的形状（“无状之状，无物之象”）。但是它“其中有物”“其中有精，其精甚真，其中有信”。它是极细微的物质性的存在。所以说“有物”“有精”“有信”。这就足以说明“道”不是精神性的理，而是物质的存在。“道”虽然空虚不可见，不可闻，不可能直接感到它。但它却无所不在，其用无穷，它是万物的根源（“道冲，而用之或不盈，渊兮似万物之宗”）。

“帝”是古代一贯相传的最大权力的天神，他是天道人事决定者，“道”却是“象帝之先”！

“道”就是物质实体，不能在客观物质世界之外另寻出其他的根据来解释这个世界。“道”无所不在（“大道泛兮，其可左右”），是物质的客观存在，无始无终（“迎之不见其首，随之不见其后”），它是万物的根源（“玄牝”“天地根”）。它永远存在，万物从它那儿取之不尽，用之不竭（“绵绵若存，用之不勤”）。

老子又用“朴”这一形象的比喻来表明道的特点。“朴”是尚未成为具体的器物的原始材料，它本身还说不上叫什么“器”。“朴散而为器”，“器”就有了特定的名称（“有名”）。一切的“器”，都是由朴产生的。离了道不会有万物，正如离了“朴”不会有“器”一样。“朴”就是“道”。朴还不是任何具体的东西，所以老子又称道是“无名”。“有名”才有万物。所以老子教人“见素抱朴”。

“道”自身并不要一个造物者来创造它，它是自然如此的（“道法自然”）。又因为它无形可象，不可见而又无所不在，老子又称它做“无”。

老子的自发的辩证法的观念是建立在他的素朴的唯物论世界观的基础上的。老子先肯定世界是物质性的、客观的。存在先于一切，当然也先于思维。

老子的自发的辩证法，是根据当时可能达到的科学水平而提出来的，他已意识到物质世界是在变化着、发展着，并且按照客观的规律变化、发展着。这是老子哲学中的光辉的部分。但是，我们也必须指出，老子的哲学中的“道”的含义不够严格，而且在概念上是不明确的。老子的所谓“道”，一方面指的是物质实体；另一方面指的又是物质世界变化的规律。他把这两者用同一的哲学概念“道”来表达。

“道”是“独立不改，周行而不殆”的，它自己永远在变化、运动，它的变化是沿着一定方向进行的，那就是周而复始的循环运动。它运行的结果往往是向它相反的方向变化。“反者道之动”“大曰逝，逝曰远，远曰反”，正可以看出老子的“道”，是从天体运行的科学法则中更进一步推广到一切事物的普遍的变化的法则的。老子把人事的盛衰、成败，植物的生长、成熟，也简单地只看作是循环。他没有，而且也不可能有由低级发展到高级的发展观念。

事物在矛盾中统一，老子说“有无相生，难易相成，长短相形，高下相倾，声音相和，前后相随”。

事物在变化中向他的相反的方面过渡，老子说“虚而不屈，动而愈出”“正复为奇，善复为妖”“福兮祸所倚，祸兮福所伏”。这种对立面并不是漠不相关的并存，而是处在内在的矛盾之中。

他还初步意识到量的积累可以引起质的变化：“合抱之木，生于毫末；九层之台，起于累土。”“君子”所以要“去甚”“去奢”“去泰”，就因为他看出事物发展到“甚”“奢”“泰”时，就要引起性质相反的结果。

“道”的真实性就在事物变化中体现出来。老子认为世界上没有不变的东西；而且一定以循环的总方式向着它的反面变化着（“反者道之动”）。

“道”的变化，向着它的相反的方向进行，而变化的结果必然从它当前所处的情况过渡到相反的情况。幸福之中就隐藏着不幸的因素，发展下去必然得到不幸的结果；而不幸的遭遇中也必然隐藏着幸福的因素。知道事情有困难，知所警惕，办起事来就容易；若不估计到困难，以为事情很容易，那么就会遇到更大的困难。知道运用柔弱，往往胜过刚强。一味刚强反而遇到挫折。越是坚强、锐利的东西，越容易折断。植物当它生长、发展的阶段，它是柔弱的，等到它生长到坚硬的阶段，它就临近死亡了（“其生也柔弱，其死也坚强”“柔弱者生之徒，坚强者死之徒”）。

老子深刻地看到事物变化的辩证的关系，相反相成和物极必反的道理。

为了达到自己预期的正面的目的，最好主动发展它的反面的因素。因此，老子主张为了避免损失，最好不争。为了使用别人的力量，最好先帮别人尽一点力（“善用人者为之下”）。真正的聪明倒像是愚笨，真正的辩才倒像不能辩说；“不敢为天下先”才能领导天下；“无为”才能“无不为”；“后其身而身先，外其身而身存”。委曲好像吃了亏，其实正是保全自己（“曲则全”）；若一味进取，不考虑反面的情况，不顾到反面的结果，那就会自取灭亡（“今舍慈且勇，舍俭且广，舍后且先，死矣”）。所以说“缺则全，枉则直，洼则盈，敝则新”。他认为这不是别的外来的原因，事物自身变化就包含着它的反面的东西。

当时人类关于科学的知识还在萌芽时期，还没有能力来控制自然，特别是自然灾害还无法克服。因此，老子只能提出认识自然的规律（“道”），服从它，并屈服于自然规律之下；认为在“道”的面前人是无能为力的。同时，他们这些小私有者，虽然不能成为有组织的阶级力量，但也积累了一些消极斗争的经验，所以他们强调“柔弱胜刚强”。他们认为“柔弱谦下”是治人、处事无往不胜的力量，所以说：“坚强者死之徒，柔弱者生之徒”；“上善若水，水善利万物而不争，而攻坚强者莫之能胜。”

老子认识到事物发展中弱可以胜强的道理。

发现了强弱互相转化的规律，这是老子的辩证法中的光辉贡献。但是，他不能认识强弱形势的互相转化不是无条件的，而是有条件的。老子把“弱”能胜“强”当作绝对的规律，这显然是脱离了辩证法的原则，而陷入形而上学的错误。

老子的自发的辩证法的重要贡献，在于他揭发了事物生长变化中的矛盾过程，并认识到事物变化的规律性、客观性。在一定的程度上认识到事物变化的规律，但由于他的阶级局限性，又使他反对新生的事物。他认为有一利必有一弊，多一事不如少一事，一切变化也无非只是循环往复罢了。因此他对新鲜事物不肯采取迎接的态度，而采取避免的态度。老子的辩证法中，有矛盾的观念而缺乏积极斗争的观念。

春秋末期的小自耕农是一个日趋分化的阶层，这些“新鲜事物”使老子这派人感到惶悚。老子从辩证的规律中，充分认识到事物变化的不可避免性，所以在人生及社会实践中，为了阻止事物的变化，他要用预防的方法先替事物安排下不利于变化的条件，以推迟它的变化。由此可见，老子的社会观是保守的，甚至是倒退的。

一切事物都在变化，而这个变化的规律却是客观的、不变的（“独立不改，周行而不殆”）。

“道，可道，非常道；名，可名，非常名。”道是不能用普通的正面的形容词来说明它的。真正懂得道的人，会认识万物变化必然回到它的根源（“夫物芸芸，各归其根”），这种周而复始的道理就是“常”。各种不同的物质状态可以由一个过渡到另一个，而全部物质世界却不能过渡到另外的世界，这就是“常”。这种变化、发生、发展的辩证法则是不变的，是“常道”（“自古及今，其名不去”）。“道”是无始无终的存在，它好像没有做什么，其实，一切都是由“道”所产生的（“道常，无为而无不为”）。如果人能认识这个不变的法则，就是“明”（“知常曰明”）。如果不认识这个法则而任意行动，那就会出乱子（“不知常，妄作，凶”）。事物的变化尽管复杂，但是辩证的法则却并不复杂，只要根据这个法则办事，就无往而不利；能够认识万物的源始，这就是“知常”。

万物，就它的表现的复杂性、多样性来说，这就是“有”；就它的规律性来说，就是“常”。“常”是不变的，变化到最后，不过又回到原来的状态，所以老子有时又称它为“静”（“归根曰静”）。万物的根源是物质的存在，是无始无终的，是无限的，这就是“无”。事物的规律性（“常”）、无限性（“无”）、多样性（“有”）是“道”的属性的几个方面。

人们真正认识到“道”的原则并能正确地掌握它，使这个原则在生活中起指导作用，这就是老子的所谓“德”。得到了“道”的人就是有“德”，按照“道”办事的人就是有“德”的人。按照“道”办出的事，就是有“德”的事。道生万物（“万物生于有，有生于无”“道生一，一生二，二生三，三生万物”），万物由“道”自然而生，但“道”并不自居其功；“道”是万物的根源，但不主宰、干涉万物，这就是宇宙的深远“玄德”。最大的“德”是“道”的表现（“孔德之容，惟道是从”），最高的“德”也就最能表现“道”的特色。

（六）老子的认识论与思想方法

老子指出了世界是客观存在的，是物质性的，是可以认识的，是有规律地按照辩证法的原则变化的。老子的理论有当时的科学作为根据。

老子通过农业生产的经验认识了“治人事天”的原则。通过天道运行，自然变化，认识到“独立不改，周行而不殆”的“道”，并认识到“大曰逝，逝曰远，远曰返”的初步的辩证法则。

唯物论者必须客观地观察世界，所以老子说“以身观身，以家观家，以乡观乡，以国观国，以天下观天下”，正是说明观察事物要照事物的本来的情形如实地去观察它，去认识它，不要有任何主观附加的成分。也正是说，只能就事物的本身来认识事物，而不能从事物以外的其他的角度来认识事物。要认识一身，就要从一身来观察、了解；认识一家、一国以至于天下，都不能离开这个原则。

但是老子的观察，是旁观，是静观，是“玄览”，并不包括变革现实的社会实践。因此，老子的认识方法与今天所理解的科学的认识方法有极大的差别。

老子主张要认识什么事物，一定要从事物的本身中去认识，所以老子认为认识“道”与认识其他的个别的事物应当有所不同。正如同只能“以身观身”而不能以身“观家”“观国”，更不能以身“观天下”，所以老子说“为学日益，为道日损”。求学问可以天天把知识积累起来，越积累，知识越丰富。至于要认识宇宙变化的总规律，就不能靠“为学”那样日积月累地去认识，而必须从复杂多样的耳闻目见的枝节的认识中解脱出来，站在更高的地位，这就是老子所谓“涤除玄览”的方法。认识总的规律，要深入思维才行。因为“道”是“无状之状，无物之象”，听不见，看不见，只能从它的全体变化上来认识，所以要“日损”；要把思想从那些感觉印象中解放出来，才可以认识道的本质。同时，老子却陷入轻视知识来源，甚至排斥感觉知识来源的错误。

老子又说“不出户，知天下。不窥牖，见天道”，“其出弥远，其知弥少”。这也是说，天下之大是走不完的，并不是走出大门就可以知天下。至于天道的玄远幽深也绝不是从窗户洞内就可以窥见的。老子在这里，一方面给思维和抽象活动以充分的地位，正如希腊古代的伟大的唯物论者赫拉克里特所说的：“许多知识并不能教会聪明”，“自然界总爱隐蔽起来”，“粗笨心理的人底眼睛和耳朵是很坏的证人”。这正说明老子认为认识完成必须超过感官的见闻，从感官的见闻中把认识提高到“静观”“玄览”的阶段。这正如赫拉克里特说的“思维是伟大幽美的特质。聪明才智就在于述说真理和倾听自然界的声音，并与它一致而行动”。老子的认识方法的合理部分在于他能从客观物质世界中给繁杂的现象加以概括化、抽象化。但另一方面老子因此而轻视感官经验，贬低实践在认识中的决定作用，甚至把感官经验放在极不重要的地位，这是错误的。老子的这个缺点给后来的唯心论者、知识上的懒汉开了一个方便之门。他们完全抛开了老子认识论中的唯物论的因素，而认为“秀才不出门，便知天下事”。正如毛泽东主席所指示的：“任何知识的来源，在于人的肉体感官对客观外界的感觉，否认了这个感觉，否认了直接经验，否认亲自参加变革现实的实践，他就不是唯物论者。”（《毛泽东选集》，第287页）

老子重视“道”，重视万物的总规律，这是正确的，但是他忘了“道”的原则正是通过感官的观察与适当的思维推理的作用相结合而得来的，并不是只凭静观，只凭一副聪明的头脑“涤除玄览”、深思冥索可以得来的。他的认识论中有轻视感官、轻视经验的偏向，过分强调思维的作用。老子思想方法中的这种缺点，是应当指出来的。

老子特别注重“自知”“知常”，注重从复杂的事物中寻出总的原则；他反对察察之明。这些都是老子的认识论的优点。他说“前识者，道之华而愚之始”，而主张“言有宗，事有君”。

毛泽东主席教导我们，认识如果离开实践，认识就会落空，要认识宇宙人生的全部真实，就必须参加全部变革社会现实的社会实践。而老子的“实践”只是停留在“观察”的阶段（“万物并作，吾以观复”）。观察是必要的科学方法，而不是唯一的方法。老子的辩证法和他的唯物论，很明显的是从他对于天象和自然的观察中概括得来的总规律。对于天文学这一科学来说，对于它的认识的实践只有靠静观和推算。观察，应该说，就是天文学的认识的实践。只就这一点来说，老子完全是对的。但是世界上的绝大部分的科学知识，特别是社会和历史，必须通过改造它、变革它、控制它的实践才能深刻地认识它。而老子的认识论和思想方法只是以观察始，以思维终，因而使他无法彻底根据科学原则来认识世界。又由于他的阶级的局限性，使他不肯参加社会斗争的实践，因而他只认识到静观的作用而没有认识行动的作用，只看到矛盾而不敢面向斗争，只能停留一定的高度而不能更全面更深入地认识和改变现实。

老子的思想方法，因为有科学作为根据，所以即使停留在观察的阶段，也还是一种正确的方法。他不是主观任意的，而是根据客观存在的实际情况来观察的。这是老子的思想方法的伟大贡献。

（附记）北京大学哲学系中国哲学史教研室对于老子哲学会进行集体讨论。本文草成，经同志们提修正意见后，又略加增改，但古代哲学问题至为复杂，有许多问题在目前尚难有一致的见解。本文只是作为个人的见解提出，供读者参考。本文会分为两次，于1954年7月28日及8月25日在《光明日报》“哲学研究”发表，现在加以修改，作为附录。

二、《老子今译》附录二

从古到今关于老子的著作不下几百种。但是其中绝大多数是从唯心论或宗教徒的观点来解释的，因而可资参考的并不太多。欧美资产阶级学者，关于老子的译文和论述，仅最近五十年来，先后用英、德、法各种文字发表的共有一百多种。日本学者的著作还不在内。这些译述大都是从资产阶级的观点写的，参考的价值不大。

现代的一些先进的科学工作者，像郭沫若、范文澜、侯外庐、吕振羽都对老子的思想做过系统的研究，都是从马克思主义的观点对老子思想进行过分析，他们的见解和结论虽然还不一致，但对于今后研究老子哲学的人有极重要的启发作用。

老子的哲学也引起了国际哲学工作者的注意。苏联的百科全书中，苏联的世界哲学史的讲授大纲中都对于中国的老子的哲学给予很高的评价，认为老子是中国古代唯物论思想的代表人物。苏联杨兴顺教授的《中国古代哲学家老子及其学说》一书（目前还没有全部的译文出版），也引起中国哲学界的广泛的注意，最近民主德国的学者正打算把它译成德文。中译本也快要出版了。保加利亚学者季连绰已把《老子》一书译成保文。以上这些研究的成绩和努力都是值得称赞的。

除了我们的朋友所做的工作之外，我们的敌人，帝国主义的御用学者，都千方百计故意曲解老子的学说，借此诬蔑中国文化。

以上这些事实表明我们哲学工作者要深入研究老子哲学，做出科学的评价，另外也要随时注意批判帝国主义分子歪曲中国哲学家的谰言。目前这两方面的工作，做得都还不够。

关于老子这个人和《老子》这部书的时代，从汉代起就有不同的说法。一派认为老子是孔子的老师，和孔子同时，略早；一派认为老子的时代比孔子迟，书也是战国时期的产物。双方很多争辩的理由，可参看罗根泽编的《古史辨》第四册。

到目前为止，郭沫若先生的说法是比较稳妥的。他在《青铜时代》书中说：

> 由以上三种秦汉以前的典籍（引者按：《庄子》《韩非子》《吕氏春秋》），可知老子即老聃，曾为孔子之师，在秦汉以前人并不曾发生过问题。”（《青铜时代》，第234页）

又说：

> 我的见解……老子确是孔子之师老聃，《老子》书也确是老聃的语录，就和《论语》是孔子的语录，《墨子》是墨翟的语录一样。
>
> 《论语》虽然不是孔子的手笔，《墨子》虽然不是墨翟的手笔，但其中的主要思想我们不能不说是孔子和墨子的东西。同这一样，《老子》虽然不是老聃的手笔，但其中的主要思想，仍然是老聃的创见。秦汉以前的人都是我们的证人。汉人所提出来的老莱子和太史儋实在是不能冒牌的。”（《青铜时代》，第235、236页）

为什么说老子的哲学是唯物论的而不是唯心论的？目前还有不少学者认为老子是唯心论者而不是唯物论者。为了说明这个问题，有回溯一下哲学史的发展的必要。

唯物论从来就是和宗教迷信站在对立的地位的，唯物论从来就是给科学开辟道路的，唯物论经常是反映进步阶级的思想意识的。至于唯心论就刚好和唯物论相反。

春秋末期，世袭贵族的势力已成为社会发展前进道路中的绊脚石。他们拼命维持旧制度、旧礼教和宗教迷信。他们借宗教迷信，借“天”和“鬼神”的力量从精神上奴役人民。事实上，“天”和“鬼神”在很长时期内支配着广大人民的生活习惯，麻醉着人民的反抗意志。

正因为“天”和“鬼神”在当时是一种思想武器，所以春秋战国时代的唯心论和唯物论的哲学家没有一个不对这一问题表明态度的。两派提出了对立看法。唯物论者反对宗教，提出了科学的看法；唯心论者拥护宗教，提出了反科学的看法。反对宗教迷信的哲学家有老子、庄子、荀子、韩非等人；拥护宗教迷信的哲学家有墨子、孟子等人。古代的哲学思想战线上，就这样展开了宗教与反宗教，科学与反科学的斗争。这就是古代唯物论和唯心论斗争的基本内容。因为在当时来说，对人民的精神压力最大的不是别的，正是宗教的势力。

老子的哲学是有意识地、明确地运用当时可能达到的科学知识，对“天”（或“上帝”）提出了不信任，并严重地打击了“天”（或“上帝”）在人民中的威胁。“天”不再是神怪化的东西，不再是至高无上的权力、意志的神，而是自然的“天空”，它是和“大地”相对待的物质性的东西。天也要得到世界发展的总规律才能清明（“天得一以清”）；天不是最根本的东西，最根本的东西是“无名”（“无名，天地之始”）；天也有它的规律（“天之道”“天道无亲”）；“道”的出现，远在“上帝”之先（“象帝之先”）。老子的“天”的意义和后来庄子、荀子的“天”的意义是相同的，和墨子以及后来孟子的“天”的意义是针锋相对的。

老子的哲学的作用，在于打击当时的宗教迷信，为科学的发展开辟了道路，同时也对于进步人类的思想起着解放作用。这是唯物论必然产生的结果，也是唯物论的使命。

也有人怀疑：“道”是无形象的东西（“无状之状，无物之象”“绳绳不可名”），是看不见摸不着的东西（“视之不足见，听之不足闻”“道之为物，惟恍惟惚”），甚至不能用言语形容（“吾不知其名，字之曰道”），它应当是精神性的而不是物质性的。

以上的怀疑是没有根据的。我们试把老子的哲学和古代希腊的唯物论相比较，就容易发现古代的唯物论都是素朴的唯物论，有它们共同的特色。古代希腊的米利都斯学派中的安那克西曼德认为万物的本源是无限；安那克西美认为万物的本源是气。至于稍后的赫拉克利图认为万物的本源是火。“无限”和“气”固然是看不见的物质，即使是赫拉克利图的“火”也不就是烧饭取暖的“火焰”而是指的“按规律燃烧着，按规律熄灭着的永恒的火”（《联共（布）党史简明教程》，莫斯科中文版，第141页），它是一种原素，可以转变为“气”“水”“土”。

恩格斯论古代希腊的唯物论时，他说：

因此，在这里完完全全已经是一种原始的自发的唯物论了，它在它自己发展的最初阶段便十分自然地把自然现象无限多样性的统一看作是自明的东西”（《自然辩证法》，人民出版社，1955 年，第 151 页）。

根据恩格斯的指示，老子的“道”恰恰具有上述的意义。恩格斯又指出：

> 唯物论的世界观，就是简单地理解自然，按其本来的面目去理解，而无须任何的附加。（《马克思恩格斯全集》，俄文版第 14 卷，第 651 页）

唯物论的立场和宗教唯心论企图在世界以外去寻找世界规律是根本不同的。承认世界的客观规律和它的物质性，并不是说只有看得见、摸得着的东西才算物质。这样就会陷入马赫主义者的错误。马赫主义者，正是企图用主观唯心论否认物质存在的客观性，这种错误的见解早已遭到列宁的批判。列宁指出：

> 因为物质底唯一底“特性”——哲学的唯物论是与承认这个特性联系着的——乃是物质之作为存在于我们的意识之外的客观实在的特性。（《唯物论与经验批判论》，人民出版社，1954年，第291页）

现在也还有人要问：老子的“道”是无限的，是最根本的存在，它比“上帝”更根本，并不以人的意志为转移。“道”是精神性的还是物质性的？如果“道”是精神性的，那么，老子的哲学是客观唯心论而不是唯物论。

为了说明这个问题，且看老子的“道”的含义：

老子的“道”，虽然用眼睛看不见，但是“其中有物”“有精”。它是最具体、最真实的（见二十一章）。“道”在阴阳二气中得到统一（“万物负阴而抱阳；冲气以为和”）。“道”是“先天地生”，它不在万物之外而在万物之中（“大道泛兮，其可左右”“譬道之在天下，犹川谷之于江海”），这是和客观唯心论根本不同的。万物生于道，又回到道（“道常无名朴”“复归于无极”）。道是万物深藏的地方（“道者万物之奥”）。道是无限的（“绵绵若存，用之不勤”）。道不以别的更高的存在为法则，以它自己本来的样子为法则（“道法自然”）。道只是万物自己变化发展的规律，而不是主宰万物，创造万物的超越的力量（“生而不有；为而不恃；长而不宰”），它只是使万物“自正”“自朴”“自宾”，它只是“似万物之宗”。

老子明确地肯定万物只有一个共同的根源，就是道。道是最原始、最根本的物质实体。道也是规律，它是物质世界的规律。因此，我们说老子的哲学是唯物论的，不是客观唯心论的。老子哲学对于宗教迷信思想的敌视，也说明了这一事实。

《老子》这书是用诗歌的形式写的，文字极简单，因而在注解《老子》时，从汉，魏以来就发生了分歧。到目前为止，中国学术界对老子的哲学思想是唯物论还是唯心论，远没有取得一致的见解。侯外庐的《中国思想通史》、吕振羽的《中国政治思想史》都认为老子是唯心论者，范文澜的《中国通史简编》（修订本），北京大学哲学系中国哲学史教研室，以及苏联的研究中国哲学史的学者都认为老子是唯物论者。就目前的趋势看来，认为老子是唯物的看法，似乎逐渐取得更多的人的相信。至于老子的哲学中有丰富的辩证法，这是古今中外没有人有任何怀疑的。

老子的辩证法，反映了中国古代哲学家对于自然现象和社会现象相当深刻的认识。老子指出万物是自己在变化，而不为外力推动的（“有无相生，难易相成”“为无为，则无不治”）；若违反了事物自己的规律，必然失败（“为者败之，执者失之”）；事物的变化向着它相对立的方向进行（“反者道之动”）；事物表面相反，实则相成（“曲则全，枉则直，洼则盈，敝则新”“后其身而身先，外其身而身存”“明道若昧，进道若退”）；万物由量的积累可以引起质的变化（“图难于其易；为大于其细”“合抱之木，生于毫末；九层之台，起于累土”）；万物的变化，都不是用人力勉强得到的（“天之道，不争而善胜，不言而善应，不召而自来”）；事物永远有变化，永不停止（“独立不改，周行而不殆”）。

老子的唯物论和他的自发的辩证的观点，是中国哲学史上一份珍贵的遗产，它是古代中国人民智慧的结晶。虽然它还是依靠着非常有限的科学水平，但它显明地表现了关于世界对立发展、相反相成这一普遍规律的天才的推测。

恩格斯在评价赫拉克利图的自发的辩证法时，写道：

> 这个原始的、素朴的但实质上是正确的宇宙观，正是古代希腊哲学的宇宙观，它最初由赫拉克利图明白地发表出来：万物存在着，同时又不存在着，因为万物皆在流动，万物皆在永恒的变更中，皆在不断产生与消灭的过程中。（《反杜林论》，生活·读书·新知三联书店，1950年，第9页）

恩格斯对于赫拉克利图的评价，对于我们今天认识老子的哲学有着极重要的启发作用和原则性的指导意义。列宁在他的《哲学笔记》中也曾指出赫拉克利图的哲学具有“生动、新鲜、素朴和历史的严整性”（《哲学笔记》，俄文版，第327页）。老子的哲学也同样具有这些特点。

老子的哲学不像赫拉克利图敌视人民群众；老子不是奴隶主的利益的体现者，他部分地反映了广大小私有者利益。他反对剥削，反对人压迫人的制度，反对周代用来统治人民的道德、法律、礼教和社会制度（“失道而后德”“礼者，忠信之薄而乱之首”“以智治国，国之贼”“法令滋彰，盗贼多有”）。他控诉剥削制度的社会的不合理（“人之道，损不足以奉有余”“民之饥，以其上食税之多，是以饥”“民不畏死，奈何以死惧之”）。他大力主张对人民不干涉的无为而治，使人民“自治”“自富”，过着安乐富足的生活。他为了人民的利益，诅咒战争，向往和平。

由于历史的局限性和阶级的局限性，老子的哲学并不是没有它的严重的弱点的。

老子发现了矛盾对立的法则，但他不是采取迎接矛盾的态度而是采取消解矛盾，避免斗争的态度（“不敢为天下先”“持而敬之，不如其已”“知足之足，常足矣”），由于他的小私有者的阶级性格带来的弱点，使他不敢向前看，只求安于目前现状，因而妨害了他的光辉的辩证法的正常发展。

老子卓越地区别开感觉与思维在认识中的作用不同，但老子有轻视感觉经验的偏向（“不出户，知天下。不窥牖，见天道”“为学日益，为道日损”），后来许多思想的懒汉，“知识里手”，都以“秀才不出门，遍知天下事”自夸，这就脱离了唯物论的认识论的原则，而陷于唯心论的错误。

和赫拉克利图一样，老子的辩证观点并没有完全摆脱形而上学的束缚，他的发展观是循环的（“万物并作，吾以观复”），而不是由低级的到高级的。老子无条件地把“柔弱”的作用夸大，他认为柔弱在任何时候都能战胜刚强。他把强弱对立互相转化的辩证关系，仅仅看作片面决定的关系，这也使他的辩证法受到形而上学的局限。

总起来看，老子的素朴的唯物论和他的自发的辩证法是中国以至全世界人民的宝贵遗产，老子的哲学今天受到全世界人民的重视，不是偶然的。

从“五四”时代起，到现在，也有个别的学者，对老子这个人和代表老子思想的这部书，根本怀疑，认为《老子》这书是从庄子书中摘录、杂凑成的。这种看法证据不足，不能成立。

（本文于1956年1月11日在《光明日报》“哲学研究”发表。现在加以修改，作为附录。）

三、《老子新译》绪论：老子的唯心论的先验论是没落阶级的哲学

以华国锋主席为首的党中央，在一举粉碎“四人帮”反党集团后，尽快地出版了《毛泽东选集》第五卷，给我们提供了新的强大

的思想武器。

今天，遵照毛泽东主席的教导，我们研究《老子》，并剖析它，主要在于从中识别什么是唯心主义并接触一点反面的东西。不同这些反面的东西打交道，我们学到的唯物主义和辩证法就很难得到巩固和提高。毛泽东主席一再指出："禁止人们跟谬误、丑恶、敌对的东西见面，跟唯心主义、形而上学的东西见面，跟孔子、老子、蒋介石的东西见面，这样的政策是危险的政策。它将引导人们思想衰退，单打一，见不得世面，唱不得对台戏。"（《在省市自治区党委书记会议上的讲话》，《毛泽东选集》第五卷，第346页）为了提高我们的认识能力，更好地从事社会主义革命和社会主义建设，读一读《老子》这部书是有益的，也是必要的。

深入揭批"四人帮"，肃清其在各个领域里造成的混乱和恶劣影响，是当前全国人民的头等大事，更是广大理论工作者的职责。"四人帮"的反动腐朽思想中，既有孔孟之道，也有《老子》的余毒。批判《老子》的反动思想，对于批判"四人帮"，也有积极意义。

（一）关于老子这个人和《老子》书

司马迁的《史记》中，关于老子的事迹很简短，但比较可信：姓老名聃，楚苦县厉乡曲仁里人，曾做过周柱下史。这是周王朝宫廷中一个小官。他的生卒，历代有种种烦琐的考证，我们根据《史记·老子韩非列传》，知道孔子少年时曾向老子请教关于周礼的问题，他大约比孔子大几十岁，是孔子的前辈。但《老子》书涉及的某些内容可能迟到战国，就认为老子这个人也是战国时人。也有人认为老子这个人既然早于孔子，《老子》书也应该是春秋时他本人的著作。这两种观点都把问题说死了。实际是《老子》书包括的思想基本上是老聃本人的思想，但也有后人加进去的东西，时代最晚不迟过战国中期，是在《庄子》以前的书。

春秋战国时代，奴隶制向封建制过渡，这一变化正如大海的怒涛，各阶级和不同阶层的人都被卷进去，因为这是关系到各个阶级和阶层死生存亡的大问题。奴隶主阶级日趋没落，再也提不出像文武周公西周时期那种充满自信的建设蓝图，它面临着朝不虑夕的处境。

老子和孔子都是没落阶级的代言人。老子的经历和生活环境与孔子不同。孔子生活在奴隶主顽固文化堡垒的鲁国，他本人出身于破落奴隶主家庭。虽然家道衰落，当过小吏，但旧贵族的架子仍然端得十足，不懂得生产，鄙视劳动。不会种田，不会种菜，不会打仗，“军旅之事，未之学也”。（《孔子世家》）老子生活在远离中原文化的中心的楚国。据记载，楚国从它的元祖开始，就有和中原文化不同的文化。《老子》书中没有引用西周以来官方的典籍训诰，却吸收了不少民间谣谚。周王朝东迁以来，典册文物损失严重，远远比不上鲁国所保存的完备而丰富。老子看到了周王朝一套礼乐典章制度的虚伪性，奴隶主贵族们口上讲一套，实际做的又是一套，所以他教训孔子时曾指出，书上讲的那些东西早已消逝了，那些宣扬礼乐的人们连骨头都早已烂掉，剩下来的不过是他们的一些教训罢了。不该出头就隐居起来。会做生意的并不把财货都罗列出来，有修养的人，也不要处处锋芒外露。

老子对待当时剧烈大变革的态度，主张退守以自保，而反对任何作为。这也反映了当时没落阶级下层的政治态度。这部分人，还适当地参与一些生产管理（上层贵族连管理生产也委托别人）。《老子》举的例子中有关于种庄稼的，有关于水利的、植物生长的、用兵打仗的，接触生活的范围比孔子要宽些。

没落阶级下层的势力本来不强大，在新旧制度交替的时代，对待新事物不采取积极顽抗，而是消极对抗，用软磨硬泡的办法来对付。老子不是正面顶撞，而是避实就虚，以退为进。孔子要复辟，妄图兴周道于东方，他是主张蛮干的顽固派。老子比孔子多了一点辩证法，他看到新兴地主阶级力量的强大，又深感本阶级的软弱无力，他认为能保住正在下沉的眼前的小块天地就不错了，“祸莫大于不知足”“知足之足常足矣”。他的基本的经济地位和政治地位，决定了老子的哲学思想。

《老子》这部书仅五千多字。在我国以及在世界上都有广泛的影响。它从不同的角度配合了儒家思想，宣扬复古倒退，起着瓦解人民革命斗志的作用。因而得到历代封建统治者的重视、推崇。老子这个人也被后来的道教徒奉为祖师爷。近代资产阶级学者也十分欣赏它的神秘主义、唯心主义思想，往往通过对《老子》的注释、翻译来宣扬唯心主义，对抗唯物主义。由于它符合中国地主阶级要求，历代关于《老子》注解之多，仅次于儒家的《论语》，在国外也有多种语文的译本流传着。

先秦时代的《老子》书是个什么样子，现在无从知道，称作《道德经》显然是后来人加给它的。按先秦著作通例，往往以著者姓氏为书名，如《孟子》《庄子》《墨子》等。《韩非子》中有

《解老》《喻老》两篇，“解”和“喻”的不是老子这个人，而是《老子》这部书。

1973年，长沙马王堆三号汉墓中发现了大量西汉初期的帛书，其中有《老子》两种写本，编排顺序和《韩非子》中《解老》《喻老》两篇中引用的《老子》篇章的顺序基本一致。说明先秦时期《老子》书是从今天流行的各种版本的“下篇”开始的，今天《老子》的“上篇”是后人为了突出《老子》的唯心主义观点，重新编排的。马王堆本《老子》可能最接近古代《老子》的本来面貌。

《老子》的书在西汉初年曾流行了一阵子，当时人们称为“黄老之学”，“黄”是托名“黄帝”的主张，“老”即是老子。奴隶主阶级的孔孟之道经过地主阶级的改造，建立了一套“三纲”“五常”封建思想体系，给封建统治者帮了大忙。《老子》所起的作用，看起来不像孔孟学说那么正统，因而老子身后的声名不及孔孟显赫。正如马克思所说：“理论在一个国家的实现程度，决定于理论满足这个国家的需要程度。”（《黑格尔法哲学批判导言》，《马克思恩格斯选集》第一卷第10页，人民出版社，1972年）

但是，也必须看到老子主张保守，反对进取，宣扬知足，号召不争，教人安于命运，这些思想内容对于统治者是有利的。鲁迅对于毒害广大人民几千年之久的一切腐朽思想开展了猛烈抨击。鲁迅对旧中国灾难深重的中华民族，“哀其不幸”“怒其不争”（《摩罗诗力说》）。系统宣扬“不争”的罪魁祸首，就是老子。老子还提出了愚民政策，以及镇压人民的一些手法。这都是用来统治人民的思想武器。它在当时虽未被重视，但后来略加改造，即可为地主阶级所用。所以《老子》一书在封建社会里成了儒家孔孟之道必不可少的补充，它的地位和影响，远远超出先秦各学派之上。

辩证法，是哲学的一个重要内容，《老子》中有丰富的辩证法，这部分合理的内核也被历代进步思想家用来作为宣扬进步思想，反击形而上学的武器。历来对《老子》的注释、发挥，形成了两大体系。韩非、王充以及后来的王夫子等人从进步的观点来解释它。反动思想家则着重发挥其中的神秘主义、唯心主义部分，抛弃它的辩证法，成为对抗革命人民的反动思想武器。

反革命的“四人帮”也很注意《老子》这部书，他们召集了几名黑秀才，躲在阴暗的角落里，揣摩《老子》。他们为了篡党窃国，为了镇压革命人民，推行愚民政策，大搞阴谋诡计，也力图从《老子》中捞到一点他们认为有用的东西。垂死、没落的阶级，只能从垂死没落的阶级中寻求精神支柱，一点也不奇怪，这是完全符合他们反革命的逻辑的。

（二）小国寡民的反动社会思想

在老子的时代，由于生产力的发展和奴隶的反抗和斗争，促进了旧的奴隶制的崩溃。新兴的封建地主阶级用火与剑的手段登上了历史舞台，出现了新的生产关系和新的封建剥削方式。处在这样一个社会急剧变动的时代，老子代表没落阶级的利益，对新的封建制度的一切都感到不满，妄想拉历史向后倒退。他的社会思想是和历史发展潮流背道而驰的，因而是落后的、反动的。

老子看到，奴隶制的瓦解已成定局，礼坏乐崩，旧局面已无法维持，作为奴隶主世袭宗法制度的周礼已经不可能恢复了。因此，他不再循循守礼，而反过来对礼采取批判态度。他说："礼者忠信之薄而乱之首。"（三十八章）就是说，"礼"这个东西是忠信的不足，是大乱的祸首。老子对礼的这种态度，丝毫不是意味着他反对奴隶制。恰恰相反，在他看来，"礼"这个东西是不中用了，它葬送了奴隶制，因此，要用"复礼"的办法去挽救奴隶制也是不可能的。

老子站在没落阶级的立场上，把批判的锋芒指向了新兴封建地主阶级，但他是从右的方面来进行批判的。因此有时他虽然揭露和谴责了新的封建制度的一些阴暗面，甚至发表一些表面上看来相当"激烈"的言论，似乎他是同情人民的疾苦而斥责新的统治者的，但只要揭开他的漂亮的外衣看一看，就可以发现他的臀部盖有没落阶级的印章，并且以他那种完全不能理解历史发展进程的劣根性而使人感到可笑。

比如说，老子谴责当时新的封建统治者的过分剥削造成人民生活中的灾难，他说："民之饥，以其上食税之多，是以饥。"（七十五章）还说"朝甚除，田甚芜，仓甚虚，服文彩，带利剑，厌饮食，财货有余，是谓盗竽"（五十三章）。这是说，那些新的统治者们的宫殿很整洁，但是农田很荒芜，仓库已经空虚了，而统治者们穿着文彩的衣服，佩戴着锋利的宝剑，饱吃精美的饮食，占有多余的财货，他们这些人是强盗头子。老子也反对新的封建地主阶级为了扩大统治而进行的战争，说什么军队驻扎过的地方，到处长满了荆棘，打过大仗之后，必有荒年。老子对新的封建统治阶级的这些批判，对于被剥削、被压迫的人民群众来说，是有一定欺骗性的。他不是站在人民这一边根本反对剥削和压迫，而是站在下台的没落阶级的立场上对新的封建制度发泄不满。至于对待人民群众，老子同样是要对他们实行专政的，只是他采取另一种手段，更强调利用愚民政策，对人民加强其思想麻醉而已。他说："民不畏死，奈何以死惧之？若使民常畏死，而为奇者，我得执而杀之。孰敢？"（七十四章）这句话的前半部分说出了劳动人民反抗压迫的革命性格。事实证明靠镇压手段是没有用处的，老子说对了。毛泽东主席曾以伟大的革命家的气魄指斥一切反动派对我们的压迫是枉费心机："中国人死都不怕，还怕困难么？老子说过'民不畏死，奈何以死惧之'。美帝国主义及其走狗蒋介石反动派，对于我们，不但'以死惧之'，而且实行叫我们死。"（《别了，司徒雷登》，《毛泽东选集》第四卷，第1433页）一切反动的阶级，反动势力是不能正确估价革命人民的造反精神的，他们妄想把革命势力镇压下去。在这个问题上，老子比他的同时代的奴隶主阶级狡猾。他不是不想镇压革命，只是由于镇压没有用，才主张不要采取镇压手段的。他认为：如果有办法使人民果真怕死，那么把那些捣乱的人抓来杀掉，谁还敢再捣乱？这就完全显出了穷凶极恶的没落阶级的一副狰狞面目。

针对新兴封建地主阶级积极有为的政治思想，老子提出"无为而治"，实际上就是反对封建地主阶级积极地从奴隶主手里夺取政权，希望大家"无为"，从而为奴隶主阶级保留一定的地盘，尽可能维持旧的统治秩序。他要统治者在政治上无为，听其自然。他主张"不尚贤""不贵难得之货"，正是代表没落奴隶主贵族的利益，反对破坏旧的奴隶制秩序的尚贤政治和商品经济。他的所谓“圣人之治”是：“虚其心，实其腹，弱其志，强其骨，常使人无知无欲。使夫智者不敢为也。为无为，则无不治。”（三章）就是说，要简单化人民的思想，满足人民的肚子，削弱人民的志气，增强人民的筋骨，经常使人民没有知识，没有欲望，使那些聪明人不敢有所作为，照这种“无为”的原则办事，就天下太平了。从这里可以看出老子“无为而治”的真实用心在于使人民成为头脑简单、四肢发达、俯首帖耳地服从奴隶主统治的剥削对象，并反对新兴的地主阶级起来夺取政权。老子提倡的无为政治的反动性也正在这里。

老子提出的“小国寡民”的理想社会，最充分地表明他的社会政治思想是代表没落阶级的倒退的、反动的思想。他所描绘的理想社会是：“小国寡民，使有什伯之器而不用，使民重死而不远徙。虽有舟舆，无所乘之。虽有甲兵，无所陈之。使人复结绳而用之。甘其食，美其服，安其居，乐其俗，邻国相望，鸡犬之声相闻，民至老死，不相往来。”（八十章）这个社会的特点是，国家小，人民少，人民吃得很香，穿得很漂亮，住得很安适，大家都过得很习惯，不用冒着生命的危险而迁移到别的地方去。虽然住得很近，鸡鸣犬吠的声音都可以互相听见，可是人们老死也不相往来。在这个社会里，虽然有各种各样的器物，但不使用它。虽有舟车，也没有使用的必要。虽有兵戈，也没有地方去用。生活也简单原始，没有使用文字的必要，用古代结绳记事的办法就够了。显然，老子在这里提供的并不是一幅未来理想社会的图景，而是早已在历史上消逝了的、经过他的美化和理想化的古代氏族公社制度。作为没落阶级的思想代表，老子恋恋不舍地怀念过去，企图把历史拉向倒退。他违背历史发展的要求，反对新的生产力和生产关系，希望回到早已过去的陈旧的生产方式和闭塞的落后社会状态，这完全是痴心妄想。老子的“小国寡民”的理想和他的整个唯心主义哲学体系一样，都是没落阶级的思想反映。

（三）唯心主义体系的核心——道

老子第一个提出了“道”作为哲学的最高范畴，它构成了他的整个唯心主义体系的核心。“道”本来是人走的道路，经过引申而具有规律的意思。如“天道”一词，在春秋时期已是指天象运行的规律，也有时包括人生吉凶祸福的规律的意义。老子吸取了“道”的这些含义，加以唯心主义的解释，使之神秘化，把它说成为宇宙万物的创造主和最后源泉。

老子所说的“道”不是物质实体，恰恰相反，它是产生整个物质世界的总根源，是绝对精神之类的东西。在他看来，“道”是第一性的，而世界万物是从“道”派生出来的，因此是第二性的。他把“道”叫作“万物之宗”，还说：“吾不知谁之子，象帝之先。”（四章）就是说，“道”是宇宙万物的宗主，没有别的产生它的东西了，它自己就是老祖宗，甚至出现在“上帝”之先。“道”是最原始的，存在于物质世界之前，正是由于“道”的存在，万物才得以产生。“道”产生万物的过程则是：“道生一，一生二，二生三，三生万物。”（四十二章）这里的“一”可以解释为元气，亦即指原初的物质。照他讲，原初的物质是从“道”产生出来的，然后又进一步产生出宇宙万物来。这种说法企图给原初的物质寻找一个创造主，把“道”说成是比原初的物质更原始的东西，这是彻头彻尾的唯心主义谬论。很明显，如果否认物质的第一性，那就必然要走向精神的第一性，“道”也正是先于物质存在的精神性的东西。由于老子的“道”是不依赖于人而独立存在的，所以老子的哲学体系是客观唯心主义。

老子的唯心主义还表现在他把“道”说成是“无”。他说：“天下万物生于有，有生于无。”（四十章）在他看来，“无”比“有”更根本，“无”是天下万物的最后根源，因此，这里的“无”也就是他所说的“道”。因为“道”是“无”，所以它是人根本无法感触到的，它没有任何物质的内容和属性，只是一种纯粹的思维抽象。老子形容“道”的特点是“其上不皦，其下不昧，绳绳不可名，复归于无物。是谓无状之状，无物之象”（十四章）。就是说，一切具体的东西，光线照射到的上部就明亮一些，光线照不到的下部就黑暗一些，然而“道”是无状之状，无物之象，和具体的东西全不相同，没有规定性，无所谓上面下面，所以不能说它上面明亮，下面黑暗，难以给它起名字，它最后是归结到什么也没有。“道”是看不见，听不见，也摸不到的，“视之不见名曰夷，听之不闻名曰希，搏之不得名曰微”（同上）。老子竭力把“道”和具体的事物区别开，是要强调指出“道”不是任何物质的存在，而完全是人的感官不能感触到的虚无缥缈的东西。这样的“道”，就等于“无”，没有任何物质属性和形象，却超越于物质世界之上，成为物质世界的源泉，它本身当然不是物质实体，而只能是一种抽象的精神性的东西了。

列宁曾经批判过黑格尔关于“从无到无”的那种唯心主义观点。他说：“在自然界和生活中，是有着‘发展到无’的运动。不过，‘从无开始’的运动，倒是没有的。运动总得是从某个东西开始的。”（《黑格尔〈逻辑学〉一书摘要》，《列宁全集》第38卷，第138页）老子所鼓吹的正是“从无开始”的运动，把宇宙万物说成是起源于“无”，他的这种从“无”中产生“有”的说法是十足的唯心主义观点。

老子的“道”又是超时空的绝对，它先于天地而生，“寂兮寥兮，独立不改，周行而不殆”（二十五章）。就是说，“道”是无声无形的，它不停地循环运行，却是独立而永远不会改变的。老子认为形而下的事物是有变化的，但形而上的“道”却是绝对不变的；一切具体事物都不是永久的，包括天地在内（二十三章：“天地尚不能久”），而“道”却是永久的（十六章：“信道乃久”）。万物都会消灭，而“道”依然存在。“夫物芸芸，各复归其根，归根曰静，是谓复命。”（十六章）多种多样的万有世界，最后终究要回到老根，也就是要复归于“道”，而“道”是静止的。总之，物质世界的一切是转瞬即逝的，而产生出物质世界的那个“道”则永恒不变。因此，老子的“道”不仅是唯心的，而且也是形而上学的虚构。

老子的“道”的学说，是一种客观唯心主义哲学，表面上它和传统的宗教唯心主义的“上帝”创世说有所不同，但它更精致了，具有更大的欺骗性。这种客观唯心主义的“道”，从世界的构成图式看，与宗教唯心主义并无本质的区别，都是在力图证明物质世界是某种精神力量产生的。所谓“道”不过是雕琢得更加精致的宗教而已。

老子提出天道自然无为的思想，他说“道法自然”（二十五章），又说，“道常无为而无不为”（三十七章）。自然、无为是说“道”生育万物是无意志、无目的、自然而然的。“道”没有意志，因而它无所求，无所私，无所争。他说：“生而不有，为而不恃，长而不宰。”（十章）就是说，“道”生养了万物，但是不据为己有，也不以为是自己的功劳，也不去宰制它们。正因为“道”是自然无为的，所以它才有巨大的化育万物的力量：“以其终不自为大，故能成其大。”（三十四章）老子的天道自然无为的思想，为后来的唯物主义哲学家加以批判改造后成为反对宗教目的论的武器。但老子的自然无为思想在他的唯心主义体系中是消极的、反动的。他提出自然无为，主要是反对社会人事的有为。他完全抹杀人的主观能动作用，认为人在自然界和社会面前是完全无能为力的，结果使人导致消极的宿命论，要人完全听任自然的安排，放弃任何斗争。他说“知常日明，不知常，妄作，凶”（十六章）。就是说，认识“常”就是明智，不认识“常”而轻举妄动，其结果必凶。所以老子认为最好是消极无为，什么也不做。宗教唯心主义叫人相信“天命”，听任鬼神的安排。老子则否定天道（无为）与人事（有为）的区别，要人消极无为，所起的反动作用是一样的。老子的自然无为思想在他的唯心主义哲学体系中终于走向了神秘主义。

（四）唯心主义先验论的认识论

老子从他的唯心主义体系出发，提出了唯心主义先验论的认识论。

老子根本否认人的认识来源于感觉经验，来源于社会实践，他把认识完全看作一种主观自生的东西。他说："不出户，知天下，不窥牖，见天道，其出弥远，其知弥少。是以圣人不行而知，不见而名，不为而成。"（四十七章）就是说，不出大门，就能知道天下大事；不望窗外，就能认识"天道"，与外界接触得越多，反而知道得越少，因此，"圣人"不用行动就有知识，不用去看就能做判断，不用去做就能成功。毫无疑问，这是一种纯粹的唯心论的先验论。毛泽东主席说"'秀才不出门，全知天下事'，在技术不发达的古代只是一句空话。"（《实践论》，《毛泽东选集》第一卷，第264页）老子胡说什么"圣人"乃不经过实践就可知天下事，显然是十分荒谬的。

老子认为，认识的最终目的在于认识他所说的"道"。在他看来，认识就是以"道"观物，只要得了"道"，就可以认识万物，知道一切。这种认识是完全排除人的感觉经验的，根本不需要通过耳、目、口、鼻等感官去接触客观物质世界。他说："塞其兑，闭其门，终身不勤。"（五十二章）就是说，要塞住知识的穴窍，关上知识的门户，把感官都塞住、关闭住，就可以终身不病。相反地，如果打开这些知识的穴窍，用感官去接物，完成知识的事业，那就终身不可救药了。老子完全否定人的感官在认识中的作用，他主张的是闭目塞听的先验主义的认识论，这样就把认识和外部物质世界隔绝了。

毛泽东主席说："无论何人要认识什么事物，除了同那个事物接触，即生活于（实践于）那个事物的环境中，是没有法子解决的。"（《实践论》，《毛泽东选集》第一卷，第263页）又说：

“一个闭目塞听、同客观外界根本绝缘的人，是无所谓认识的。”（同上，第267页）唯物论的反映论认为，人的认识是对于客观世界的反映，因此认识只能来源于实践，只能开始于感官经验，否则认识就成了无源之水，无本之木。老子的认识论把认识和实践完全割裂开，否认感官经验是认识的源泉。在认识论的两条路线的斗争中，他是站在唯心论的先验论这一边反对唯物论的反映论的。

老子的认识论不仅否认感官经验，而且也否认理性思维的作用，他主张的是一种神秘主义的直观的方法。照他讲，“道”与一般事物不同，因而不能用一般的认识方法去认识，只有依靠神秘的直观才能去认识“道”。他提出所谓“涤除玄览”，“玄览”就是用神秘的直观的方法去体验“道”。因为“道”是无形无名的，“大象无形”（四十一章）、“道常无名”（三十二章），所以必须用内省体验的方法才能认识它。“涤除玄览”就是要把自己的内心打扫干净，清除外物，做到没有瑕疵，这样通过神秘的直观就可以得“道”。他所说的“致虚极，守静笃”（十六章）也有同样的意思，就是要尽量使心灵虚寂，坚守清静。他认为只要这样做就能考察万物的往复循环，抓住事物的根本。他所提倡的这种神秘的直观，实际上是一种拒绝参加客观实践，站在客观事物之外冷眼旁观的方法。老子的认识论和他的唯心主义体系有着不可分割的联系，他的“道”是消极无为的，因而在认识论上他也主张消极无为。这种脱离实践，摈弃一切感觉经验的内省的直观，当然是根本不可能获得真正的认识，而只能使人陷入神秘主义的泥坑中去。

还应当指出，老子的认识论在本质上是反对人的认识的，而公然宣传蒙昧主义。他认为人的认识要进到无知无欲的消极无为状态，才算达到了最高境界。他主张去智，无知无欲，要“如婴儿之未孩”（二十章），好像还不会笑的婴儿那样浑浑噩噩，才能够得“道”。他根本否认理智的必要，反对求学问，声称要“绝圣弃智”“绝学无忧”（十九章），就是要抛弃智慧，抛弃一切学问，回到无知无欲的混沌状态。他说：“为学日益，为道日损，损之又损，以至于无为。”（四十八章）就是说，追求学问，知识就一天比一天增加，而追求“道”，知识却一天比一天减损，以至于减损到没有什么作为。在这里，他明确地指出求“道”和求学问是正相反的，求“道”不仅不会增加知识，反而会使人越来越无知，以致最后一无所知，无所追求，无所作为，这样就算是得“道”了。从这种反理性主义的认识论出发，老子主张对被统治的劳动群众实行愚民政策，他说：“古之善为道者，非以明民，将以愚之。民之难治，以其智多。”（六十五章）就是说，从来善于为“道”的人，不是用“道”来教人聪明，而是来教人愚昧，人民所以难统治，是因为他们知识太多。这就完全暴露了老子的认识论的反动实质，原来老子主张“常使民无知无欲”（三章），其真实目的是为了防止人民起来造反。在老子看来，人民掌握知识，对于统治阶级是极为不利的，为了维持统治阶级对人民的专政，就必须使人民成为愚昧无知的驯服工具。他的全部认识论归根到底就是这样为统治阶级反动政治服务的。

（五）唯心主义的朴素辩证法思想

老子哲学中包含着朴素的辩证法思想，但这种辩证法是建立在唯心主义的基础之上的，是唯心主义的辩证法，因此在他的唯心主义体系的重压下，朴素的辩证法终于被扼杀了，最后倒向了形而上学。

春秋末期，由于所有制发生了变革，因而国家的兴亡、个人的富贵贫贱，都有了极大的变化。作为史官的老子，看到不少“社稷无常奉，君臣无常位”的现象，又从当时自然科学中认识到自然界万物也是不停地运动变化着。他说：“天地尚不能久，而况于人乎？”（二十三章）老子的朴素的辩证法思想是当时社会大变动的反映。

老子比较系统地揭示出事物的存在是相互依存的，而不是孤立的。如美丑、难易、长短、高下、前后、有无、损益、刚柔、强弱、祸福、荣辱、智愚、巧拙、大小、生死、胜败、攻守、进退、静躁、轻重等等，都是对立的统一。一方不存在，对方也就不存在。他说：“有无相生，难易相成，长短相形，高下相倾，声音相和，前后相随。”（二章）关于矛盾统一的朴素观念的形成，是当时人类认识世界深化的表现。但是，老子把对立的统一夸大成为绝对，而把对立的斗争看作是相对的，这就不可能正确地阐明对立统一的意义。

老子概括了当时自然现象和社会现象，他指出事物都向着它的相反的方向变去。他说：“正复为奇，善复为妖”“祸兮福之所倚，福兮祸之所伏。”（五十八章）老子看到事物无不向它的对立面转化，他说：“反者道之动。”（四十章）老子看到了事物可以转化，并且作为一条规律提出来，这是老子的辩证法的贡献。毛泽东主席曾指出：“在一定的条件下，坏的东西可以引出好的结果，好的东西也可以引出坏的结果。老子在二千多年以前就说过‘祸兮福所倚，福兮祸所伏’。”（《关于正确处理人民内部矛盾的问题》，《毛泽东选集》第五卷，第397页）老子的辩证法思想得到毛泽东主席的重视。但是必须指出，辩证唯物主义与老子的朴素的辩证法根本不同，我们承认“在一定的条件下”事物可以互相转化，条件不具备，事物的性质就不会转化。老子不管条件是否具备，他认为，凡是坏事都要变成好事，凡是好事都要变成坏事，这就把问题看死了，从而背离了辩证法。由于老子是没落阶级的代表，他不可能从中得出积极的、正确的结论。相反，为了迎合他的整个唯心主义体系的消极无为的精神，他主张贵柔、守雌，反对刚强和进取。

老子看到植物的幼苗虽然柔弱，但它能从柔弱中壮大，相反，等到壮大了，反而接近死亡。他说：“草木之生也柔脆，其死也枯槁。”（七十六章）他认为对待生活也应当这样，他说：“物壮则老，是谓不道，不道早已。”（三十章）这是说，事物强大了，就会引起衰老，有意造成事物的强大，是违反道的原则的，因为这会促进它早日结束它的生命。老子说：“强梁者不得其死。”（四十二章）他以为最好经常处在柔弱的地位，就不会转为坚强，就可以避免走向死亡的结局。他说“兵强则灭，木强则折”（七十六章），又说“柔弱胜刚强”（七十八章），因而他主张“曲则全，枉则直，洼则盈，敝则新，少则得，多则惑”（二十二章）。这是说，委曲反能保全，屈枉反能伸直，卑下反能充盈，敝旧反能新奇，少取反能多得，多取反而迷惑。他又说：“天下莫柔弱于水，而攻坚强者莫之能胜。”（七十八章）他教人向柔弱的水的品质学习。水看来是柔弱的，但它可以冲决一切比它坚强的东西，所以老子说：“上善若水，水善利万物而不争。”（八章）这是老子的“柔弱胜刚强”的原则在生活方面的运用。他说：“知其雄，守其雌”“知其荣，守其辱”“知其白，守其黑”（二十八章）。老子虽知什么是雄强，却安于柔雌；虽知什么是光荣，却安于卑辱；虽知什么是光彩，却安于暗昧。

这种贵柔守雌的观点完全是没落阶级意识的表现。没落阶级在同新兴封建势力的斗争中失败了，失去了原先的统治地位，他们已经丧失积极斗争的勇气，却又不甘心于自己的灭亡，于是就只得乞助于这种以柔胜刚、以退为进的策略来保存自己。老子的这一套处世哲学充分表现了已经失势的剥削阶级的自私，他说：圣人“非以其无私耶？故能成其私”（七章），又说：“夫唯不争，故天下莫能与之争。”（二十二章）就是说，由于“圣人”没有私心，反而成全了他的私心；正因为他不与人争，所以天下没有谁能争得过他。戳穿了讲，这就是剥削阶级所鼓吹的装伪君子，“吃小亏占大便宜”之类的两面派手法。

依据他“柔弱胜刚强”的原则，老子主张创造一些不利于敌人的条件，使他们陷于不利。他说：“将欲弱之，必固强之；将欲废之，必固兴之；将欲夺之，必固与之。”（三十六章）这是说，将要削弱它，必先暂时增强它；将要废毁它，必先暂时兴起它；将要夺取它，必须暂时先给它。历代统治者往往用这种思想作为对付人民的阴谋权术，在战争中，也有时运用这一原则来调动敌人，争取主动。

对事物转化的规律老子有所认识，但是他把对立面的转化看作无条件的，绝对的，人们在变化中显得无能为力。老子脱离了条件讲对立面的转化，想用贵柔、守雌的办法防止事物转化，这是唯心主义的，使得他的辩证法思想不能正常发展。毛泽东主席说："矛盾着的对立的双方互相斗争的结果，无不在一定条件下互相转化。在这里，条件是重要的。没有一定的条件，斗争着的双方都不会转化。"（《关于正确处理人民内部矛盾的问题》，《毛泽东选集》第五卷，第398页）老子只看到事物向它对立面转化，没有注重条件在转化中的重要作用，因而在祸福、得失面前显得缩手缩脚。他认为"有为"必然招致失败；有所得必然有所失。他说："无为故无败，无执故无失。"（六十四章）"多藏"必招致"厚亡"，为了避免厚亡的损失，最好不要多藏；强大了会带来死亡，为了避免死亡，最好不要过于强大。他看到刚强会带来挫折，他宁肯安于柔弱；抢先会落在后边，他宁肯居后；争荣誉会招致屈辱，他宁肯不要荣誉。他要"去甚，去奢，去泰。"（二十九章）老子的辩证法是消极的辩证法，他虽然承认矛盾的存在，却不主张通过斗争去解决矛盾，以促进矛盾的转化，而是害怕斗争，逃避矛盾。这也是由他所代表的没落阶级的地位和他的唯心主义体系的保守性质所决定的。他的辩证法缺乏斗争、进取的精神，使他的辩证法最终没有摆脱循环论的影响。

老子脱离了条件去看柔弱战胜刚强的原因，因而把柔弱胜刚强抽象化、绝对化。他看到一些柔弱的事物目前虽不够强大，后来居然战胜了强大的敌人，他说："坚强者死之徒，柔弱者生之徒。"（七十六章）但是他没有区别垂死的、腐朽的事物的衰弱，与新生事物暂时还不够强大的柔弱的性质的差别。事实表明，只有新生的事物才可以由柔弱转化为强大；垂死的事物的柔弱，不但不能转化为强大，前途却只有死亡。老子没有能够认识这一差别，他把强与弱、胜与败，看作循环往复的无尽过程，对于新生事物表示冷漠，采取消极的保守态度。老子不能理解掌握了事物客观规律后，可以从一个胜利走向新的胜利。在老子看来，胜利后接着出现的必是失败。他说："祸莫大于不知足"，"知足之足常足矣。"（四十六章）这都说明老子的辩证法思想的消极性。

老子的辩证法思想和他的形而上学的体系是有矛盾的，但归根到底朴素辩证法思想被形而上学的体系所窒息了。例如，他看到了宇宙万物的运动和变化，但他的唯心主义的"道"作为宇宙万物的起源和归宿，却是静止的、不变的。照他说来，"归根曰静"（八十六章），"静为躁君"（二十六章）。就是说，宇宙万物虽然有运动和变化，但回到它们的根本来看都是静止的，因此，静是动的主宰。这样，承认运动和变化的朴素辩证法就完全被唯心主义体系所扼杀了，最后导向了形而上学。这是老子的辩证法和古代一切朴素辩证法的不可避免的结局。

老子的辩证法思想继承了《易经》和春秋以前丰富的辩证法思想的成就，并在前人成就的基础上有所发展。但是，辩证法也受到了没落阶级的局限和他的唯心主义的歪曲，他注重柔弱，反对进取，不敢迎接新事物；脱离了条件讲变化，没有摆脱循环论的影响。老子的辩证法还有过分强调矛盾对立面的统一性而忽视矛盾对立面的斗争的一方面，因而容易走向相对主义。庄子的相对主义哲学体系就是沿着这条道路发展的。

四、《老子新译》（修订版）绪论

中华人民共和国成立前，对老子这个人和《老子》这部书，曾经有过争论，争论的焦点是人和书的时代问题。有人认为老子在孔子之前，有人认为在孔子之后，也有人认为在庄子之后，更有人认为老子是汉初人，没有能得到一致的结论。

中华人民共和国成立后，除了继续争论关于老子的时代问题外，又多出了两个争论的问题：老子代表什么阶级；老子的哲学是唯物主义还是唯心主义。至于老子的辩证法思想，则为大家所公认，虽然对它的特点和作用，看法也不尽一致。

关于老子的研究，今后还将继续进行下去。希望短时间做出定论，将是不可能的。现在我们对各种不同的意见做些比较和分析，力求对“老子”这个哲学史上较复杂的问题能有一个接近于全面的认识。

（一）老子这个人和《老子》这部书

对于老子这个人和《老子》这部书，归纳起来，有以下三派不同的意见：

第一派认为《老子》一书是老聃遗说的发挥。老聃确在孔子之先。主此说者最早为马叙伦、张煦、唐兰、郭沫若、吕振羽、高亨和苏联学者杨兴顺等。

马叙伦考证：“老子生当定王、简王之世（笔者按：周定王时代是公元前606—586年，周简王时代是公元前585—572年）。孔子五十一岁见老子，为敬王十八年（笔者按：公元前502年），盖已八九十岁，其卒年虽不可知，而《庄子》载秦失吊其死，则非不知所终者也。”（参见《老子校诂》，第36页）

唐兰：在《老子时代新考》（载《古史辩》第六册）中，做出如下结论：

1.《老子》的作者及其时代

唐兰引证《庄子·天下篇》和《韩非子》中之《六反》《内储说下》《亡征》诸篇关于老子言论的记载后说：“根据上面的材料，可以知道《天下篇》的作者和韩非子都以为《老子》里的话是老聃所说。《天下篇》的作者，现在很难断定，但总和庄周、惠施都接近，而文章里面又提到公孙龙，可以证明是平原君时代的作品。那么孔子卒后二百年左右，有一本业已流传的著作和今本《老子》差不多，当时人以为是老聃的语录，这大概是很真确的事了。”

但这语录的作者老聃是什么时代的人呢？唐兰认为：

（甲）老聃和孔子的关系。根据《礼记·曾子问》和《庄子》中对孔、老关系的记载及《吕氏春秋·当染篇》都可确认老子在孔子前。孔子曾经跟老子学习过。所以，“至少可以证明老子和孔子同时，见过面，而年辈比孔子长的事实”。

（乙）根据《庄子》中《应帝王》和《寓言》篇，证明杨子居（即杨朱）是老子的弟子，“是可能的”，而“杨朱、墨翟时代相近”，“杨、墨和曾子时代相当”，所以“老子和孔子并时是可能的”。

（丙）《史记·老子传》中的恍惚之辞，是根据“假”和

“解”的家谱推出来的，其实不可信，“却一则说：与孔子同时亡；再则说：自孔子死之后，表明他是深信老子和孔子是同时的”。

2.《老子》书撰成时代

唐兰认为，《老子》书的撰成，应当在《墨子》《孟子》成书的时期。这因为：仁义并称，《论语》所无，而墨、孟所有；《老子》的文体，很像《墨子》中的《尚贤》《尚同》等篇。

郭沫若：认为唐兰的说法为近是，并进一步考证：

（1）《老子》上下篇乃环渊所录老子遗训，唯文经润色，有失真之处。

（2）环渊即关尹、它嚣，因音变与字误成了不同姓名的好几个人。

（3）环渊生于楚而游于齐，大率与孟子同时，盖老聃之再传或三传弟子。（参见《青铜时代·老聃、关尹、环渊》）

吕振羽：认为《老子》书除一部分后人羼入错乱以外，是可以信为老子手著的。孔子受老子影响是显著的，如《论语》有“以德报怨”“仁者必有勇”“无为而治者其舜也与”等句子，老子亦有此说。其次，《老子》书说明的社会情况和代表的阶级，恰合于封建兼并时代的背景和春秋末期没落贵族的身份言论。（参见《中国政治思想史》，第52~54页）

第二派人的意见，认为老子是战国时代人，《老子》书也是战国时代的。主张这种说法较早的，清代有汪中，近、现代人有梁启超、冯友兰、范文澜、罗根泽、侯外庐、杨荣国等。

梁启超：在他《评胡适之中国哲学史大纲》中提出六条证据，

断定《老子》书的著作时代在战国之末。

（1）老子的八代孙与孔子的十三代孙同时。

（2）孔、墨、孟都没有称及老子。

（3）《曾子问》所载老子的谈礼，和《老子》书中的反对礼的思想相反。

（4）《史记·老子传》本于《庄子》，《庄子》是寓言，不能看作历史。

（5）《老子》有许多太激烈太自由的话，不像春秋时人说的。

（6）《老子》书中的“王侯”“侯王”“王公”“万乘之君”“取天下”“仁义”等字样，也不像春秋时所应有。（参见《古史辩》第四册）

冯友兰：《老子》是战国时的作品。一则孔子之前无私人著述之事，故《老子》不能早于《论语》。二则《老子》的文体，非问答体，故应在《论语》《孟子》后。三则《老子》之文为简明之经体，可见其为战国时之作品。其实老学首领战国时之李耳也。传说中之老聃，果为历史人物与否，则不可知。（参见《中国哲学史》，第210页）

罗根泽：老子即太史儋。《老子》书即太史儋所著。证据如下：

（1）《史记》载太史儋即老子，绝非虚造。

（2）“儋”和“聃”音同字通，《吕氏春秋·不二篇》作老耽。

（3）聃为周柱下史，儋亦周之史官。

（4）老子有西出关之故事，太史儋见秦献公，亦必出关。（参

见《诸子考索·老子及〈老子〉书的问题》)

范文澜:《道德经》五千言,却是战国时期的著作。据《史记·老子列传》所说,《道德经》的著者是楚国苦县(河南鹿邑县)厉乡曲仁里人李耳。《道德经》是战国时李耳作,《史记》载李耳乡里世系甚详,决非虚构。(参见《中国通史》,第241页)

侯外庐:老子思想为孔、墨显学的批判发展,其书出于战国之世。(参见《中国思想通史》第一卷,第257页)

杨荣国:《老子》一书不仅成于战国时代,而且成于战国时代的庄子之学大兴之后。理由是:

(1)书中包含有先秦道家各派思想。如杨朱的贵生思想,如宋牼的情欲寡浅的思想,关尹的清虚的思想,彭蒙、田骈的"不教"的思想,庄周、慎到的"弃知去己"的思想等。

(2)书中有对各派学说的批判。如对孔子的仁,对墨子的贵义、尚贤、明鬼,对孟子的仁义对举,以至商鞅的变法,一概加以否定。

(3)充分发挥了庄子"道先天地"的"道"的观念而舍了庄子的天的自然观念。把运动静止化,说明道家立场转向反动。(参见《中国古代思想史》,第231~241页)

第三派认为《老子》成书更晚,在秦汉之间。主张这一派学说的有顾颉刚、刘节等。

顾颉刚:他的《从吕氏春秋推测老子之成书年代》一文认为"其书成于《吕氏春秋》和《淮南子》之间。""《吕氏春秋》的作者……简单地把五千言的三分之二都吸收进去了,但始终不曾吐露出这是取材于《老子》的。""在《吕氏春秋》一书中,虽到处碰见和《老子》相类的词句，但寻不出一点它的引用《老子》的痕迹。于是做一个大胆的假设，在《吕氏春秋》著作时代，还没有今本《老子》存在”。并认为：至《淮南子》时，老聃的独尊的地位已确立。《老子》成书必在此二书之间。但“非一人之言，亦非一时之作”。“上自春秋时的‘以德报怨’，下至战国末的‘绝圣弃智’，大约有三百年的历史。”“所包含的学说甚复杂，自杨朱的贵生，宋牼的非斗，老聃的柔弱，关尹的清虚，慎到、庄周的弃知去己，战国末年的重农愚民思想，以及倪良的兵家言，都有。”至于老聃则是“杨朱、宋钘以后的人，已当战国的中叶。他的学徒的宣传，使孔子为其弟子，而他的生年遂移前，又使黄帝与之同道，而他的学术地位遂益高”。

刘节：今本《老子》所讨论的中心思想在孟子和庄子之间，而五千言则在西汉文景之间才出现。老子讲心讲气，如没有宋牼、孟子思想做根据，那便是无源之水。假定把五千言放在孟、宋诸家之后，便语语有据了，盖《庄子·天下篇》里所说的老子思想是最朴素的隐君子之说。在这一基地上，经过杨朱、孟轲、宋钘、慎到乃至庄周，才孕育成今本《老子》五千言里的思想。在五千言的形式方面，也是经过“丹书”的杂抄先秦诗式格言以后，又经过一番洗练才有今本的《老子》。五千言的撰成是在《易传》和《中庸》之间，这三部书的立足点是相同的，而说法不相同。《淮南子·修务训》：“书传之微者，惟圣人能论之。今取新圣人之书名之孔墨，则弟子句指而受者必众矣！”今本《老子》正是作《修务训》的学者所看到的新圣人之书。（参见《古史考存·老子考》）

我基本上同意第一派考证所举的理由（除环渊为《老子》撰者尚可存疑外），还有以下几点补充：

（1）在先秦的典籍中，如《庄子》《荀子》《韩非子》《吕氏春秋》及《墨子》佚文中都不曾怀疑过老子这个人和他的学说的关系，以上这些不同的学派都从不同的角度描绘着一个思想面貌的轮廓大致相同的老子。他们所描绘的老子学说与《老子》书的基本思想是符合的。可以清楚地看到，战国中期以后，诸子受到老子哲学思想的深刻影响。只是到了汉初，才开始把老聃、李耳、太史儋三人的关系弄混了，以致时代先后相差两百多年，连老子这个人的存在也变得模糊起来。

（2）《老子》的成书，是经过相当一段时间的。先秦的典籍很少由个人执笔写成，而是由各学派的门徒不断地发展、补充，经过若干年代才成为“定本”。这一补充和发展的时间可以长达一二百年以至几百年。像《周易》的形成至少经过五百年甚至更长的时间；《墨子》书中的《墨经》与墨翟的时代也有一百多年的间隔；《管子》一书，包含了春秋到汉初的思想；《孙子兵法》也是长期集结成的书。此外，很少受到怀疑的《论语》《荀子》《韩非子》中也都夹杂着汉儒所增补的材料，但并不能因此否认孔、墨、韩、荀诸哲学家是他的书的基本思想的奠基人。《老子》书也不应例外。我们不能因为其中发现个别地方有战国时代思想的一些迹象，就把全书的时代后移。

（3）《老子》书中有些思想在老子以前就已相当流行。如“无为”“贵柔”、不信“天命”的思想，在春秋时期已具备雏形，只是还没有概括为哲学的普遍原则。

因此，我认为《老子》书中如反对仁义、反对法令的一些思想，可能晚出。但老子的天道观（也就是老子哲学的基本部分）是老子本人的思想；贵柔，反对战争，和辩证法思想也是老子本人的思想；小国寡民的政治理想也是接近老子本人思想的。以上看法是从先秦诸子由不同角度所描绘的老子的精神面貌综合概括出来的。

（二）老子代表哪个阶级？是进步，还是反动？

对于这个问题，有两派意见。

（甲）认为老子代表没落阶级的有：

范文澜：《老子》一书反映了没落领主的思想。老子应用“无”的学说在阶级矛盾上，对统治阶级主张无为，对被统治者主张愚民。事实上愚民是困难的，因此它想倒退到小国寡民的远古时代去。老子想分解正在走向统一的社会，使之成为定型的和分离的无数小点。人们被拘禁在小点里，永远过着极低水平的生活，彼此孤立，没有接触的机会，社会进步所不可缺少的愿望和努力，老子都看作有害。这种反动思想，正是没落领主的思想。（参见《中国通史》，第246~247 页）

吕振羽：老子的思想，基本和新兴地主——商人相反对。因而老子便无疑是属于统治阶层中的一分子，不过他由楚跑到周去做“守藏吏”，必已失去其自有的领地。在春秋二百余年间，由于强大领主的兼并，曾引起若干小领主的没落，这种没落者的呼声和其悲观失望的愤懑情绪，在老聃的全部著作中能充分表现出。（参见

《中国政治思想史》，第54页）

吕振羽把老子的社会思想和政治理想归纳为以下几点：

（1）老聃之所以提出“小国寡民”的政治思想，正因为其自己所代表的社会阶层存在的依据是封建初期的社会秩序，所以他的要求是永恒不变的西周型社会。

（2）他之反对大封建主和封建战争，正因为其自身的社会地位是消失在这种封建兼并的战争中。

（3）他之反对新兴地主——商人，正因为其自身没落的另一面是这些分子之部分的代起，而且商人又是促进封建战争的一个因子。

（4）他主张调和统治阶级内部的矛盾，取消斗争，也主张愚民政策，正因为他出身于统治阶级，又还在代表统治阶级利益。

最后说到老子的政治主张所以不能实现，一方面因为社会在其本质上便是不能后退的；另一方面他的主张和大封建主，新兴地主——商人都有矛盾而立于利益相反的地位。从其主张维持利益关系这一点上又和农民根本对立着。其自身所代表的没落集团，则已失去其政治的经济的依据。特别重要的是他的“无为”，即取消斗争的主张，是根本违反了客观法则的。（参见《中国政治思想史》，第64页）

这一派认为老子代表没落贵族或小贵族。它的特点表现为感到自己阶级的没落，又无力挽回，因此主张复古、消极、倒退。

（乙）认为老子代表农民思想的有：

杨兴顺：老子的社会伦理学说有以下中心思想：

（1）对压迫者深恶痛绝的老子，揭发了中国古代社会的罪恶，对灾难深重的人民，表示了真挚的同情。老子认为，社会中的一切不幸与灾害，乃是废弃自然法则“道”与破坏人民原来的生活的后果。他认为这一切都不是合乎规律的现象，并深信：以非正义性与压迫人民为基础的社会政治制度，必然垮台。

（2）按照老子的学说，智慧、对精美之物的迷恋、“大伪”是社会罪恶的根源。必须恢复“损有余而补不足”的“天之道”。

（3）圣人为恢复自然法则“道”，并使人民“甘其食，美其服”，应和人民紧密地联系，没有个人利益，应以个人的正当行为成为人民的领袖。

（4）圣人的主要品质是：对人民的忠诚和热爱、勤劳和谦逊。除了为人民服务外，没有其他的目的。

（5）慈是圣人实际活动的主要基础。

（6）热爱人民是老子论战争的基础。他在原则上是反对战争的，又认为防御战争是必要的。要想把人民从战争极其严重的后果中拯救出来，唯一的出路是复归于原始社会。

杨兴顺还认为，《道德经》所反映的是周代社会的公社农民的思想。这些古代的公社农民因奴隶制经济发展和不断的战争而日益破产。由于当时社会的现实条件和他们的根本利益有很大矛盾，迫使他们激烈地反对现存的社会政治制度，即反抗压迫者对被压迫者的统治；另一方面，古代的公社农民反对当时社会的不公道，力图恢复农村公社的闭塞的农业生活，他们认为这是当时忍无可忍的困境中的唯一出路。正因为古代公社农民带有二重性，《道德经》的社会伦理学说也带有二重性。老子学说揭发了社会的罪恶，这就加深了受压迫人民的大众对统治阶级的仇恨。同时，老子学说宣传这种思想：恢复过去，恢复原始公社，停止社会的智力与文化的发展，这样，《道德经》的社会伦理学说同时又是反动的乌托邦思想。老子对于社会罪恶的揭发，表达了被压迫的人民对奴隶主的抗议。（参见《中国古代哲学家老子及其学说》，科学出版社，1957年，第75~78页）

侯外庐：同意杨兴顺在这一点上的意见，即老子代表了没落了的公社农民。因为，第一，老子所幻想的“小国寡民”的氏族公社正是公社农民的幻想。第二，在战国时代公社农民的没落是由阶级分化所形成的，老子以“损”的观点反对“以求生之厚”的国民阶级，这种否定阶级，并反对阶级分化的思想，正反映了公社农民的情绪。第三，老子思想中的天真观点和公社农民的想法是一致的；正因公社农民的没落，才反映出“为者败之，执者失之”的败北主义观点。

老子站在宗法组织支配的天真的公社农民的观点上，有其积极因素。但也表现了公社农民的消极情绪，其表现如下：

婴儿状态的天真：“我愚人之心。”

朴素状态的憧憬：“绝圣弃智。”

对政治的疏远：“其政闷闷，其民淳淳。”

神秘主义的“道”。

“无名”的离奇古怪的世界观。

不抵抗主义的“无为”和“不争”。

对金钱的咒骂。

黑格尔所说：“非历史的历史”，正是公社农民的天真的幻想

的写照。（参见《中国思想通史》，第262~263页）

我基本上同意第二派的看法。为了证实这种看法是可以成立的，针对着第一派所提出的疑难重新加以解释和证明。春秋后半期，世袭贵族制逐渐破坏，多数小国被大国吞并，这些小国的贵族，一部分降为皂隶，大部分变为大国的庶民，取得自由民的身份；再加上原有的自由民农民及小生产者，以及从农奴解放出来的一部分自耕农，这个自由民阶层逐渐扩大，成为社会上一个相当大的力量。由于小生产者的经济特点，使他们“不敢为天下先”，他们贵柔，怕冒险，怕冒尖，不与人争强斗胜。他们参加一些生产劳动，有自给自足的经济，总希望政府对他们不干涉或少干涉。他们也反对工商业者对他们的盘剥，所以“不贵难得之货”。他们不相信统治阶级对人民进行的欺骗宣传，希望能向社会提出自己的政见。但是，当时一般农民不可能学到文化知识，在政治上也没有发言权，只有像老子这样由贵族下降的隐士，才有条件说出自己的要求和希望。一个阶级的代言人，他自己不一定参加那个阶级的直接的经济活动。资产阶级大学教授并不是大资本的拥有者，墨子后来也不靠当木匠维持生活，孔子、孟子已失去贵族的身份，老子也不是氏族公社的成员。但他们都分别代表着各自所代表的阶级利益。《老子》这部书就部分地，而不是全部地反映了这些阶层的某些要求和希望。当然，如果不是处在当时那样巨变的时代，老子乃至墨子这样的思想家也是不会出现的。

同时也应看到，老子以及和老子情况相类的隐士，与当时真正的农民之间还有一定程度的差别。《老子》书中责骂统治者，表现了反压迫、反剥削、爱自由的进步要求。但这种进步，有它的阶级局限性，所以在社会观、历史观方面，他又是保守的，甚至有些是反动的。历史向着老子所不愿走的一条道路进行着，这正是老子思想的悲剧。

老子本人的阶级出身可能是没落贵族，但老子书中说到“损有余以补不足”，对剥削者憎恨，反对政治压迫，主张让百姓自化、自正、自朴，描绘了小国寡民的农村公社的蓝图，看来又不像是没落贵族。当时确实有一批像老子那样的隐者，像长沮、桀溺、荷篠丈人，他们亲身参加一些劳动，和农民在一起，因此他的言行中，多少反映了一些农民思想，这是完全可能的。

春秋末期，社会动荡不安，新的封建地主阶级刚刚露面，奴隶制开始崩溃，旧贵族的统治已经动摇。这时，各个阶级、各个阶层都引起了震动，其代表人物纷纷向社会发出自己的呼声。孔子代表奴隶主阶级势力，但他具有在某些方面进行改良的思想。因此，一方面要保存旧的制度，一方面又要向新的力量做些妥协。孟子、荀子这一派的儒家，站在新兴地主立场，表现出一定的进步倾向。墨子代表了新兴自由手工业者、农民、小私有者的利益和要求。法家中商鞅、吴起、韩非等人，虽然出身于旧贵族，但他们在政治上反映由军功上升的新兴地主阶级，所以他们特别反对无功而富贵、靠宗法血缘关系维持其既得利益的旧贵族，强调除国君以外，一律受法律的约束。这是从下面涌现出来的地主阶级。所以孔、孟、荀都讲礼，讲宗法等级制度；而商鞅、韩非只讲法，与礼表示决绝。老子代表的是另一部分群众。他们多半是由贵族下降为农民的，他们当前身份是小生产者、自由农民，同时普遍带着原来出身的阶级烙印。因而，在老子的政治思想、社会思想中不免充满着矛盾：一方面提供了一些统治人民的愚民政策；另一方面又对当时的统治者的残酷剥削提出抗议和控诉。如果只看重《老子》中消极、倒退、愚民的一些内容，就容易把老子说成是没落贵族的思想家；如果只看重《老子》书中反抗压迫、反抗剥削的一些思想，就容易把老子说成农民思想的代言人。现在有些人偏在前一看法，我个人以前则偏在后一看法。双方恐怕都有些片面。

把老子的思想完全说成没落贵族（出身可以是没落的）的没落思想，这是有困难的。

一个人只要生活和劳动者有了某些一致，社会地位和劳动人民有了某种程度的一致，那么，他的思想感情必然会反映一些劳动者的呼声。老子是一个例子，后来的陶潜、杜甫、陆游等人，也有类似的情况。一定要抹杀《老子》书中愤世嫉俗、反抗压迫、向往自由的一方面，这种看法是不全面的。

也正是由于老子的哲学思想带着他的旧贵族的烙印，他的辩证法思想和唯物主义思想不可避免地有严重的弱点。他的辩证法，表现为不敢迎接矛盾，片面夸大了柔弱的作用；他的唯物主义也不明确。

对老子的社会观、历史观中的“倒退”思想，也要加以具体的分析。中国古代的许多农业空想社会主义者，且不说老子，就如人所公认的有进步意义的《礼运》大同思想、南北朝的鲍敬言的“无君论”，以及明末清初的黄宗羲的《原君》《原臣》，没有一个是面向前看，把美好的理想放在未来的。（从先秦到明末清初，其间许多具有进步思想的学说不必一一列举），它和具有资本主义性质的空想社会主义有所不同。这正是古代的和近代的差别，不能因此而完全抹杀它对现实批判的积极意义。古人谓之“托古改制”，通俗的说法叫作“借古说今”。问题在于老子借的什么古，说的什么今。如果他所向往的是无压迫、无剥削的理想社会，他的小国寡民应当和《礼运》的“大同”社会同样值得肯定。正如我们不能以卢梭号召回到自然，而认为他可以招致蒙昧主义一样。（这里不是把卢梭和老子相提并论，而是为了说明衡量某一种学说，要看它站在什么立场，反对的是什么，在客观上会有什么作用。）

尽管老子的社会历史观是不现实的，但和后期庄学还是有质的区别的。老子为了反对当时的剥削制度，从而反对一切社会制度；为了反对剥削阶级的文化，从而反对一切文化；为了反对欺诈和不信任，从而反对一切知识。这是老子的错误所在。老子提出的解决方案错了，却不能说老子对不合理现象的攻击也错了。有些研究老子的学者，似乎过于着重老子说错了的方案，忽视了老子对不合理社会现象的抨击中的正确部分。

也许有人会想到欧洲19世纪初期，有些封建贵族从右的方面攻击资本主义：这些“封建的社会主义”，“声讨资产阶级”，“其中半是挽歌，半是谤文；半是过去的回音，半是未来的恫吓；它有时也能用辛辣、俏皮而尖刻的评论刺中资产阶级的心，但是它由于完全不能理解现代历史的进程而总是令人感到可笑”（《共产党宣言》）。而老子以复古的口号对当时的剥削制度提出的批判，看来有些和封建社会主义资产阶级的攻击相似，其实不然。欧洲19世纪的初期封建的社会主义思想只能唱出封建残余的挽歌，他们的目的还是剥削，梦想用更落后的封建剥削代替较为进步的资本主义的剥削，它一点也不反映劳动人民的愿望和要求，所以它是彻底反动的。老子企图用公社制代替剥削制度，在一定程度上反映了劳动者农民的朴素愿望。所以它和彻底反动的思想应有所别。

《老子》书中以最激烈的言辞，抨击阶级社会带来的弊端，反对忠孝，抨击仁慈，鄙薄礼义，诅咒战争，向往小国寡民的社会。过去学术界认为老子主张倒退。春秋战国时期，宣扬复古的不止老子一家。但是同样的复古，各家都有所不同：孔子主张回到西周时代，墨子主张回到夏禹时代，老子主张回到结绳而治时代，后来的黄老学派主张回到黄帝时代。他们的政治主张和他们所代表的阶级利益是息息相关的，我们应注意加以判别。

老子看到在变革中产生的新生活方式并没有给下层带来多少幸福，倒是随着新的文明，给人们带来不少新的灾难。新的生产方式，新的租税制度（奴隶制不要租税）给人们带来饥饿，“民之饥，以其上食税之多，是以饥。民之难治，以其上之有为，是以难治”。（七十五章）他对当时统治者不顾人民死活，过着越来越奢侈的生活，提出批判。他说：

> 朝甚除，田甚芜，仓甚虚，服文彩，带利剑，厌饮食，财货有余，是谓盗竽。（五十三章）

这是说，由于贵族们贪得无厌，才使人民生活困苦，社会秩序混乱。老子从小私有者的立场，反对商业带来的经济上的剥削，以及由此引起的争夺，他反对商品经济，“不贵难得之货”（六十四章）。马克思说：

> 一方面，高利贷对于古代的和封建的财富，对于古代的和封建的所有制，发生破坏和解体的作用。另一方面，它又破坏和毁灭小农民和小市民的生产，总之，破坏和毁灭生产者仍然是自己的生产资料的所有者的一切形式。（《资本论》第3卷）

马克思论证的是欧洲古代奴隶制和封建制的社会，但他揭示的基本原则也适用于中国古代的封建社会。商品经济、高利贷者没有给小生产者带来什么好处，这是而易见的。

因为老子思想带有氏族公社的某些烙印，他对原始社会的平等、平均制度有着深切怀恋。他提出了反对剥削的平均主义思想。他认为“天之道”本来是“损有余而补不足”，但当时的“人之道”却相反，“损不足以奉有余”（七十七章）。这是极不合理的。他认为应该向天之道学习。老子所描绘的理想社会是：

> 小国寡民，使有什伯之器而不用；使民重死而不远徙；虽有舟舆，无所乘之；虽有甲兵，无所陈之。使人复结绳而用之。甘其食，美其服，安其居，乐其俗，邻国相望，鸡犬之声相闻，民至老死，不相往来。（八十章）

老子理想的社会中，也有统治者与被统治者，他认为统治者应当行“无为之治”，不要过多地干涉老百姓。他说“我无为而民自化”，“我无事而民自富”（五十七章）。有领导而不干涉，有君

主而不压迫，这种关系就像天道与万物的关系那样，“生而不有，为而不恃；长而不宰”。（十章）

老子也和古代小私有者一样，幻想有“圣人”出来实行他的理想，这种圣人虽然处在领尊地位，人民拥护他而不感到是负担，“圣人处上而民不重，处前而民不害，是以天下乐推而不厌”（六十六章）。

老子反对剥削者的文化，有他进步的一面。但他不加分别地反对一切文化，认为文化本身就是社会混乱的根源。主张“绝圣弃智”才能“民利百倍”，因而认为“圣人”治国，“非以明民，将以愚之”（六十五章）。他作为周王朝史官，亲身看到西周以来礼乐文化制度给人们带来了自私、欺诈的不道德行为，而这种言行背离，说的一套，做的又是一套，正是来源于周王朝贵族最高统治者集团。他发出这种愤世嫉俗的呼声，完全是可以理解的。正如唐朝的史官刘知几，身居宫廷，历事四朝，任史官达三十年，对剥削阶级的明争暗斗，互相倾轧的黑暗内幕感受较深，所以他敢于怀疑尧舜禅让的美好传说，不相信桀纣等亡国之君真如描绘得那样坏。

应当指出，老子的朴素善良愿望有其合理因素，但也有它幻想的不正确的一面。“结绳而用之”的社会，固然人不剥削人，但是这种社会不能使人们“甘其食，美其服”。这种理想只能是空想。老子是中国哲学史上抨击剥削制度不合理并有较为系统的言论的第一个思想家。尽管他的方案是错的，但对后来的进步思想家、空想的社会改革家有着深远的影响。

老子的哲学思想，两千多年来在中国封建社会是成为唯一可以与孔子学派相抗衡的最大思想流派。孔子被奉为儒教的教主，老子被奉道教的教主；老子哲学也和孔子的遭遇一样，被统治者所利用、改造，但发展的情况有所不同。由于老子哲学中有反剥削、平均主义思想，曾为早期道教所借用，成为农民革命的思想武器，与农民运动有一段因缘。而孔子始终是帝王治国平天下的导师，他的思想积极维护地主阶级对农民的剥削压迫，因而很少被农民运动所采纳。而当农民起义成为燎原之势时，孔子的儒家思想便失去羁縻社会的作用。

（三）老子的哲学是唯物主义还是唯心主义

这个问题有两派意见：一派是唯心主义；一派认为是唯物主义。

（甲）主老子思想是彻底的唯心主义的有吕振羽、杨荣国等。

吕振羽："在他说到物质和精神的依存关系时，虽还承认本体（朴）是先于概念（名）而存在的；但当他进一步去研究本体的究极时，便又绕回去了。""他所谓道的内容，并不是物质的东西，而是神化的东西；同时，在这个本源的道的地方，一切斗争是完全没有的，它只是一'虚'而'静'的'无为'的本体。""天和道还是有意识地主宰万物。所以在老聃的思想体系中，'道'才是第一义的，'名'和'朴'不过是第二义的东西。道是创造宇宙，统制宇宙的最高主宰（道冲而用之，……渊兮似万物之宗）。……老聃在这里，不但是一个不可知论者，而且是倾向着有神论了。"（参见《中国政治思想史》，第57~59页）

杨荣国：《老子》书的思想中心是帝王术，是汩没人理性消灭人斗志的柔弱思想，崇尚阴谋。"道"有如下几重含义：（1）帝王术：老子的“道”是先天地生的，是超然独处的，是永恒不变而可以应万变的。“道”为“德”的全体，“德”乃“道”的部分，有“常道”，也有“常德”，帝王把握了“常道”，也就握住了个别性的“常德”，可以为“天下贞”，人民万物自然宾服。（2）柔弱：老子的“道”，是指的柔弱；所谓“德”，是为了使刚强之趋向柔弱。因此，《老子》书中的中心思想是柔弱；“道”也就是柔弱；道散而为万物，而万物之各自得遂其柔弱，便是“德”。（3）阴谋：老子主张上下都浑浑噩噩，都无所作为，才能太太平平。结论，老子以“道”为先验的，又认为这先验的“道”为柔弱而多归侯王所持守。（参见《中国古代思想史》，第276~288页）

认为老子哲学的上半截是唯心主义，下半截是唯物主义，但从根本上说是唯心主义。持这种看法的有侯外庐、杨柳桥。

侯外庐：老子哲学的道和德的二元论思想，德以下的半截（大地万物）和物质联系着，德以上的半截（道）脱离了物质实体。同时，就其思想体系而言，基本上是唯心主义。

（1）唯物主义的因素：这是指讲天地万物时所说的物，它既指物质的实体，也指物质属性。这里还包含哲学所说的物质的意义。

（2）道这范畴，就其义理性方面而言，是有一定的规律性的，而在反乎自然万物的性质上而言，是背叛于规律性的，其中并不包含有物质的实体。

《老子》书中的道，除了讲知识论和伦理学的“道”而外，可以分三类：

第一，道字和万物在一起形容时，道并不指的是“道”的本身；第二，道字用于和万物的性质相反对时，如“复归于无物，是谓无状之状，无物之象……”等等，道不仅不是物质实体，而且和物质实体性质相反；第三，道用于物质生成之先而和物质背向而行时，如“道……渊兮似万物之宗，……象帝之先”“有物混成，先天地生”等等，道不但是万物之宗，而且和万物背向而反动，这显然是“上帝”的别名，也即所谓神秘的力在最初的一击。

（3）老子的“德”是介于“道”和“万物”之间的范畴，是可以当作万物无限的本源来理解的。

（4）“道”之陷于唯心主义，不但因为“道”的义理性类似泛神论的神，而且是超越人类认识的彼岸的东西。我们知道，凡是否定了现实世界的可认识性的，那就不可避免地要走向唯心主义。

老子哲学主要是唯心主义的，他的“道”是超自然的绝对体，在他的学说中占支配地位；然而当他讲到德时，就向唯物主义动摇过去，特别是讲到万物生成发展的自然规律时，便富有唯物主义观点了。（参见《中国思想通史》第一卷，第263~272页）

杨柳桥：“道之为物”的物，应理解为：“道这个概念”，是天地生成以前存在的，这个“物”不是物质。

老子的“一”和“玄”才是指的物质实体，就原始物质的浑沦之数而言则谓之一，就原始物质的浑沦之象而言则谓之玄，玄和一兼有与无。

老子重视无、道，而轻视有、物，认为道是最根本的，物是道所生。把道提升为万物的主宰，带有神秘主义。（参见《老子译话》，第 69~83 页）

总之，认为老子书中的思想基本上是唯心主义的看法，归纳起来有以下的理由：

（1）道，宇宙万物的最后的实体是抽象的观念。无形象，不是感觉所能认识。

（2）道具有超时空、超经验的永恒性。

（3）老子的“道”是“无”，从无生有，不是唯物论。

（4）老子的“道”也叫作“一”，“一”是抽象的数的概念。

（5）老子以道代表自然法则，以“玄”或“一”代表物质整体。“一”和“玄”之上才是道。所以说“道生一，一生二……”

（6）古代唯物主义的一般特点是以现实生活中的某一具体元素、或几种元素为宇宙的最后根源。不可能拿一个抽象性很高的道作为万物的根源。

（7）老子轻视感觉经验，而把玄览、静观的抽象思维活动看作知识来源。他的认识论的道路，也不像唯物论。

（乙）主张老子是唯物主义者，有范文澜和苏联学者杨兴顺等人。

范文澜：老子是有极大智慧的古代哲学家。他观察了自然方面天地以至万物变化的情况，他观察了社会方面历史的、政治的、人事的成与败，存与亡，祸与福。在马克思主义的唯物主义的辩证法传入中国以前，古代哲学家中老子确是杰出的无与伦比的伟大哲学家。

老子的唯物论是把天地万物的运行生灭，看作纯循自然规律，并无人格化的神存在。人对自然只能任（顺从）和法（效法），不能违背它。他说“天地不仁（无情），以万物为刍狗”，所以“圣人不仁，以百姓为刍狗”。刍、狗、人都是天地间自然生长的物，兽食草，人食狗，都合乎自然规律，天地并不干预兽食草，人食狗，所以圣人也不干预百姓的各谋其生活。

儒道两家是封建统治阶级不可偏废的两个重要学说。孔子与老子两大学派，一显一隐，灌溉着封建社会政治、文化的各个方面。（参见《中国通史》，第243~248页）

杨兴顺：老子的道可以归结为如下基本特点：

（1）道是物的自然法则，它排斥一切神或天志。

（2）道永远存在，它是永恒的物质世界的自然性。道在时间和空间上都是无限的。

（3）道是万物的本质，它通过它自己的属性（德）而显现。没有万物，道就不存在。

（4）作为本质来说，道是世界的物质基础及其变化法则的统一。

（5）道是物质世界中不可破灭的必然性，万物都从属于道的法则。

（6）道的基本法则是：万物与一切现象，处于经常的运动和变化之中，万物与一切现象都转化为自身的对立物。

（7）万物与一切现象，都处在互相联系的状态中，这种联系通过统一的道而完成。

（8）道是视之不见，搏之不得的。它是我们感官所不能感知的，但在逻辑思维中它是可以认识的。

结论，老子是唯物主义者。（参见《中国古代哲学家老子及其学说》，第53~54页）

对于上述主张老子是唯心主义的，姑称为甲派，主张老子是唯物主义的，姑称为乙派。笔者的四卷本哲学史属乙派。1973年笔者撰《中国哲学史简编》，发现主张老子是唯物主义有困难，改变了观点，主张甲派。今天看来，甲、乙两派都有一定的根据，但都不够充分。双方都把老子的思想说过了头，超出了老子时代（春秋）的人们的认识水平。

唯物与唯心是两种截然对立的世界观，两种体系，是不可调和的，正如科学与宗教两种思想体系不能共处。但科学与宗教两种思想确实可以同时存在于同一个人的头脑里。

甲派方法有错误，错在把老子的唯心主义体系与近代唯心主义哲学相类比，把老子的道比作黑格尔的绝对精神。这样的类比是不科学的。因为老子的“道”不同于黑格尔的绝对精神。这样的比较，不但无助于说明老子，甚至连黑格尔的哲学也理解错了。因为，按照人类思维发展规律，老子的时代，不能达到像黑格尔的那样高度抽象的程度。而乙派把老子的“道”解释为“物质一般”，“物质一般”的概念也是近代科学以前不可能有的。甲、乙两派同样犯了把古人现代化的错误。

甲、乙两派都把老子的哲学体系说得太系统化了，其许多问题老子自己还不甚清楚。古人无力说明白的问题，由我们后来人讲明白，这是科研工作者的责任。因为哲学家们并不是人人都能正确地认识自己的哲学体系的。真正了解黑格尔的，并不是黑格尔自己；马克思、恩格斯、列宁对黑格尔的论述和评价比黑格尔自己更深刻、更准确。可惜的是：我们对老子的研究，没有能采取马克思、恩格斯、列宁研究黑格尔的态度，还其本来的面貌，明其本来的价值；而是采取了代替老子立论的方法。甲、乙两派都把老子自己还不曾想到的一些问题，替它填平补齐；把老子自己不能自圆其说的地方替它说得圆满无缺，这就使老子原来的面貌走了样子。

那么，老子哲学到底是唯物主义还是唯心主义？这个问题还可以继续争论。但必须看到老子的哲学本身确有不清楚的地方，我们的任务之一就是要把古人（老子也在内）确实不清楚的哲学思想，清清楚楚地解说明白，指出不清楚的所在和原因，这是研究古代哲学家思想的必要的前提。

这样做，是不是不要划分唯心、唯物主义阵营了？是不是说唯心主义与唯物主义永远划不清楚呢？当然不是。评价古代哲学家的历史作用，首先要看他在当时的斗争中起了什么作用，有利于科学还是有利于宗教；是促进人类认识的前进，还是相反。只要把具体研究对象放在当时的历史条件下来考察，是可以做出科学判断的；只要不把老子现代化、绝对化，我们今天对老子的认识就会超出前人的水平。

对于《老子》书中“道”的理解，从哲学史看有不同的两大派。以韩非、《淮南子》、王充为代表的唯物主义者，他们从唯物主义观点去理解老子。汉代的黄老学派，基本上属于这一系统。黄老学派讲老子的哲学时，强调他的无为而治，也强调法治，强调不争也强调战争。老子与韩非同传，并非司马迁分类不当，而是代表了汉初人对黄老之学的一般理解。如汉初张良受黄石公兵书，以柔克刚，得老子用兵处世之道。从唯心主义观点去理解老子的也有它的渊源，以后期庄学为代表。后期庄学经历汉魏时代，何晏、王弼等人加以发挥，从唯心主义的观点阐发老子的哲学，蔚为大宗，对后世影响极大。因为《老子》书中确有含混不清的概念和字句，对这些含混不清的地方可以做出不同的解释。老子哲学究竟是唯物主义的，还是唯心主义的，按照这种打破砂锅问到底的方式去追问，是不会有真正的结果的。因为历史已成定局，它就是那个样子，不能改变了。按照人类认识发展的规律来探索，老子的哲学还不足以达到如近代哲学思想那样明确的程度。从不明确到明确需要一个过程，这种情况，并不是老子一家如此。我们也不能因此就对老子的哲学体系束手无策，任其含混不清。我们的方法是把老子的哲学思想放在当时的具体历史环境中去考察，看它在思想斗争中处在什么地位，与什么思想为敌，对当时的社会发展、科学进步起着什么性质的作用。只有通过这些方面的考察，才有可能弄清老子哲学的性质。

从人类认识史的角度看春秋时期的思想斗争，可以发现奴隶制度的崩溃和封建制度的形成在当时是头等大事。社会上的大变革，促使思想界的大混乱。旧秩序破坏了，新事物在生长。当时文化思想上的大变革，就其剧烈程度而言，只有“五四”新文化运动和中华人民共和国成立后的思想大解放可以和它相比。这三次文化思想大变革，都标志着社会发展阶段的飞跃。划时代的社会发展阶段，决定了划时代的文化思想的变革。

关于中国封建社会与奴隶社会的分期问题，史学界有种种说法，都能言之成理，持之有故。我们从思想文化变化之深刻剧烈的程度看，从西周到“五四”以前，三千年来，没有超过春秋战国之交的。秦汉之际，也是个大变革，那只是政治上的统一，是战国形势的继续；魏晋时期也是一个变革，那只是农民起义失败后，封建制度的进一步发展。主张西周封建论者，没有说明为什么社会制度变了，反倒没有深刻剧烈的文化思想的变革。

春秋末期的社会变革，主要表现在哪些方面？大略可以从四个方面来看。第一，政治上周天子已失去统率天下的权势，奴隶制的等级制遭到破坏，诸侯僭越，大夫横恣。第二，经济上赋税制度改变，意味着奴隶制的所有制向封建的所有制过渡，出现了不贵而富的新兴阶级。反映阶级利益的法律也跟着改变，有所谓刑书、刑鼎的出现。第三，社会生活的旧观念、旧准则变了。上下尊卑、君臣父子的牢固关系已破裂，不能维持。父不慈，子不孝，臣弑君，子弑父的事变史不绝书。第四，天道观变了，人们怨天恨天的思想活跃起来，以至肆无忌惮。这四方面的变革，都是奴隶制崩溃，封建制降临的反映。面对这种极大的变革，迫使许多伟大的思想家进行深刻的思考。当然思考也要受思想家们所属阶级利害的制约。

上述四个方面的变革，天道观的争论是先秦哲学史上的一个中心问题。哲学史要阐明唯心主义与唯物主义斗争的表现形式、发展过程及其规律。中国哲学史在先秦则主要是透过天道观来表现其唯心主义和唯物主义的。天道观虽讲的是“天道”，但它和当时的阶级斗争、政治生活、科学发展息息相关，而不是由少数人的兴趣随便提出来的。先秦时期，关于宇宙起源、发展、变化的中心问题是“天道观”；关于社会政治生活方面的中心问题是“礼”与“法”。“天道观”已成为所有先秦哲学家都要对它表明态度的一个问题。除了《老子》以外，孔子、墨子、孟子、庄子、荀子、韩非都严肃地对天道问题表示了他们的意见。其中有从唯物主观点出发的，也有从唯心主义出发的；有从自然科学、生产斗争的总结中提出问题的，也有从宗教迷信观点提出问题的。

“天道观”不同于今天人们所谓的“世界观”，它的范围比世界观小，天道观主要讲天地万物生成变化的原理。中国哲学前进的道路和西方古代哲学所经历的差不多。西方古代哲学也是从他们的天道观开始的。古希腊哲学家，探寻世界万物生成、变化、发展的原因，并据此做出种种不同的解释或结论；哲学家也就由此而区分为唯物主义与唯心主义两个不同的阵营。至于认识论、方法论，虽说古已有之，但只有到了近代，才提到了突出的地位。到了资本主义社会有了大工业生产，有了近代科学，才能深刻地揭示主观与客观的相互关系。不但西方如此，印度古代哲学也是从他们的“天道观”开始的。这可能是人类认识世界的必要过程，总是先注意到“身外之物”，然后再认识自己。古代哲学相当于人类认识世界幼年时期，幼年儿童也是先认识周围外界，然后才认识自己。儿童的认识，先从他的保育者开始（父母或其他人），随后认识所接触的环境，最后才意识到自己（我）。

只就老子的“天道观”这个问题来看，老子的学说是进步的，因为它客观上打击了“天道有知”的宗教迷信思想。天有意志，能赏罚，这是阶级社会的宗教加给神的特权。在原始社会里，神只是为人群造福，而不管赏功罚罪。赏功罚罪是有了国家以后所体现的统治阶级的意志。在老子的哲学里，天不具有人格，它只是一种自然状态。天不过是万物中之一物，是万物中的最广大的一种客观存在。最根本的存在，构成万物的原始材料，老子称之为“道”。老子的“道”，在五千言中共出现七十四次。为了叙述方便，先把

《老子》关于“道”的重要表述列在下面。

道可道，非常道。（一章）

道冲，而用之或不盈。（四章）

故几于道。（八章）

功成身退，天之道。（九章）

执古之道。（十四章）

是谓道纪。（十四章）

保此道者不欲盈。（十五章）

天乃道，道乃久。（十六章）

大道废。（十八章）

惟道是从（二十一章）

道之为物。（二十一章）

字之曰道。（二十五章）

故道大。（二十五章）

道法自然。（二十五章）

道常无名。（三十二章）

道常无为。（三十七章）

反者道之动，弱者道之用。（四十章）

道生一。（四十二章

见天道。（四十七章）

道生之。（五十一章）

天之道，不争而善胜。（七十三章）

综观《老子》，“道”有五种含义：

（1）混沌未分的原始状态。“有物混成”；“道之为物，惟恍惟惚”；“道生一，一生二，二生三，三生万物”。

（2）自然界的运动：“独立不改，周行而不殆”；“大曰逝，逝曰远，远曰反”。

（3）道是最原始的材料，“道常无名，朴虽小，天下莫能臣也”。

（4）道是肉眼看不见，感官不能直接感知的：“视之不见，听之不闻，搏之不得。”

（5）道又是事物规律的含义，“天之道”“人之道”。

主张老子的哲学属唯物论的一派，把老子的“道”解释为“物质实体及其规律”，把“道”概括为物质一般。事实上古代朴素唯物主义不能达到这样高度抽象的水平，当时人类认识还不具有相当于“物”的概念。把近代唯物主义关于物质的概念提前到春秋末期，是不对的。

老子的“道”，仅仅是构成万物的原始材料的初步设想，他没有可能形成“物质一般”的认识水平。因此，老子的哲学概念中有“混沌未分”的概念。讲到混成，叫不出名字，谓之“无名”，谓之“朴”。

无名，天地之始。（一章）

道常无名。（三十二章）

无名之朴。（三十七章）

朴虽小，天下莫能臣也。（三十二章）

朴散则为器。（二十八章）

镇之以无名之朴。（三十七章）

老子对于道有所描述，但是不能清楚地讲明它的特点，有时用“无”“无形”“无物”“无状”，这些否定性的词来描述。在中国哲学史上第一个作为物之本的负概念——无的范畴，是表明人类认识前进的重要里程碑。“无”既可以给以唯物主义的解释，也包含着以唯心主义解释的可能。这是老子的哲学后来向着相反的两个方向发展的契机。

复归于无物。（十四章）

是谓无状之状。（十四章）

无物之象。（十四章）

复归于无极。（二十八章）

有生于无。（四十章）

大象无形。（四十一章）

这个看不见的“无”“道”，是产生天地万物的根源，又叫作“大”。

强为之名曰大。（二十五章）

执大象，天下往。（三十五章）

夫唯大，故似不肖。（六十七章）

这个“道”是老子力图摆脱传统宗教的统治所提出的一个新的根据，它比“上帝”更有权威。

老子提出的取代“上帝”的最高发言权的“道”，是精神，抑是物质，他自己没有清楚。就当时人类的水平来看，他也不可能讲清楚。思维与存在的关系的问题，古代已经存在着，但古人没有明显地意识到这一点，不像后来那么清楚，古代的先进思想家，只是朦胧地探索着前进的途径。思维与存在哪个是第一性的这个问题，到了近代才明确起。

老子自己没有讲清楚自己哲学思想中的某些问题（这是古人的局限性），我们评论他们的思想，应不增不减，如实地进行评述，这是哲学史工作者的职责。但是我们不能代替古人讲他自己所不知道的东西，不能替古人发挥到他们自己还没达到的地步。

我们要清清楚楚地把古人的糊涂思想讲出来，并加以科学的分析，指出古人为什么在这个问题上糊涂了，失足之处何在。而不允许把老子说成春秋时期的黑格尔或斯宾诺莎。

由于老子的哲学确有含混的地方，所以后来对老子的理解，有唯物、唯心两大支派，向相反的方向分头发挥。韩非、《淮南子》、荀子、王充代表着一条路线，《庄子》内篇，……王弼等代表着又一条路线。亚里士多德动摇于唯心与唯物之间，老子是否也有类似的情况？看来也是有的。

衡量哲学家或哲学流派的历史价值，主要看他在当时的作用，是不是推动历史前进和科学发展，而不只是看它提出的口号。同时还要看它是不是体现了当时人类认识所达到的先进水平。一般说来，唯物主义正确反映了人类认识，唯心主义歪曲地反映人类认识。但有时唯心主义提出了比较深刻的问题，使认识深化，而这些问题又往往是当时的唯物主义所无力解答的。在这种情况下，唯心主义也起着推动发展的作用。老子的哲学，企图使人们的思想从宗教神学的束缚中获得解放，站在当时宗教神学的对立面。他的天道自然无为的学说，尽管还说得不够清楚，但有利于唯物主义的发展。

由于老子的“道”，没有能讲得明确、清晰，不够圆满，也给唯心主义留下了很多的可乘之隙。特别在认识论方面，老子不重视感觉经验，甚至认为感觉经验不但无助于认识，反而对认识有害。他还说：“其出弥远，其知弥少”“圣人不行而知”（四十七章），这就堵死了认识外界事物的道路。由于他不重视感性认识，提出了反经验的“玄览”的认识方法，这就为以后的唯心主义开了先河。他还主张“为学日益，为道日损，损之又损，以至于无为”（四十八章）。就是说认识道和求学问走着截然不同的两种道路。这样发展下去，势必把科学与哲学强行割裂。后期庄所标榜的“堕肢体，黜聪明”的哲学修养方法，是直接来自老子思想的这一方面的。

老子的哲学本身包含着向唯物主义和唯心主义发展的两种可能趋向。只看到老子哲学的一个趋向，而否认另一趋向，都不符合老子哲学的本来面貌。老子有时把道解释为“朴”，“朴”是待雕凿的素材，老子的哲学也是一个“朴”，有待于后人进一步发展。老子的哲学后来分为唯物主义与唯心主义两大流派，都有所本，是发展、修正，而不能简单地说是篡改了老子的原意。过去我们哲学史工作者，主张乙说的，总是说韩非继承了老子，而王弼等人歪曲、篡改了老子的观点。主张甲说的，则说庄子、王弼等继承了老子的观点，韩非、王充改造了老子的观点。今天看来，这甲、乙两派都不免片面。像老子哲学的这种内在矛盾的现象，在先秦哲学史上不是个别的。墨子的哲学也有这种内在的矛盾，使它不得不分化。《周易》的思想也是这样。孔子的“仁”也是这样，他没有讲清楚，这就给后来儒家各派留下了各自发展他们认为孔门真传的机会。古人对世界的认识，经历了曲折的道路，犯过各种错误。他们的唯物主义的体系中有唯心主义的因素，唯心主义的体系中有唯物主义的因素，不是一刀切的。我们研究古人的哲学，也要避免“一刀切”。

（四）贵柔的辩证法思想

老子思想的形成，与当时的激变而又丰富多彩的社会生活有关；与当时发展着的自然科学有关；也和老子这一派人未曾完全脱离生产劳动的现实生活有关；甚至与老子思想所承属的江南多水地区的荆楚文化有关。

春秋末期，由于所有制发生了变革，因而国家的兴亡、个人的富贵贫贱，都有了极大的变化。作为史官的老子，看到不少“社稷无常奉，君臣无常位”（《左传》昭公三十二年）的现象，又从当时自然科学的知识中认识到自然界也是独立于人的意识之外不停地运动着。世界的总根源，无所不在的“道”，就是“独立不改，周行而不殆”（二十五章）的。从“道”产生的天地万物也是在变化着。他说：“天地尚不能久，而况于人乎？”（二十三章）老子的辩证法思想是当时重大社会变革的客观辩证法的深刻反映。

老子比较系统地揭示出事物的存在是相互依存的，而不是孤立的。如美丑、难易、长短、高下、前后、有无、损益、刚柔、强弱、祸福、荣辱、智愚、巧拙、大小、生死、胜败、攻守、进退、静躁、轻重等等，都是对立的统一。一方不存在，对方也就不存在。他说："有无相生，难易相成，长短相形，高下相倾，声音相和，前后相随。"（二章）矛盾统一观念的进一步明确，是当时人类认识世界深化的表现。

老子概括了当时自然现象和社会现象的变化，指出事物都向着它的相反的方向变去。他说："正复为奇，善复为妖。""祸兮，福之所倚；福兮，祸之所伏。"（五十八章）老子看到事物无不向着它的对立面转化这一基本规律，他说："反者道之动。"（四十章）老子从这一原则出发，决定了他认识世界，对待生活的态度：主张贵柔、守慈，反对刚强和进取。

老子通过农业实践，看到植物的幼苗虽然柔弱，但它能从柔弱中壮大；相反，等到壮大了，反而接近死亡。他说："草木之生也柔脆，其死也枯槁。"（七十六章）他认为对待生活也应当这样，他说"物壮则老，是谓不道，不道早已"（三十章）。这是说，事物强大了，就会引起衰老，有意造成事物的强大，是违反道的原则的，因为这会促进它早日结束它的生命。老子说："强梁者不得其死。"（四十二章）他以为最好经常在柔弱的地位，不转化为坚强，就可以避免走向死亡的结局。他说："兵强则灭，木强则折。"（七十六章）又说："柔弱胜刚强。"（三十六章）因而他主张"曲则全，枉则直，洼则盈，敝则新，少则得，多则惑"。（二十二章）这是说，委曲反能保全，屈枉反能伸直，卑下反能充盈，敝旧反能新奇，少取反能多得，多取反而迷惑。他又说“天下莫柔弱于水，而攻坚强者莫之能胜”（七十八章）。他教人向柔弱的水的品质学习。水看来是柔弱的，但它可以冲决一切比它坚强的东西，所以老子说：“上善若水，水善利万物而不争。”（八章）由于水不争，“故天下莫能与之争”（六十六章）。这是老子的“柔弱胜刚强”的原则在生活方面的运用。他说“知其雄，守其雌”“知其荣，守其辱”“知其白，守其黑”（二十八章）。老子虽深知什么是雄强，却安于柔雌；虽深知什么是光荣，却安于卑辱；虽深知什么是光彩，却安于暗昧。

老子贵柔守雌的态度和春秋末期个体小私有者的社会地位、经济地位有深切的联系。个体小私有者经济力量微弱，无权无势，他们在奴隶制下没有奴隶主那样居高临下的特权；在封建制下还要遭到剥削压榨，因而老子的辩证法有保持自己的利益、以柔胜刚、以退为进的特点。

对待敌人，老子主张创造一些不利于敌人的条件，使他们陷于不利。他说：“将欲弱之，必固强之；将欲废之，必固兴之；将欲夺之，必固与之。”（三十六章）这是说，将要削弱它，必先暂时增强它；将要废毁它，必须暂时让它兴起；将要夺取它，必须暂时先给予它。历代统治者往往以这方法作为对付人民的阴谋权术；历代革命的战争和民族解放斗争也往往用它作为克服顽强敌人的武器。

老子发现了事物转化的规律，并用来反对有目的、有意志的“上帝”（天），是有它的积极意义的。他说：“祸兮，福之所倚；福兮，祸之所伏。孰知其极？其无正。”（五十八章）“正”

通“政”，即领导者，主宰者。他认为福与祸互相转化，没有穷尽，也没有一个主宰者。老子指出事物的变化是它自己的原因，没有主宰者，这是对的。但是他把对立面的转化看作无条件的，绝对的。老子脱离了条件讲对立面的转化，不但破坏了他自己的唯物主义原则，也影响了他的辩证法思想的正常发展。毛泽东主席说：“矛盾着的对立的双方互相斗争的结果，无不在一定条件下互相转化。在这里，条件是重要的。没有一定的条件，斗争着的双方都不会转化。”（《关于正确处理人民内部矛盾的问题》，人民出版社，1957年，第35页）老子只看到事物向它对立面转化的事实，没有注意条件在转化中的重要作用，因而在祸福、得失面前显得缩手缩脚，在变化中显得无能为力。他认为“有为”必然招致失败；有所得必然有所失，企图用消极无为的方法避免转化带来的危害。他说“无为，故无败；无执，故无失”（六十四章）。“多藏”必招致“厚亡”，为了避免厚亡的损失，最好不要多藏。强大了会带来死亡，为了避免死亡，最好不要过于强大。他看到刚强会带来挫折（“兵强则灭，木强则折”），他宁肯安于柔弱；抢先会落到后边，他宁肯居后；争荣誉会招致屈辱，他宁肯不要荣誉。他要“去甚、去奢、去泰”（二十九章）。老子有丰富的政治生活经历，也亲身感触到奴隶主贵族是怎样由过分剥削、贪得无厌而遭到更大的失败的。老子把奴隶主阶级的衰落的经验看作生活的普遍原则。他的辩证法缺乏斗争、进取的精神，最终没有摆脱循环论的影响。

老子脱离了条件去看柔弱胜刚强的原理，因而把柔弱胜刚强抽象化、绝对化。他看到一些柔弱的事物目前不够强大，后来居然战胜了强大的敌人，他说："坚强者死之徒，柔弱者生之徒。"（七十六章）但是他没有区别垂死的、腐朽的事物的衰弱，与新生事物的柔弱在性质上的差别。事实表明，只有新生的事物才可以由柔弱转化为强大；垂死的事物的柔弱，不但不能转化为强大，前途却只有死亡。老子没有能够认识这一差别，他把强与弱，胜与败，看作循环往复的无尽过程，对于新生事物表示淡漠，采取"不敢为天下先"的保守态度。老子不能理解掌握了事物客观规律可以从一个胜利走向新的胜利。在老子看来，胜利接着出现的必定是失败。由于当时科学发展水平的局限，无论农业科学、天文科学，都存在着严重的循环论的缺点，老子的辩证法也无法超出当时科学水平的局限。农民小私有者有自己的小块土地，过着自给自足的生活，也使他们容易产生安于现状，保持自己小天地的思想。他说："祸莫大于不知足""知足之足，常足矣。"（四十六章）这都是老子的辩证法思想的消极因素。

老子的辩证法还不可能正确认识量和质的辩证关系，但确已模糊地初步地触摸到事物的量的积累可以引起性质的变化的某些端末。他说："合抱之木，生于毫末；九层之台，起于累土。"（六十四章）毫末（种子的萌芽）不是大树，但毫末不断发展，终于长成为合抱的大树；一堆土不是高台，但不断积土，可以造成九层的高台。老子还说，"图难于其易，为大于其细"（六十三章）。难和易，大和细，是质的不同，但从一点一滴的细小努力做起，即可克服困难，完成巨大的工作。这都是老子对于一定的量的积累可以引起性质变化的初步认识。在生活方面，老子也有意识地运用这一原则。他说："其安易持，其未兆易谋，其脆易泮，其微易散。”（六十四章）在事物还稳定时，它的稳定容易维持；事物还没有显著变化的迹象时，容易打主意；事物还脆弱时，容易消融；事物还微细时，容易打散。他还说“多易必多难”（六十三章），把事情看得太容易，势必遭到困难。具有这些思想虽然还说不上已认识到质量互变的规律，但他确实注意到了，并提出了一些粗浅的在当时却是深刻的看法。

老子的辩证法中没有由低级到高级的发展观念，但也初步接触到这一方面的问题。他指出经过发展阶段的事物比前一阶段的事物表面相似，但实质上是提高了。他说，“大成若缺，其用不弊；大盈若冲，其用不穷。大直若屈，大巧若拙，大辩若讷”（四十五章）。老子指出了好似拙的大巧并不是真正的拙，好似空虚的充实并不是真正的空虚，它们都是原来的质的进一步提高后的新质。老子还说，“明道若昧，进道若退，夷道若颣，上德若谷，大白若辱，广德若不足，建德若偷，质真若渝”（四十一章）。这一连几个“若”字，都是指的比原阶段的质有所提高的新的质。老子有时用婴儿朴素天真的状态描绘有德的人，他说，“含德之厚，比于赤子”（五十五章）。这也是一种形象的比喻，他不是主张人们都退回去真正当婴儿，而是希望人们最好能够像婴儿那样纯朴。

老子的辩证法思想继承了春秋以前丰富的辩证法思想的成就，并在前人成就的基础上有所发展。它的缺点在于专重柔弱，反对进取，不敢迎接新事物；脱离了条件讲变化，没有摆脱循环论的影响。老子的辩证法还有过分强调矛盾对立面的统一性而忽视矛盾对立面的斗争性的一方面，因而包含有走向相对主义的可能。庄子的相对主义哲学体系就是沿着这条道路发展而来的。这些消极因素，在一定程度上妨碍了老子的朴素的辩证法的正常发展。

在老子以前，中国哲学史上还没有哪一个哲学家像老子那样广泛而深刻地接触到世界的运动变化的规律。无论主张老子的哲学属于唯物主义还是唯心主义的人，都认为老子的哲学充满着辩证法。老子的哲学中一些辩证法的警句，长期流传在社会上，如“柔弱胜刚强”“强梁者不得其死”“将欲取之，必固与之”“祸福相倚”“大巧若拙”，由此衍生出来的，如“大智若愚”（由“大巧若拙”衍生），“漫藏诲盗”（由“多藏必厚亡”衍生）、几千年来已成为中国人民的精神财富。老子的辩证法用于军事学，成为以弱胜强，避实击虚的指导原则。另外，中国的柔术、太极拳、导引术也都直接间接地发挥着老子贵柔、守雌的精神，并已收到实效。

但是应当指出，老子的辩证法仍然带有原始朴素性质。它第一次揭示自然和社会普遍存在着矛盾对立的现象，往往只是分散地、零碎地列举一些对立的现象，没有来得及整理成为体系，提高到一个总的原则。后来《易传》就提出了一个矛盾变化的总范畴“阴阳”。把自然现象、社会现象都归结为“阴阳”这一对范畴之中。

辩证法在我国的哲学史上有两大系统：一个系统尚柔，主静，贵无，这是老子哲学开创的；一个系统尚刚，主动，贵有，这是《易传》开创的。这两大流派在中国哲学史的发展中都有很大影响。由于宗法制度贯穿着封建社会的全过程，而《易传》是儒家的经典，因此刚健一派的辩证法体系略占优势。事实上，不论尚柔的辩证法还是尚刚的辩证法，都只是说到了事物发展的一个方面，而不是全部。刚能克柔，柔能克刚，都是在一定的条件下，才能实现；脱离了条件，矛盾的双方不能转化。老子和《易传》的作者恰恰都没有认识到这个问题。“反者道之动，弱者道之用”，只能在一定条件下实现。老子不管条件是否具备，主张凡是好事都要变成坏事，凡是坏事都要变成好事（“正复为奇，善复为妖”），这就把问题看死了，甚至背离了辩证法。氏族公社游离出来的小生产者，看不到出路和前途；他们看到了事物要变化，但又害怕变化。因此他们没有从辩证中得出积极的结论，而得到相反的结论，主张贵弱、守雌，“不敢为天下先”，甚至想利用辩证法的原则来防止事物的变化。

老子提出事物的正面必然变到反面。但他看不到客观事物的多样性、复杂性以及运动变化的曲折性和螺旋形发展的特点，而把事物的转化看成机械不变的，就必然有损他的辩证法的全面性。他对社会上的真假、美丑、善恶等矛盾对立的社会现象，指出表面现象与实际内容未必一致。这是他看问题深刻的地方。可是，他又把事物表面和内容的不一致看成绝对的，从而陷于武断。比如说“信言不美，美言不信。善者不辩，辩者不善。知者不博，博者不知”（八十一章）。他认定“信言”都是“不美”的，“美言”都是“不信”的，“辩者”一定都“不善”，“善者”一定都“不辩”，这就过于片面了。不能说世界上真、善、美的事物永远不能统一，只能互相排斥。这就使他的辩证法思想，通过他自己的体系走向形而上学。

辩证法，不能脱离一定的哲学体系而独存。老子的哲学体系中，既有唯物主义的因素，也有唯心主义的因素。体系本身的矛盾、含混，限制了老子的辩证法的正常发展。

辩证法，不能摆脱哲学家阶级属性的制约。老子不代表先进的、有发展前途的阶级，所以老子的辩证法表现为退守、知足、维持现状、安于现状、号召不争。这些思想的传播与我国的长期落后，不无关系。鲁迅对于毒害广大人民几千年之久的一切腐朽思想曾进行过猛烈抨击，他对中华人民共和国成立前灾难深重的中华民族，“哀其不幸”“怒其不争”（《摩罗诗力说》）。而首先系统地宣扬不争哲学的合理性，并讲出一套“不争”的具体理论的，恰恰是老子。

五、《老子全译》前言

（一）老聃和《老子》

先秦诸子号称“百家”，但对后世影响深远的思想流派，不过孔、孟、老、庄四家。四家中，孟子是作为孔子辅翼而出现的；庄子是作为老子辅翼而出现的。说到底，只有孔子、老子两家。

孔子、老子的著作文字不多，原书俱在，其所以发生那样深远的影响，主要来自他们后继者的解释和阐发。古人重传统，迷信权威，很多新思想往往用注释的方式表达出来。中国古代“六经”中，注释最多的经典是《周易》；诸子中，注释最多是孔、老两家。《论语》用当时的口语记录，朴实明白，不易产生大的歧义。

《老子》文约义丰，多用诗的语言来表达高度抽象的原理，因而增加了后人理解的难度。《老子》这一特点，也给后人留下了更多借题发挥的机会。读《老子》不能不借助于前人的注解，又不能完全相信注解，古籍今译的难处就在此。

秦汉以后，建立了大一统的封建政权。高度集中的中央政府管辖着广大分散的农村。政治上的高度集中与经济上的极端分散，这样的格局贯串了两千多年。政治上没有高度集中，无法维持大一统的政权；经济上的极端分散，又是小农自然经济的特性。一般讲，这一对基本矛盾协调得好，就是中国的太平盛世，协调不好，就会天下大乱。强调集中、统一，严格等级制度，是维持中央集权的要求；对农民不要过分地干预，自给自足，安居乐业，是小生产者、自然经济的要求。在朝的多强调集中统一，在野的多强调自由分散。儒家偏重在朝，道家偏重在野。在朝讲孔孟，在野讲老庄。有时同一个人，做官时讲孔孟，下野后讲老庄。这两大流派都有广泛的社会基础。朝廷势力大于农民，所以孔子影响大于老子，这是不难理解的。

农民是大一统政权赖以存在的支柱。农民问题被忽视，小则生产停滞，大则天下大乱。这就是孔、老两家源远流长的社会基础。

1956年，我在北大哲学系给外国留学生讲《老子》，为了教学的需要，把它译成现代汉语。先在《光明日报》《哲学》连续发表了一部分译文，后来在中国古籍出版社出版，书名《老子今译》。后来长沙马王堆帛书《老子》出土，再经不断修改、补充，交上海古籍出版社出版，改名《老子新译》。《老子新译》出版后，发现还有不少地方译得不甚满意，仍继续修改。这次的译文，比起以前的译文纵有进步，但有些地方还有待于进一步推敲，希望这个《老子》译本，较符合《老子》的原旨，有助于后来人了解《老子》。

学问的天地广大无边，涵泳日久，更觉得自己的知识有限。古人说，活到老，学到老。愿继续学下去，用来弥补过去的不足。

对于老子这个人和《老子》这部书，归纳起来，有以下三派不同的意见：

第一派认为《老子》一书是老聃遗说的发挥。老聃确在孔子之先。主此说者，最早为马叙伦、张煦、唐兰、郭沫若、吕振羽、高亨和苏联学者杨兴顺等。

第二派人的意见，认为老子是战国时代人，《老子》书也是战国时代的书。主张这种说法较早的，清代有汪中，近、现代人有梁启超、冯友兰、范文澜、罗根泽、侯外庐、杨荣国等。

第三派认为《老子》成书更晚，在秦汉之间。主张这一派学说的有顾颉刚、刘节等。

我基本上同意第一派考证所举的理由（除环渊为《老子》撰者尚可存疑外），还有以下几点补充：

（1）在先秦的典籍中，如《庄子》《荀子》《韩非子》《吕氏春秋》都不曾怀疑过老子这个人和他的学说的关系，以上这些不同的学派都从不同的角度描绘着一个思想面貌轮廓大致相同的老子。他们所描绘的老子学说与《老子》书的基本思想是符合的。可以清楚地看到，战国中期以后，诸子受到老子哲学思想的深刻影响。只是到了汉初，才开始把老聃、李耳、太史儋三人的关系弄混，以致时代先后相差两百多年，连老子这个人的存在也变得模糊起来。

（2）《老子》的成书，是经过相当一段时间的。先秦的典籍很少由个人执笔写成，而是由各学派的门徒不断地发展、补充，经过若干年代才成为“定本”。其补充和发展的时间可以长达一二百年以至几百年。像《周易》的形成至少经过五百年甚至更长的时间；《墨子》的《墨经》与墨翟的时代也有一百多年的间隔；《管子》一书，包含了从春秋到汉初的思想；《孙子兵法》也是长期结集成书的。此外，很少受到怀疑的《论语》《荀子》《韩非子》中也都夹杂着汉儒所增补的材料，但并不能因此否认孔、墨、韩、荀诸哲学家是他们的书的基本思想的奠基人。《老子》书也不应例外。我们不能因为其中发现个别地方有战国时代思想的一些迹象，就把全书的时代后移。

（3）《老子》书中有些思想在老子以前就已相当流行。“无为”“贵柔”、不信“天命”的思想，在春秋时期已具备雏形，只是还没有概括为哲学的普遍原则。

因此，我认为，《老子》书中如反对仁义、反对法令的一些思想，可能晚出。但《老子》的天道观（也就是老子哲学的基本部分）是老子本人的思想；贵柔，反对战争，辩证法思想也是老子本人的思想；小国寡民的政治理想也是接近老子本人思想的。以上看法是从先秦诸子由不同角度所描绘的老子的精神面貌综合概括出来的。

（二）老子哲学简介

老子思想产生于春秋末期。春秋末期的社会变革，主要表现在四个方面：第一，政治上周天子已失去统率天下的权势，奴隶制的等级制遭到破坏，诸侯僭越，大夫横恣。第二，经济上赋税制度改变，意味着奴隶制的所有制向封建的所有制过渡，出现了不贵而富的新兴阶级。反映阶级利益的法律也跟着改变，有所谓刑书、刑鼎的出现。第三，社会生活的旧观念、旧准则变了。上下尊卑，君臣父子的牢固关系已破裂，不能维持。父不慈，子不孝，臣弑君，子弑父的事变史不绝书。第四，天道观变了，人们怨天恨天的思想活跃起来，以至肆无忌惮。这四方面的变革，都是奴隶制崩溃、封建制降临的反映。面对这种大的变革，迫使许多伟大的思想家进行深刻的思考。当然思考也要受思想家们所属阶级利害的制约。

上述四个方面的变革，天道观的争论是先秦哲学史上的一个中心问题。天道观虽讲的是“天道”，但它和当时的阶级斗争、政治生活、科学发展息息相关，而不是由少数人的兴趣随便提出来的。先秦时期，关于宇宙起源、发展、变化的中心问题是“天道观”；关于社会政治生活方面的中心问题是“礼”与“法”。“天道观”已经成为所有先秦哲学家都要对它表明态度的一个问题。除了《老子》书以外，孔子、墨子、孟子、庄子、荀子、韩非都严肃地对天道观问题表示了他们的意见。有从自然科学、生产斗争的总结中提出问题的，也有从宗教迷信观点提出问题的。

中国哲学前进的道路和西方古代哲学所经历的差不多。西方古代哲学也是从他们的天道观开始的。古希腊哲学家探寻世界万物生成、变化、发展的原因，并据此做出种种不同的解释或结论；哲学家也就由此而区分为不同的阵营。不但西方如此，印度古代哲学也是从他们的“天道观”开始的。这可能是人类认识世界的必要过程，总是先注意到“身外之物”，然后再认识自己。古代哲学相当于人类认识世界幼年时期，幼年儿童也是先认识周围外界，然后才认识自己。儿童的认识，先从他的保育者开始（父母或其他人），随后认识所接触的环境，最后才意识到自己（我）。

只就老子的“天道观”这个问题来看，老子的学说客观上打击了“天道有知”的宗教迷信思想。天有意志，能赏罚，这是人类社会加给神的特权。在原始社会里，神只是为人群造福，而不管赏功罚罪。赏功罚罪是有了国家以后所体现的统治阶级的意志。在老子的哲学里，天不具有人格，它只是一种自然状态。天不过是万物中之一物，是万物中的最广大的一种客观存在。最根本的存在，构成万物的原始材料，老子称之为“道”。老子的“道”，在五千言中共出现过七十四次。为了叙述方便，先把《老子》关于“道”的重要表述列在下面：

道，可道，非常道。（一章）

道冲，而用之或不盈。（四章）

故几于道。（八章）

功成身退，天之道。（九章）

执古之道。（十四章）

是谓道纪。（十四章）

保此道者不欲盈。（十五章）

天乃道，道乃久。（十六章）

大道废。（十八章）

惟道是从。（二十一章）

道之为物。（二十一章）

字之曰道。（二十五章）

故道大。（二十五章）

道法自然。（二十五章）

道常无名。（三十二章）

道常无为。（三十七章）

反者道之动，弱者道之用。（四十章）

道生一。（四十二章）

见天道。（四十七章）

道生之。（五十章）

天之道，不争而善胜。（七十三章）

综观《老子》，“道”有五种含义：

（1）混沌未分的原始状态。“有物混成”；“道之为物，惟恍惟惚”；“道生一，一生二，二生三，三生万物”。

（2）自然界的运动：“独立不改，周行而不殆”；“大曰逝，逝曰远，远曰反”。

（3）道是最原始的材料：“道常无名，朴虽小，天下莫能臣也。”

（4）道是肉眼看不见，感官不能直接感知的：“视之不见，听之不闻，搏之不得。”

（5）道又有事物规律的含义：“天之道”；“人之道”。

主张老子的哲学属唯物论的一派，把老子的“道”解释为“物质实体及其规律”，把“道”概括为物质一般。事实上古代朴素唯物主义不能达到这样高度抽象的水平，当时人类认识还不具有相当于“物质”的概念。把近代唯物主义关于物质的概念提前到春秋末期，是不对的。

老子的“道”，仅仅是构成万物的原始材料的初步设想，他没有可能形成“物质一般”的认识水平。因此，老子的哲学概念中有“混沌”未分的概念。讲到混成，叫不出名字，谓之“无名”，谓之“朴”。

无名，天地之始。（一章）

道常无名。（三十二章）

无名之朴。（三十七章）

朴虽小，天下莫能臣也。（三十二章）

朴散则为器。（二十八章）

镇之以无名之朴。（三十七章）

老子对于道有所描述，但是不能清楚地讲明它的特点，有时用“无”“无形”“无物”“无状”这些否定性的词来描述。在中国哲学史上第一个作为万物之本的负概念——无的范畴，是表明人类认识前进的重要里程碑。

复归于无物。（十四章）

是谓无状之状。（十四章）

无物之象。（十四章）

复归于无极。（二十八章）

有生于无。（四十章）

大象无形。（四十一章）

这个看不见的“无”“道”，是产生天地万物的总根源，又叫作“大”。

强为之名曰大。（二十五章）

执大象，天下往。（三十五章）

夫唯大，故似不肖。（六十七章）

这个“道”是老子力图摆脱传统宗教的统治所提出的一个新的根据，它比“上帝”更有权威。

老子提出的取代“上帝”的最高发言权的“道”，是精神，抑是物质，他自己没有讲清楚。就当时人类认识的水平来看，他也不可能讲清楚。思维与存在的关系的问题，古代已经存在着，但古人没有明显地意识到这一点，不像后来那么清楚，古代的先进思想家，只是朦胧地探索着前进的途径。思维与存在哪个是第一性的这个问题，到了近代才明确起来。

老子自己没有讲清楚自己哲学思想中的某些问题（这是古人的局限性），我们评论他的思想，应不增不减，如实地进行评述，这是哲学史工作者的职责。但我们不能代替古人讲他自己所不知道的东西，不能替古人发挥到他们自己还没有达到的地步。

我们要清清楚楚地把古人的糊涂思想讲出来，并加以科学的分析，指出古人为什么在这个问题上糊涂了，失足之处何在。

由于老子的哲学确有含混的地方，所以后来对老子有了不同的理解。韩非、《淮南子》、荀子、王充代表着一条路线；《庄子》

内篇……王弼等代表着又一条路线。亚里士多德动摇于唯心与唯物之间，老子是否也有类似的情况？看来也是有的。

老子的哲学，企图使人们的思想从宗教神学的束缚中获得解放，站在当时宗教神学的对立面。他的天道自然无为的学说，尽管还说得不够清楚，但有利于科学无神论的发展。

老子不重视感觉经验，甚至认为感觉经验不但无助于认识，反而对认识有害。他还说“其出弥远，其知弥少”“圣人不行而知”（四十七章），这就堵死了认识外界事物的道路，他还主张“为学日益，为道日损，损之又损，以至于无为”（四十八章）。就是说把“体道”和求学问看作截然不同的两种道路。这样发展下去，势必把科学与哲学强行割裂。后期庄学所标榜的“堕肢体，黜聪明”的哲学修养方法，是直接来自老子思想的这一方面的。

老子有时把道解释为“朴”，朴是待雕琢的素材，老子的哲学也是一个“朴”，有待于后人进一步发展。老子的哲学后来分为不同的流派，都有所本，是发展、修正，而不能简单地说哪一派篡改了老子的原义。过去我们哲学史工作者，有人说韩非继承了老子，而王弼等人歪曲、篡改了老子的观点；也有人说庄子、王弼等继承了老子的观点，韩非、王充改造了老子的观点。今天看来，像老子哲学的这种内在矛盾的现象，在先秦哲学史上不是个别的。墨子的哲学也有这种内在的矛盾，使它不得不分化。《周易》的思想也是这样。孔子的“仁”也是这样，他没有讲清楚，这就给后来儒家各派留下了各自发展他们认为孔门真传的机会。古人对世界的认识，经历了曲折的道路，犯过各种错误。我们研究古人的哲学，也要避免简单化。

老子思想的形成，与当时的激变而又丰富多彩的社会生活有关；与当时发展着的自然科学有关；也和老子这一派人的小农自然经济的现实生活有关；甚至与老子思想所承属的江南多水地区的荆楚文化有关。

春秋末期，由于所有制发生了变革，因而国家的兴亡，个人的富贵贫贱，都有了极大的变化。作为史官的老子，看到不少“社稷无常奉，君臣无常位”（《左传》昭公三十二年）的现象，又从当时自然科学的知识中认识到自然界也是独立于人的意识之外不停地运动着。世界的总根源，无所不在的“道”，就是“独立不改，周行而不殆”（二十五章）的。从“道”产生的天地万物也是在变化着。他说：“天地尚不能久，而况于人乎？”（二十三章）老子的辩证法思想是当时重大社会变革的客观辩证法的深刻反映。

老子比较系统地揭示出事物的存在是相互依存的，而不是孤立的。如美丑、难易、长短、高下、前后、有无、损益、刚柔、强弱、祸福、荣辱、智愚、巧拙、大小、生死、胜败、攻守、进退、静躁、轻重等等，都是对立的统一。一方不存在，对方也就不存在。他说：“有无相生，难易相成，长短相形，高下相倾，声音相和，前后相随。”（二章）矛盾统一观点的进一步明确，是当时人类认识世界深化的表现。

老子概括了当时自然现象和社会现象的变化，指出事物都向着与它相反的方向变去。他说：“正复为奇，善复为妖。”“祸兮，福之所倚；福兮，祸之所伏。”（五十八章）老子看到事物无不向着它的对立面转化这一基本规律，他说：“反者道之动。”（四十章）老子从这一原则出发，决定了他认识世界，对待生活的态度：主张贵柔、守雌，反对刚强和进取。

老子通过农业生产实践，看到植物的幼苗虽然柔弱，但它能从柔弱中壮大；相反，等到壮大了，反而接近死亡。他说："草木之生也柔脆，其死也枯槁。"（七十六章）他认为对待生活也应当这样，他说"物壮则老，是谓不道，不道早已"（三十章）。这是说，事物强大了，就会引起衰老，有意造成事物的强大，是违反道的原则的，这会促进它早日结束它的生命。老子说："强梁者不得其死。"（四十二章）他认为最好经常处在柔弱的地位，不转化为坚强，就可以避免走向死亡的结局。他说："兵强则灭，木强则折。"（七十六章）又说："柔弱胜刚强。"（三十六章）因而他主张"曲则全，枉则直，洼则盈，敝则新，少则得，多则惑"（二十二章）。这是说，委曲反能保全，屈枉反能伸直，卑下反能充盈，敝旧反能新奇，少取反能多得，多取反而迷惑。他又说："天下莫柔弱于水，而攻坚强者莫之能胜。"（七十八章）他教人向柔弱的水的品质学习。水看来是柔弱的，但它可以冲决一切比它坚强的东西，所以老子说："上善若水，水善利万物而不争。"（六十六章）这是老子的"柔弱胜刚强"的原则在生活方面的运用。他说"知其雄，守其雌""知其荣，守其辱""知其白，守其黑"（二十八章）。老子虽深知什么是雄强，却安于柔雌；虽深知什么是光荣，却安于卑辱；虽深知什么是光彩，却安于暗昧。

老子贵柔守雌的态度和春秋末期个体小私有者的社会地位、经济地位有深切的联系。个体小私有者经济力量微弱，无权无势，他们没有居高临下的特权，还要遭到剥削压榨，因而老子的辩证法带有保持自己的利益、以柔胜刚、以退为进的特点。

对待敌人，老子主张创造一些不利于敌人的条件，使他们陷于不利。他说："将欲弱之，必固强之；将欲废之，必固兴之；将欲夺之，必固与之。"（三十六章）这是说，将要削弱它，必先暂且增强它；将要废毁它，必须暂且兴起它；将要夺取它，必须暂且拿给它。历代统治者往往以这种方法作为对付人民的权术，历代的军事家也往往用它作为克服强大敌人的武器。

老子发现了事物转化的规律，并用来反对有目的、有意志的"上帝"（天），是有它的积极意义的。他说，"祸兮，福之所倚；福兮，祸之所伏。孰知其极？其无正"（五十八章）。"正"，通"政"，即领导者，主宰者。他认为福与祸互相转化，没有穷尽，指出事物的变化是它自己的原因，没有主宰者。但是他把对立面的转化看作无条件的，绝对的。老子脱离了条件讲对立面的转化，只看到事物向它对立面转化的事实，没有注意条件在转化中的重要作用，因而在祸福、得失面前显得缩手缩脚，在转化中显得无能为力。他认为"有为"必然招致失败；有所得必然有所失，企图用消极无为的方法避免转化带来的危害。他说"无为，故无败；无执，故无失"（六十四章）。"多藏"必招致"厚亡"，为了避免厚亡的损失，最好不要多藏。强大了会带来死亡，为了避免死亡，最好不要过于强大。他看到刚强会带来挫折（"兵强则灭，木强则折"），他宁肯安于柔弱；抢先会落到后边，他宁肯居后；争荣誉会招致屈辱，他宁肯不要荣誉。他要"去甚，去奢、去泰"（二十九章）。老子有丰富的政治生活经历，也亲身感触到有权有势的贵族是怎样由过分剥削、贪得无厌而遭到更大的失败的。老子看到了变化的威力，却害怕变化的出现，他的辩证法用作观察世界的方法是深刻的，用作指导生活的原则，却缺乏斗争、进取的精神。

老子脱离了条件去看柔弱胜刚强的原理，因而把柔弱胜刚强抽象化、绝对化。他看到一些柔弱的事物目前虽不够强大，后来居然战胜了强大的敌人，他说："坚强者死之徒，柔弱者生之徒。"（七十六章）但是他没有区别垂死的、腐朽的事物的衰弱与新生事物的柔弱在性质上的差别。事实表明，只有新生的事物才可以由柔弱转化为强大；垂死的事物的柔弱，不但不能转化为强大，前途却只有继续走向死亡。老子没有能够认识这一差别，他把强与弱，胜与败，看作循环往复的无尽过程，对于新生事物表达淡漠，采取"不敢为天下先"的保守态度。老子不能理解掌握了事物客观规律后，可以从一个胜利走向新的胜利。在老子看来，胜利后接着出现的必定是失败。由于当时科学发展水平的局限，无论农业科学、天文科学，都存在着严重的循环论的缺点，老子的辩证法也无法超出当时科学水平的局限。农民小私有者有自己的小块土地，过着自给自足的生活，也使他们容易产生安于现状，保持自己小天地的思想。他说："祸莫大于不知足"，"知足之足，常足矣。"（四十六章）这都是老子的辩证法思想很不完备的地方。

老子的辩证法还不可能正确认识量和质的辩证关系，但确已模糊地初步地触摸到事物的量的积累可以引起性质的变化的某些端末。他说："合抱之木，生于毫末；九层之台，起于累土。"（六十四章）毫末（种子的萌芽）不是大树，但毫末不断发展，终于长成为合抱的大树；一堆土不是高台，但不断积土，可以造成九层的高台。老子还说："图难于其易，为大于其细。"（六十三章）难和易，大和细，是质的不同，但从一点一滴的细小努力做起，即可克服困难，完成巨大的工作。这都是老子对于一定的量的积累可以引起性质变化的初步认识。在生活方面，老子也有意识地运用这一原则。他说："其安易持，其未兆易谋，其脆易泮，其微易散。"（六十四章）在事物还稳定时，它的稳定容易维持；事物还没有显著变化的迹象时，容易打主意；事物还脆弱时，容易消融；事物还微细时，容易打散。他还说"多易必多难"（六十三章），把事情看得太容易，势必遭到困难，提出了在当时可能达到的深刻的看法。

老子的辩证法中没有由低级到高级的发展观念，但也初步接触到这一方面的问题。他指出经过发展阶段的事物与前一阶段的事物表面相似，但实质上是提高了。他说，"大成若缺，其用不弊；大盈若冲，其用不穷。大直若屈，大巧若拙，大辩若讷"（四十五章）。老子指出了好似拙的大巧并不是真正的拙，好似空虚的充实并不是真正的空虚，它们都是原来的质的进一步提高后的新质。老子还说，"明道若昧，进道若退，夷道若颣，上德若谷，大白若辱，广德若不足，建德若偷，质真若渝"（四十二章）。这一连几个"若"字，都是指的比原来阶段的质有所提高的新的质。老子有时用婴儿朴素天真的状态描绘有德的人，他说，"含德之厚，比于赤子"（五十五章）。这也是一种形象的比喻，他不是主张人们都退回去真正当婴儿，而是希望人们最好能够像婴儿那样纯朴。

老子的辩证法思想继承了春秋以前丰富的辩证法思想的成就，并在前人成就的基础上有所发展。它的缺点在于专重柔弱，反对进取，不敢迎接新事物；脱离了条件讲变化，没有摆脱循环论的影响。老子的辩证法还有过分强调矛盾对立面的统一性而忽视矛盾对立面的斗争性的一方面，因而包含有走向相对主义的可能。庄子的相对主义哲学体系就是沿着这条道路发展而来的。这些消极因素，在一定程度上妨碍了老子的朴素的辩证法的正常发展。

在老子以前，中国哲学史上还没有哪一个哲学家像老子那样广泛而深刻地概括了世界运动变化的规律。老子的哲学中一些辩证法的警句，长期流传在社会上，如“柔弱胜刚强”“强梁者不得其死”“将欲取之，必固与之”“祸福相倚”“大巧若拙”，由此衍生出来的，如“大智若愚”（由“大巧若拙”衍生），“漫藏诲盗”（由“多藏必厚亡”衍生），几千年来已成为中国人民的精神财富。老子的辩证法用于军事学，成为以弱胜强，避实击虚的指导原则，为历代兵家所遵奉。另外，中国的柔术、太极拳、导引术也都直接间接地发挥着老子贵柔、守雌的精神，并已收到实效。

但是应当指出，老子的辩证法，仍然带有原始朴素性质。它第一次揭示自然和社会普遍存在着矛盾对立的现象，往往只是分散地、零碎地列举一些对立的现象，没有来得及整理成为体系，提高到一个总的原则。后来《易传》就提出了一个矛盾变化的总范畴“阴阳”，把自然现象、社会现象都归结为“阴阳”这一对范畴之中。

辩证法在我国的哲学史上有两大系统：一个系统尚柔，主静，贵无，这是老子哲学开创的；一个系统尚刚，主动，贵有，这是

《易传》开创的。这两大流派在中国哲学史的发展中都有很大影响。由于宗法制度贯串着封建社会的全过程，而《易传》是儒家的经典，因此刚健一派的辩证法体系略占优势。事实上，不论尚柔的辩证法，还是尚刚的辩证法，都只是说到了事物发展的一个方面，而不是全部。刚能克柔，柔能克刚，都是在一定的条件下，才能实现；脱离了条件，矛盾的双方不能转化。老子和《易传》的作者恰恰都没有认识到这一点。“反者道之动，弱者道之用”，只能在一定条件下实现。老子不管条件是否具备，主张凡是好事都要变成坏事，凡是坏事都要变成好事（“正复为奇，善复为妖”），这就把问题看死了，甚至背离了辩证法。个体经济的小生产者，看不到出路和前途；他们看到了事物要变化，但又害怕变化。因此他们没有从辩证法得出积极的结论，却引出相反的结论，主张贵弱、守雌，“不敢为天下先”，甚至想利用辩证法的原则来防止事物发生新的变化。

老子提出事物的正面必然变到反面。但它看不到客观事物的多样性、复杂性以及运动变化的曲折性和螺旋形发展的特点，而把事物的转化看成机械不变的，这就损害了他的辩证法的全面性。他对社会上的真假、美丑、善恶等矛盾对立的社会现象，指出表面现象与实际内容未必一致。这是他看问题深刻的地方。可是，他又把事物表面和内容的不一致看成绝对的，从而陷于武断。比如说“信言不美，美言不信。善者不辩，辩者不善。知者不博，博者不知”（八十一章）。他认定“信言”都是“不美”的，“美言”都是“不信”的，“辩者”一定都“不善”，“善者”一定都“不辩”，这就过于片面了。不能说世界上真、善、美的事物永远不能统一，只能互相排斥。这就使他的辩证法思想被他自己的体系败坏了。

辩证法，不能脱离一定的哲学体系而独存。老子的哲学体系中，既有唯物主义的因素，也有唯心主义的因素。体系本身的矛盾、含混，限制了老子的辩证法的正常发展。

辩证法，不能摆脱哲学家阶级属性的制约。老子不代表先进的、有发展前途的阶级，它体现了中国古代个体经济小生产者的世界观，所以老子的辩证法表现为退守、知足、维持现状、安于现状、号召不争。这些思想的传播与我国的长期落后，不无关系。鲁迅对于危害广大人民几千年之久的一切保守思想曾进行过猛烈抨击，他对于中华人民共和国成立前灾难深重的中华民族，“哀其不幸”“怒其不争”（《摩罗诗力说》），而首先系统地宣扬不争哲学的合理性，并讲出一套“不争”的具体理论的，正是老子。这是专就老子哲学的消极面说的。

从总体来看，老子探求天地万物的总根源，老子的辩证法构成了中国古代辩证法的一个核心部分。老子哲学是中华民族深沉的智慧的结晶。不懂得孔子就不懂得中国文化，这一点被中外有识之士所公认；不懂得老子同样不可能懂得中国文化，人们对这一点注意得还不够。

中华民族有孔子、老子这样的代表人物，值得自豪。

六、《老子绎读》前言

研究老子的文献资料，中华人民共和国成立后，长沙马王堆发现了帛书《老子》甲、乙本，湖北荆门发现了战国楚墓竹简《老子》，为研究提供了新的材料，可以解决过去某些争论的问题，如《老子》成书年代等。但影响中国文化的并不是帛书和竹简本《老子》，而是长期广泛流行的河上公本和王弼本。因此，本书的译文依据还是王弼本。

《道德经》是老子的代表作，是先秦诸子传统文化的主要经典之一。另一部经典是《论语》。这两部著作，影响了中国两千多年。老子、孔子的思想传播影响到全世界。这里只谈《道德经》。

关于老子这个人学术界有不同看法：（1）老子生卒年及活动范围。（2）老子的这部书是否老子所著。（3）《道德经》讲的是什么。

先谈老子其人。老子与孔子同时，略早。《史记》记载，孔子曾问礼于老聃。估计老聃比孔子大10~20岁，孔子比释迦牟尼大10岁。“五四”时期也有人根据思想内容推测，认为老子时代晚于孔子，还有人说老子比庄子还迟。也有人从世系上推算老子的八代孙，与孔子十二代孙同时，断定老子晚于孔了。

从思想内容来推算时代，有时会出现不同的结果，过硬的根据还是文献、实物。自从湖北荆门出土战国楚墓竹简《老子》，老子的时代已有了比较明朗的轮廓。我在四十多年前所提出的观点有了更有力的实证的支持。老子应是春秋时代的人。

老子对中华文化的贡献在哪些方面？

（一）

哲学上，提出“天道观”。这是春秋时代的热门话题。先秦诸子及其著作中，没有不讲到“天”的。春秋时代老子、孔子、墨子，到战国时代的庄子、荀子、韩非，都讲到“天”及天道。各家从不同的角度来提出问题和解释，得出不同的结论，创立了不同的学派。只有老子的《道德经》把“道”作为最高范畴，集中阐发。提高到中国哲学史的重要地位，老子是第一人。

老子的天道观，有以下特点：

“天”是无为的，自然的，没有意志。开始对天神“上帝”的崇高地位提出了怀疑。

“天道”是循环的。老子是周朝的史官，与古代天文、占星术有关，“大曰逝，逝曰远，远曰反”（二十五章）。从天象运行规律得到启发，天道在变化，不是静止的。

他提出这种思想有它的社会背景。当时周王朝对全国失去控制，失去政治中心（天下大乱），贵族世袭制度没落，出了富而不贵的新兴阶级。社会上下尊卑、贵贱的旧秩序遭到挑战，君臣、父子关系已打乱，新秩序尚未形成。对“上帝”不那么迷信了，“上帝”的崇高地位动摇了。这种变化影响到每一个成员，敏感的知识界、学术界更有深切感受。

老子的《道德经》这部哲学著作讲了些什么？

哲学不同于其他科学，哲学不负责解决一个一个的局部具体问题。哲学的全局观点是从老子开始的，后来不断发展丰富，才有今天的哲学。

道——混沌的，是朴素的。

道——自然的，本来就存在。

道——构成万物的原始材料。

道——无形象，肉眼看不见，感官不可触摸。

道——事物的规律。人、物、自然、社会都离不开道。

“道”是老子第一次提出的新概念，表达起来有困难，它不好描述，它是“无名”“朴”“无象”“无形”“无状之状”“无物之象”。

“道”是精神性的还是物质性的，老子本身没有深说。老子的认识已经是处在当时中国古代人类认识的最前沿。后人可以用现代人的认识来解释老子，代替老子做进一步的阐发。当年老子自己没讲清楚的问题，后代研究者、注释者替老子讲得再清楚，也不能认为是老子的思想。

老子的哲学，使人从宗教、神学中初步摆脱出来，在当时是了不起的贡献。

（二）

老子另一个贡献是第一个提出了“无”的概念，这是中国哲学史第一座里程碑。这个问题，过去的研究者讲得不够，这里要多说几句。

人类认识外界的过程，总是由外向内，由具体到抽象。近半个世纪以来，儿童心理学专门研究儿童认识外界的过程及其发展轨迹。经过观察、实验、比较，得出大致可靠、比较接近儿童思维成长的实际状况。一个民族思维成长的过程，与儿童成长的过程、与儿童的心理发展的过程大体相似，至少可以从中得到相关的昭示。

儿童认识外部世界，总是先从身边周围的事物开始，由近及远。先认识母亲及其家人，然后扩大到身外的食物、玩具，再扩大到鸟兽、草木、鱼虫等目力所及更大的范围。如高山、大河、天空、气象、风雷等外界虽在视听范围之内，并不能引起儿童足够的关注。日月星辰先被认识，日月星辰所依附着更大的“太空”，则较迟才会引起注意。朱熹两三岁时，他父亲抱着他指天空说：“天！”朱熹问其父：“天之上有何物？”这被视作特异儿童的表现，所以古人对这种事特别记上一笔。古今中外千千万万儿童，很少有关心“天之上有何物”的。

近代中外儿童教育家还发现，小学生春游虽然喜欢跋山涉水，但不懂得欣赏山水风景，不关心朝晖夕照之美。人类认识过程总是由具体事物开始，由微细到宏大。儿童学习数字计算，先计算一个一个的实物，然后形成“1、2……”数的概念。先认识自然的实数。据中外数学史上的记载，“零”的概念形成较迟。因为“零”没有形象，也找不到与“零”相当的实体对象可供对照。

我们回顾中华民族的认识史，与儿童的认识成长过程居然有惊人的相似之处。

人类认识从有形开始，由具体到抽象，才形成了“有”的概念，西方谓之“存在”。“存在”的原始意义本来是“在这里”，是给你看得见的东西，是具体的有。“有”有大小、形象、颜色等，“有”有软硬、轻重、香臭等性质，“有”能得到也可能失去，各种“有”都可见闻、可感知，可推得结果，这都属于人类认识的幼年期。

人类生活实践、社会实践的不断深化，从“有”认识到“有”

的对立面“没有”。“没有”是生活中经常遇到的现实。原始人打猎捕鱼，可能“有”，也可能“没有”，两者出现的频率都很高，把“没有”抽象到概念的高度，作为认识的客体对待，达到这个认识水平，只有具有先进文化的民族，才有这种可能。“没有”在未曾上升到概念时，只是一次性地客观描述，人类千百万年早已重复了无数次。老子提出了“无”，是一次飞跃。

“无”这个概念具有“有”所不具备的“实际存在”，总称为“无”。“无”并非空无一物，它与“有”都具有总括万有的品格。老子称之为“无状之状，无物之象”。它不同于“有”，所以“视之不可见，听之不可闻，搏之不可得，此三者不可致诘，故混而为一”。对这个“负概念”给以特殊的名称，有时称之为“无”；因为它具有规律性，也称为“道”。“无”也是“道”，“道”也是“无”。

老子的“无”不是停留在描述性的“没有”的阶段，“无”并不是存在消极面的，而有它实际多样性肯定的含义，有现实作用，有可以预测的后果，在日常生活、政治生活中一刻也离不开它。“无”的发现，为人类认识史上开了新生面，非同寻常。楚墓竹简书写的“无”，同一部竹简上，前部简作“亡”，后部简作“无”。这个书写的改变，并非偶然。因为“亡”含义为“没有”，后起的“无”字，则表示哲学抽象概念的出现。

《老子》一书，经过历代传人的补充完善，它从各个方面提醒人们重视“无”的地位和作用。不但要认识“无”，而且从“无”的原则来指导政治生活、日常生活及社会生活。

把“无”的原则用到政治生活，概括为治国原则：

取天下常以无事。（四十八章）

我无为而民自化，我好静而民自正，我无事而民自富，我无欲而民自朴。（五十七章）

为无为，事无事，味无味。（六十三章）

圣人处无为之事，行不言之教。（二章）

道常无为。（三十七章）

吾是以知无为之有益。（同上）

不言之教，无为之政，天下希及之。（四十三章）

日常生活认识“无”的功用：

三十辐共一毂，当其无，有车之用。埏埴以为器，当其无，有器之用。凿户牖以为室，当其无，有室之用。故有之以为利，无之以为用。（十一章）

善行无辙迹；善言无瑕谪；善数不用筹策；善闭，无关键而不可开；善结，无绳约而不可解。（二十七章）

政治生活也离不开“无”的指导：

生而不有，为而不恃，长而不宰。（十章）

爱民治国，能无知乎？（十章）

明白四达，能无为乎？（十章）

老子由“无”衍生出一系列否定概念的积极含义：

绝圣弃智，民利百倍；绝仁弃义，民复孝慈；绝巧弃利，盗贼无有。

见素抱朴，少私寡欲。（十九章）

处理人际关系，要遵循“无”的原则，以退让、收敛为原则：

不自见，故明；不自是，故彰；不自伐，故有功；不自矜，故长。

夫唯不争，故天下莫能与之争。（二十二章）

老子思想深刻可贵处在于从纷乱多样的现象中概括出“无”这一负概念，把负概念给予积极肯定的内容。老子的“无为”，不是无所为，而是用“无”的原则去“为”。所以能做到有若无，实若虚，以退为进，以守为攻，以屈为伸，以弱为强，以不争为争，从而丰富了中国古代辩证法思想，建立了中国古代贵柔的辩证法体系，与儒家《易传》尚刚健为体的辩证法体系并列。儒、道这两大体系优势互补，和而不同，丰富了中华民族辩证法文化宝库。

人类认识总是从旧的认识的基础上提出新见解。新见解对旧知识来说是进步。还应指出，死守此新见解不变，往往妨碍更新见解的出现。《荀子·天论》指出“老子有见于屈，无见于伸”。老子发现了“无”的价值，把它提高到应有的地位，是老子的贡献。如果把“无”的作用无限夸大，超过极限会走向荒谬。比如老子指出建房屋供人使用的地方是墙壁中间的空虚部分，房屋的实用价值在于它的空间部分。如果把墙壁、梁柱、砖、木看成无足轻重，毫无使用价值，这所屋子就建不成，成了无墙无柱的一片开阔地，房子也就不存在了。

总之，老子发现、提出了“无”是一大贡献，功不可没。他的贵无，是肯定生活而不是消极避世，不是怀疑论。战国末期，出现了黄老学派，讲治道，重刑名，在战国后期民生凋敝的时期，起了安定社会恢复生产的效用，形成黄老无为思想，汉初实行了几十年，“文景之治”，古称盛世。无为思想对恢复生产，安定社会，医治战争创伤，效益至为明显。黄老派不同于老子，讲无为之外同时讲刑名，刑名之学是法家思想。司马迁把老子与法家并列，撰写老子与韩非同传，遭到后人的批评，认为分类不当，但也事出有因，二者确有内在的联系。

（三）

人之生也柔弱，其死也坚强。万物草木之生也柔脆，其死也枯槁。故坚强者死之徒，柔弱者生之徒。是以兵强则灭，木强则折，强大处下，柔弱处上。（七十六章）

上善若水，水善利万物而不争。处众人之所恶，故几于道。居善地，心善渊，言善信，与善仁，正善治，事善能，动善时。夫唯不争，故无尤。（八章）

老子认为水最接近“道”。他列举生活中与水的品格相近或相似的多种现象做比喻。

居住要像水那样安于卑下；存心要像水那样深沉；交友要像水

那样相亲；说话要像水那样真诚；为政要像水那样有条有理；办事要像水那样无所不能；行为要像水那样待机而动。正因为他能像水那样与物无争，才不犯过失。

水向人们启示柔弱胜刚强的道理：

> 天下莫柔弱于水，而攻坚强者莫之能胜。其无以易之。弱之胜强，柔之胜刚，天下莫不知，莫能行。是以圣人云：受国之垢，是谓社稷主。受国不祥，是谓天下王。正言若反。（七十八章）

天下没有比水更柔弱的东西。而攻击坚强的力量没有能胜过它的，因为它的力量无可取代。弱之所以能胜强，柔之所以能胜刚，天下没有人不懂，就是没有人能照着做。因此，圣人说承受全国的误解，才算得上国家的主宰；承担全国的灾殃，才能担当国家的君王。正话像是反话。

道的功能表现在柔弱，其运行规律是向反的方向运动，贵柔弱的辩证法是弱势群体的辩证哲学。

老子贵柔原则指导用兵，则后发制人；用于作战，则以逸待劳；对强大敌人，则避实就虚。这种深刻的辩证法充分体现了我国古代农民求生存的经验总结。老子取的例子也多来自农业生产实践，经常以草木、农作物做比喻，特别是南方水稻产区的农民经验。把水的种种品格予以抽象提高到哲学思维的高度。指出水的品格，性格趋下，说它弱，它最弱；说它强，它又最强，冲决堤坝，冲倒大树，洪水挟带泥石流的巨大破坏力，可以带来灾难性破坏。

我国共产党领导的红军发明游击战，用劣势兵力战胜强敌，逐渐壮大。后来大规模的抗日敌后战争、抗美援朝战争，都曾继续发挥以弱胜强的战略思想，仍可看到老子的柔弱辩证法的影响。这种军事辩证法思想在八路军、新四军以及后来的人民解放军中得到普遍推行。高明的理论在文化不高的士兵中容易理解和运用，主要在于我们当年的士兵是穿上军装的农民，一听就懂，一学就会。

(四)

老子《道德经》是一部讲伦理道德的著作吗？我们说，基本上不是，这是一部空前的哲学著作，而不是伦理学。它是从生活实践为切入点，引导人们进入高度抽象思维境界，告诉人们天道变化、万物发展变化的总道理。老子的“道”是天地万物普遍遵循的总原则，而不是教人做一个循规蹈矩的顺民。老子也讲到治理国家的问题，那就是“无为而治”的方针政策，要点是不扰民，与民休息，减轻人民负担。民之难治，“以其上食税之多”。老子指出用刑罚治国，不是好办法。“民不畏死，奈何以死惧之。”他希望百姓都能做到“甘其食，美其服，安其居，乐其俗，邻国相望，鸡犬之声相闻，民至老死不相往来”。他描绘出的农村百姓过的是一种宁静、自给自足、安适的田园生活。从这里也可以看出老子所描绘的是反映我国古代小农生活的理想画卷。

老子说的“小国寡民”不是主张回到原始公社社会，他说的“国”不是现代的“国家”。春秋战国时，“国”指城镇居民区。孟子说齐国一个乞讨为生的人，早上出门，“遍国中无与语者”，这显然不是指齐国全境的国。老子讲到“圣人治天下”的“天下”，才是后来人们理解的国家。“小国寡民”，是说基层单位要小。古人的“天下”不是今天的“世界”或“全球”的概念。

老子的《道德经》，把治天下看作头等大事，伦理学放在第二位，所以说：

> 失道而后德，失德而后仁，失仁而后义，失义而后礼。夫礼者，忠信之薄而乱之首。（三十八章）

这是说，失去了道而后才有德，失去了德而后才有仁，失去了仁而后才有礼。礼这个东西，它是忠信的缺失，是大乱的祸首。

老子反对“仁”，认为“仁”并不是最高境界，这一点恰恰与孔子相反。他说：“天地不仁，以万物为刍狗，圣人不仁，以百姓为刍狗。”（五章）天地无所谓仁慈，听任万物自生自灭。圣人无所谓仁慈，听任百姓自生自灭。

又说：“大道废，有仁义”，“绝仁弃义，民复孝慈。”（十八章）

“生而不有，为而不恃，长而不宰。”（十章）治国的良方就是让百姓自由自在地在此生活，君主不干涉。所以《老子》不是一部讲道德，说仁义，有关伦理修养的书，而是讲世界观的书。所以他说“大道废，有仁义”，（十八章）仁义不是最高追求的目标。

老子说：

> 太上下知有之，其次亲而誉之，其次畏之，其次侮之……（十七章）

功成事遂，百姓皆谓我自然。（十七章）

意思是说，高明的统治者，人们仅仅知道他的存在；其次的统治者，人们亲近他，称赞他；更次的统治者，人们畏惧他；最次的统治者，人们蔑视他。

老子思想是中华文化的瑰宝。中华高度文明起源春秋战国时期，这个时期正是全人类发现了自我，运用高度抽象思维，走向高度文明的时期。西方的古希腊文化，出现了苏格拉底、柏拉图、亚里士多德；古印度次大陆出现了释迦牟尼，创立了佛教；中国出现了老子和孔子。欧洲、印度和中国三支文化是在相互隔绝的状态下，各自成长起来的。东方西方的前进的步伐不约而同，历史证明文化起源的“多元化”这一事实。宣扬文化源头只能出自西方的言论，不是出于无知，就是别有用心，因为这不符合事实。

《老子》文约而义丰，有很多精到的见解，值得很好钻研。

有五千年文明的中国，流传广泛的哲学流派不少，号称百家，其实只有两家，一个是儒家，一个是道家。儒家受到朝廷的重视，后来成为指导人们政治生活的国家宗教（儒教），孔子被尊为儒教的教主，皇帝到孔庙也要参拜。另一流派的老子，它的社会基础是农民。道家成为在野派的主流。老子后来也被道教推奉为教主，或称为太上老君。老子一派以广大小自耕农为其社会基础。

自秦汉到今天，两千来年，中国一直是一个多民族的统一大国。这个多民族的统一大国，必须把千千万万农民的生活安排妥当。农民平时老实、驯服，听从政府的支配，为国家负担租税及劳役。一旦逼得活不下去时，也会揭竿而起，把王朝推翻，成为改朝换代的主力军。汉朝、明朝、洪秀全都是农民起义直接当上皇帝。东汉、唐朝、清朝，是利用农民起义打倒前朝后，趁机当上皇帝建立新王朝的。总之，维持一个统一大国，既要保持中央政府的有效统治，又要安抚个体小农的生计。中央政府及农民的关系调整得适当，就会出现历史上所谓的"太平盛世"。

因此了解中国的文化、历史、经济、政治，离不开孔、老两家。

直到中华人民共和国成立后五十多年的今天，仍然要用全力来解决"三农问题"。三农问题解决不好，社会的基础就不牢固，中国建设现代化就难以实现。

迄今为止，老子所提出的为政不要过多干扰，乱出点子，让农民自然生生发育，在稳定中进步，仍值得借鉴。喜欢多出主意，老百姓不欢迎，社会主义建设就会受阻。

老子提出无为，少生事，不要自高自大，柔弱谦下的处事处人的方式，仍有参考借鉴之处。

老子用诗的语言表达深邃的思想，善于正话反说，善于用浅显比喻说明深奥的道理。老子文风有诗意，文体也常用诗的语言。《老子》在全世界有多种语言的译本，每一种语言又有多种译本。从1956年第一次译成现代汉语出版以来，已出版不下十几种译本。这几十年间，我自己仍然不断修改研究，现在这个译本是我九十岁时的修订本。如果再过几年学有长进，也许还要再行修订。

我们以一个穷国，取得现代科学和军事的成就。在外国靠资本的原始积累。资本原始积累，外国靠掠夺殖民地，从对外战争中勒索赔款。前者如英、法等国，后者如沙俄、日本。我们走向现代化，靠的是自己的积累，出自广大农民无偿的奉献，出钱出力，甚至付出生命。

有名的英雄可爱可敬，是学习的榜样。还有更多的默默奉献者也是英雄，他们就是几亿农民，值得永远纪念。

反映农民呼声最早、最系统的是《老子》。

“生也有涯，学无止境”，这是我的座右铭。《老子》译文不断修改，是我对待生活的态度。学无止境，永远不知足。

跋

任继愈先生一生四译《老子》的事，学界已经是尽人皆知了。不少人也希望知道，一次又一次的今译，究竟有什么样的不同和进展。因此，将四次今译的文字集在一起，出版一个“四译合刊”，就是一件必要的事情。周贇的这本书，可算是满足了读者这样的愿望。

或者说，四译老子，就是每一次都认为前面的不好，为什么还要合在一起出版呢？

不少文学界前辈都说过，学习写作的好办法，就是看那些著名作家如何修改自己的文稿，因而这些作者的手稿也特别受到珍重。其实不仅作家，学者也一样，看他们的手稿，也是重要的学习途径。

手稿的修改，只是作者较短时间内思想的变化。假如一个作者，用一生的时间，在几十年的岁月里，不断修改自己的同一部文稿，其意义又当如何呢？

当然，这些修改承载的，首先是作者自己思想的变化和发展，是作者自己对于学术严肃性和正确性的孜孜不倦的追求，因而是研究原作者思想发展的宝贵文献。作者的思想，又和时代的脚步密切相关，因此，这不断修改的文字，也是相关学术领域发展进步的见证，是研究几十年来中国那些严肃的学者在中国传统文化研究领域里辛勤耕耘、不断追求进步、追求真理的进程的宝贵文献。

然而这部书，还不仅仅止于“四译合刊”，而是对每一章都进行了条分缕析的说明和评判。说明原作者为什么如此修改，每一次修改，都有什么样的发展和进步。自然，这些说明仅仅是个人的见解，不过也是一位多年来对道家和老子思想有过深入钻研的新一代学者的见解，对于读者理解任继愈先生的思想发展，当会有相应的帮助。

《老子》一书仅仅五千言，今译的文字，也不会多到哪里。如果仅仅看一部今译，绝大多数读者都能读完。但是要读完“四译合刊”，就要有一点耐心；要能连每一篇的解说都读完，就需要更多的耐心和认真求知的精神。然而当今的出版物中，虽然被称为“快餐”“鸡汤”的东西能够吸引更多的读者，但是任何时代，都总有一批把认真求知作为人生目标的作者和读者。赖有这样的作者和读者，人类才会不断地进步。所以笔者相信，这本书，一定能对学术做出应有的贡献，也一定会受到那些认真求知的读者的欢迎。

李申

2018年4月23日